제주

여행

큐
레
이
션

일러두기

1 이 책은 테마에 따라 스폿을 선별한 큐레이션북입니다. 더하기보다는 덜어내기를 통해 나만의 맞춤 제주 여행을 계획해 보세요.

2 이 책에 실린 모든 정보는 2023년 6월까지 취재한 내용을 기준으로 합니다. 요금과 운영시간은 여행 시기나 날씨 등에 따라 달라질 수 있습니다.

3 제주의 맛집과 카페 등은 비정기 휴무가 잦은 편입니다. 방문 전 전화 또는 인스타그램, 네이버 소식 등에서 영업 여부를 확인하시면 좋습니다.

제주 여행 큐레이션

이솔·선장
지음

나를 위한
맞춤 제주 여행지 320

상상출판

프롤로그

이솔

제주가 좋아서 시작된 일이다. 책을 쓴다는 이유로 제주 곳곳을 누볐다지만 아직 신비의 섬 제주를 십분의 일도 못 본 것 같다. 걸음이 닿는 길은 또 새롭고 돌아오는 비행기 안에서는 늘 아쉬움이 남는다.

내가 본 제주의 아름다운 모습들을 어찌 다 나열할 수 있을까. 물영아리오름 정상에서 숲이 주는 몽환적인 풍경에 숨 막혔던 순간, 눈 내린 겨울에 찾아간 삼다수숲의 황홀경, 한라산을 넘는 길에서 만난 숲이 만든 눈부신 터널, 소슬한 바람이 불어오던 마을 돌담길. 지금 생각해도 여전히 설레는 풍경들이다.

제주 바다는 단 하루도 같은 날이 없었다. 어느 날은 고요하고 투명한 쪽빛이었다 또 어느 날은 거친 파도가 할퀴는 검푸른 심해였다. 바다는 매일 다른 표정으로 흐르지만 내 안에 그대로 고여 있는 것 같다. 제주 여행자들에게 이런 이야기를 들려주고 싶다. 제주에서는 바다와 숲이 건네는 말들을 가만히 들어보면 좋겠다. 이 책이 그런 여행의 작은 지표가 되길 바란다.

암울했던 코로나 시기가 지나면서 세계로 가는 수많은 길이 다시 열렸다. 그럼에도 나는 한동안, 아니 오랫동안 제주를 찾게 될 것 같다. 제주가 너무 좋아서.

선장

책을 만들기 위해 취재했던 모든 순간이 행복했다. 어머니의 품을 닮은 오름과 한라산을 수도 없이 올라야 했지만 고통스러웠던 만큼 기쁨도 커지기만 했다. 바람과 여자와 돌이 많다는 이야기는 들었지만 하늘이 구멍 난 것 아닌가 의심 들 정도로 비가 많이 내리고, 대지를 빈틈없이 채울 정도로 눈 폭탄이 쏟아질 줄 몰랐다. 그런데도 제주가 점점 좋아졌다.

제주는 그런 곳이었다. 전생을 더듬어 올라가면 나는 어쩌면 구좌읍 종달리 낡은 가옥에서 빗소리를 들으며 술 한잔 기울이던 제주 사람이었는지도 모른다. 집으로 돌아와도 다시 바다가 보고 싶어 이른 새벽에 일어나 바다로 향했고, 제주에서만 느낄 수 있는 이국적인 숲의 향기에 취해 취재가 없는데도 온갖 핑계를 대며 제주를 찾았다.

이 책은 그 모든 기쁨과 슬픔의 편린들이다.

책이 나오면 다시 책을 들고 제주로 향할 것이다. 책은 다 썼지만 제주를 향한 열정과 사랑은 이제부터 시작이다. 제주를 향한 다함없는 사랑이 독자 여러분의 마음속에 조금이라도 깃들기를 소망한다.

목차

프롤로그 006

구역별로 보는 제주 012
제주 키워드 10선 014
알아 두면 쓸모 있는 제주 이야기 022
가장 제주다운, 작은 마을 큐레이션 027
역사적 발자취를 따라 걷는 길 030

PART 1

자연

제주의 품

최고의 숲, 최고의 휴식 038

향기로운 제주의 봄 048

소담스레 피어난 여름 058

낭만이 흐드러진 가을 066

겨울, 바야흐로 동백의 계절 072

오름을 오르다 078

Special Curation 드라마 속 한 장면처럼 088

자연이 찍어 준 인생 사진 092

절경 품은 드라이브 명소 104

섬 속의 섬 여행 110

제주의 속살, 생태 여행지 118

언제나 그 자리에, 제주 바다 126

세월이 빚어낸 풍경을 따라서 132

PART 2
공간 — 제주의 멋

제주에서 떠나는 아트 투어 **140**
제주 건축 산책 **148**
구석구석 동네 책방 탐험 **154**
술술 넘어가는 여행 **164**
Special Curation 브루어리 투어 **170**
나의 작은 소품 기행 **172**
체험&전시 테마파크 **180**
맛좋은 시장에 혼저 옵서예 **194**

PART 3
음식 — 제주의 맛

제주를 담은 밥상 **202**
지금 여기! 핫플레이스 맛집 **210**
제주에서 만나는 이국의 맛 **220**
현지인이 즐겨 찾는 맛집 **228**
Special Curation 스타 셰프 in 제주 **236**
제주 횟집 열전 **240**
제주 흑돼지 맛집 베스트 **246**
뜨끈한 국 한 사발 **252**
줄 서서 먹는 제주 김밥 **256**
빵의 전설, 빵지순례 **260**
밤의 제주에서 한잔 **268**
제주에서 즐기는 이색 식당 **274**

PART 4

휴식

제주에 쉼

풍경이 아름다운 카페 280
커피와 디저트가 맛있는 카페 288
제주만의 이색 카페 302
Special Curation 사장님은 연예인 312
자쿠지가 있는 숙소 316
시골 풍경이 담긴 숙소 322
바다가 기다리는 숙소 328
놀멍쉬멍 복합 리조트 332

제주 입도 정보 338
항공편 | 배편
제주 교통 정보 340
렌터카 | 버스 | 자전거
올레 코스 지도 346

인덱스 348

구역별로 보는 제주

북부 제주국제공항과 제주항여객터미널이 있는 제주도의 관문이다. 높은 빌딩이 많은 제주도심과 용두암, 도두봉, 용담해안도로, 사라봉 등 제주의 아름다운 풍경이 어우러진다. 인구 밀집 지역으로 관공서, 호텔, 대형 마트 같은 편의 시설이 모여 있다.

서부 제주공항에서 서쪽으로 이어진 해안도로를 달리다 보면 쪽빛 바다가 아름다운 곽지해수욕장과 협재해수욕장이 펼쳐진다. 해 질 무렵이면 이호테우해수욕장과 신창풍차해안도로 등에서 석양빛에 물드는 낭만적인 바다를 볼 수 있다.

- 용담해안도로
- 사라봉
- 도두봉
- 동문재래시장
- 이호테우해수욕장
- 한담해안산책로
- 곽지해수욕장
- 비양도
- 한림공원
- 협재해수욕장
- 새별오름
- 1100고지 습지
- 한라산
- 신창풍차해안도로
- 수월봉
- 창고천생태공원
- 산방산
- 안덕계곡
- 서귀포매일올레시장
- 형제해안로
- 용머리해안
- 대포주상절리
- 천지연폭포
- 송악산
- 마라도

남부 제주의 고도(古都)인 서귀포시와 중문 관광단지가 있다. 어디에서나 우뚝 솟은 한라산이 보이고, 짙고 푸른 바다가 시원하게 펼쳐진다. 대포주상절리나 천지연폭포 같은 천혜의 자연 곁에 특급호텔들이 모여 있다.

북동부 제주시 동부를 잇는 도로를 달리다 보면 에메랄드빛 바다로 유명한 함덕해수욕장을 만난다. 이 지역에는 제주의 고즈넉한 모습을 간직한 마을들이 여전히 남아 있다. 월정리 곳곳에 돌집을 개조한 감성적인 소품숍과 서점, 맛집, 카페들이 들어섰고, 오름의 정원이라 불릴 만큼 크고 작은 아름다운 오름들이 군락을 이룬 구좌읍도 북동부에 있다.

동부 유네스코 세계자연유산에 등재된 장대한 성산일출봉과 드라마〈올인〉촬영지로 알려지기 시작한 섭지코지가 있다. 비경을 품은 섬 속의 섬, 우도도 동부권에 포함된다. 봄이면 최고의 풍경을 뽐내는 녹산로와 가을이면 금빛 억새가 일렁이는 금백조로가 유명하다.

내륙코스 한라산을 중심으로 동부권과 서부권으로 나뉜다. 동부 등산코스는 성판악 등산로와 관음사 등산로가 있다. 서부 등산코스는 어리목 등산로와 영실 등산로가 있다. 한라산과 주변의 용암이 분출된 화산지형의 생태를 탐방하며 눈부시게 아름다운 숲에서 힐링할 수 있다.

제주 키워드 10선

'아는 만큼 보인다'는 말처럼 제주에서 흔히 만날 수 있는 풍경들의 기원이나 역사를 알게 되면 제주가 더 특별하게 다가올 것이다. 오름, 곶자왈, 돌담, 돌하르방 등 걸음마다 만나게 되는 장면에 담긴 이야기를 소개한다. 신비로운 섬 제주, 제대로 알고 알차게 즐겨 보자.

화산섬

제주는 하나의 거대한 화산섬이라고 해도 과언이 아니다. 섬으로 생성되기 전의 제주는 말랑한 점토와 모래층이 있는 얕은 바다였다. 신생대 후기인 약 180만 년 전 바다에서 화산 활동이 시작됐다. 크고 작은 수많은 화산이 폭발하면서 격렬하게, 때로는 느릿느릿 용암을 분출했다. 이 화산체들이 해양 퇴적물과 결합해 서귀포층이 형성됐다. 이후 용암 활동이 거세지면서 한라산 정상부가 만들어졌다. 화산이 폭발해 용암 같은 화산분출물이 나온 입구를 화구라 하고, 화구에 물이 고여 만들어진 호수를 화구호라 부른다. 백록담은 이런 과정으로 만들어진 화구호다. 최종 빙하기 이후 성산일출봉과 송악산, 수월봉, 당산봉, 용머리 등이 물과 불의 격렬한 만남으로 만들어졌다. 1,000년 전의 화산 활동을 끝으로 현재 제주의 모습이 갖춰졌다.

② 오름

제주에는 '오름'이라는 독특한 형태의 구릉이 있다. 오름은 '산'의 제주어로 화산 활동 후 생긴 작은 산, 일종의 기생화산을 말한다. 한라산을 제외한 모든 산이 오름이라고 보면 된다. 제주에는 수십 만년의 세월을 품은 크고 작은 오름이 무려 368개나 된다. 바늘처럼 생긴 바늘오름, 돛 모양 같은 돛오름, 감나무가 많아 감낭오름, 바위와 닮은 바위오름 등 모양에 따라 다양한 이름이 붙기도 했다. 노로(노루)오름, 가세(가위)오름, 비치미(꿩)오름처럼 제주 토속어가 붙어 정감 있는 오름도 많다. 일반 산봉우리와 달리 오름에는 다양한 형태의 분화구가 있다. 검은오름이나 물찻오름 분화구에는 연못이 있다. 거대한 분화구를 가진 산굼부리에는 열대 수종이 자란다.

③ 곶자왈

곶자왈이란 숲을 의미하는 '곶', 암석들과 가시덤불이 뒤엉켜 있는 '자왈'이 합쳐진 제주어로 덤불을 일컫는다. 화산 폭발로 분출된 용암지형이다. 나무와 돌들이 제멋대로 뒤섞여 있는 독특한 숲이다. 돌과 바위 사이를 비집고 태어난 나무들은 휘어지고 구부러진 채로 자란다. 곶자왈은 농사짓기 어려운 땅이어서 주로 방목지로 이용됐다. 이곳에서 약초 같은 식물을 채취하거나 땔감을 얻어 숯을 만들기도 했다.

돌담(밭담)

돌, 바람, 여자가 많다는 제주에서 돌을 처리하기 위해 담장을 쌓고, 바람을 막았다. 제주 돌담은 고려 의종 때 김구라는 사람이 처음 만들었다고 한다. 제주 역사를 기록한 『탐라지』에 "(제주는) 어지러이 널려진 돌이 많고 땅이 건조하여 본시부터 논이 없고 밀, 보리, 콩, 조 따위만 나는데 그나마 내 밭 네 밭 경계가 없어 권세가들이 날마다 잠식하니 백성들이 고통이 심했다. 김구가 판관 때 백성의 괴로움을 듣고 돌담 경계를 쌓도록 하니 백성의 편리함이 많았다"라고 적혀 있다.

집을 짓기 위해 쌓은 돌담은 '축담', 울타리를 두른 '울담', 밭의 경계를 구분하기 위해 쌓은 '밭담', 묘소 주변에 두른 돌담은 '산담'이라고 한다. 바닷가 연안에 쌓은 돌 그물은 '원담'이라 부른다.

⑤ 돌하르방

돌하르방은 제주를 대표하는 상징물이다. 제주어로 '돌 할아버지'라는 뜻의 석상은 원래 우석목(偶石木), 벅수머리라고 불렀다. 제주도에서 장승을 대신해 '마을의 수호신'으로 알려져 있으며, 주로 성문 입구나 길 입구에 세워져 있다. 돌하르방은 제주에서 많이 나는 현무암으로 만들어서 전체적으로 구멍이 송송 뚫렸다. 모습은 투박하면서도 둥글둥글하다. 제일 큰 석상은 사람 키의 2배나 된다. 돌하르방의 유래를 살핀 학자들은 남태평양에 있는 석상 문화가 해류를 타고 제주도까지 전파됐다고 추정한다. 모아이 석상처럼 양손이 있고, 갓 모양 모자를 쓰고 있어 가장 유력한 설로 보고 있다.

⑥ 제주마

'말은 나면 제주로 보내고 사람은 나면 서울로 보내라'는 속담이 있을 만큼 제주는 말 사육장으로 이름이 났다. 흔히 제주 조랑말이라 부르며, 키가 작아 과일나무 아래를 지나다닌다고 해 '과하마(果下馬)', 토종말이어서 '토마(土馬)'라고도 했다. 지금은 천연기념물로 지정된 귀한 몸이다. 애월읍 곽지리에서 조랑말 뼈가 발굴돼 선사시대부터 조랑말이 있었다고 짐작되지만, 제주에서 본격적으로 말을 기른 것은 고려 때부터다. 1025년 고려 전기에 목감양마법이 정비되고, 목장 관리가 체계화되면서 제주마를 공물로 진상했다. 이성계의 위화도 회군 때도 제주마를 탔다고 한다. 조선 세종 때는 제주마의 수가 크게 늘었다.

⑦ 잣성

'잣' 또는 '잣담'이라 부르는 잣성은 제주도가 조선시대 최대의 말 공급지로 부상하면서 세종 12년(1430)에 만들어졌다. 말을 키우는 목장은 조선 건국 때까지 경작지가 있는 해안 평야 지대와 섬 전역에 흩어져 있었다. 제주도 전 지역에 목장이 있다 보니 목장과 농경지의 경계가 없었고 말들이 여기저기 뛰어다녀 농작물에 큰 피해를 주었다. 이런 이유로 목장을 한라산 중턱으로 옮겼다. 말들이 넘지 못하도록 목장 경계에 돌담을 쌓았는데, 이를 잣성이라 부른다.

잣성은 대부분 두 줄로 쌓은 겹담이다. 고도에 따라 이름이 다르다. 해발 150~250m 일대의 돌담은 하잣성으로 부르며, 15세기 초반 축조됐다. 350~400m 일대는 18세기 후반 축조한 중잣성, 450~600m 일대는 19~20세기 초에 축조했으며 상잣성으로 불렀다. 조선시대 제주 중산간 지역에 국영 목장이 있었음을 증명하는 역사적 유물이자 제주의 전통 목축 문화를 짐작할 수 있는 구체적인 사례이기도 하다.

⑧ 불턱

불턱은 제주 해녀들이 물질을 마치고 옷을 갈아입거나 몸을 녹이기 위해 불을 피웠던 곳이다. 아주 오래전부터 해녀와 역사를 함께한 애환의 장소다. '불'은 글자 그대로 불씨를 뜻하며, '턱'은 불을 놓는 자리를 뜻한다. 장작을 한데 모아 불태우는 화톳불과 비슷하다. 다른 사람 눈에 잘 띄지 않고, 바람이 들어오지 않는 옴팡진 곳에 있다. 마을마다 여러 개의 불턱이 있었다. 가리개 모양의 바위를 그대로 이용하거나, 사람의 시선을 가릴 수 있도록 크고 작은 돌로 키보다 높게 돌담을 쌓기도 했다.

지금은 물질 중간에 불을 쬐는 일이 줄어들면서 불턱의 존재감도 줄어들었다. 온수 시설을 갖춘 잠수탈의장이 불턱 역할을 한다.

⑨ 용천수

화산섬 제주는 수분이 잘 빠지는 현무암 지대가 많아 언제나 물이 부족했다. 빗물이 땅으로 스며들어 지하로 흐르다 암석이나 지층 틈새로 솟아나는 지하수를 용천수라고 하는데, 제주 선조들이 용천수를 따라 마을을 이룬 건 당연한 일이었다. 제주에 상수도가 보급되기 전, 용천수는 제주도민들의 생명수였다. 용천수가 솟는 지역에 따라 해안 지역 용천수, 중산간 지역 용천수, 산간 지역 용천수로 구분한다. 해발 200m 아래 해안 지역에서 용천수가 가장 많이 솟아난다.

⑩ 해녀

제주 해녀는 제주의 상징과도 같은 존재다. 흔히 잠녀(潛女)·잠수(潛嫂)라고도 한다. 해녀는 특별한 장비 없이 수심 10m 이내 바닷속을 잠수해 소라, 전복, 미역, 톳, 우뭇가사리 등을 채취하고 작살로 물고기를 잡기도 한다. 우리나라에는 약 2만 명 정도의 해녀가 있다. 대부분 제주에 몰려 있어 제주가 해녀의 발상지라 추측하기도 한다. 해녀들은 어릴 때부터 바다에서 헤엄치기와 팔다리를 놀리며 떴다 잠겼다 하는 무자맥질을 배운다. 15~16세가 되면 해녀로 독립하고 대부분 60세 전후까지 해녀 생활을 한다.

해녀들은 무자맥질로 수심 5m에서 30초쯤 작업하다가 물 위로 올라온다. 수심 20m까지 들어갈 때도 있는데, 물속에서 숨을 참고 2분 이상 견딜 정도로 폐활량이 뛰어나다. 물 위에 솟을 때마다 "호오이" 하고 막혔던 숨을 한 번에 몰아쉬는 소리가 이색적인데, 이 소리를 '숨비소리' 또는 '솜비소리'라 한다. 제주 해녀문화는 2016년 유네스코 인류무형문화유산으로 등재됐다.

알아 두면 쓸모 있는 제주 이야기

1 제주의 변화무쌍한 날씨

제주는 육지와 떨어진 섬이라 기후가 다르다. 하루에도 맑았다 흐렸다 비 왔다 다시 맑아지는 변덕을 부리기 일쑤다. 동서남북 날씨도 제각각이다. 서쪽에는 비가 오는데 남쪽에는 맑고 파란 하늘이 펼쳐진다. 봄에는 비와 바람이 많아 아침과 저녁이 쌀쌀하다. 해양성 기후에 가까워 여름에는 수시로 비가 내린다. 우산 하나는 기본으로 챙기는 게 좋다. 6·7월에 장마전선이 오르내리며 많은 비를 내리고, 여름 후반에 무척 덥고 습하다. 9월이면 제주로 태풍이 많이 지난다. 겨울에는 눈이 자주 내린다.

2 제주의 독특한 창세신화

제주에서는 설문대할망 이야기가 곳곳마다 들려온다. 민간 설화에 나오는 설문대할망은 키가 엄청나게 크고 힘이 센 제주 창조의 신이다. 할망이 바닷속 흙을 삽으로 떠 치마폭에 담아 제주를 만들고, 다시 흙을 일곱 번 퍼 나르며 한라산을 쌓았다고 한다. 치마폭에 흙을 담아 나를 때 치마의 터진 구멍으로 흙이 새어 나와 360여 개의 오름이 되었다고. 한라산 봉우리가 너무 뾰족해 봉우리 윗부분을 잡아 던지니 아래가 움푹 패어 백록담이 되고 윗부분은 서남쪽에 있는 산방산이 됐다는 전설이 전해진다.

3 제주의 역사

한반도에서 가장 오래된 유적인 제주공항 근처의 삼성혈에서 삼신인(三神人) 고을나, 양을나, 부을나가 태어났다. 삼신인은 수렵 생활을 하다 바다에서 상자를 발견했는데, 그 안에는 오곡 종자, 가축과 함께 벽랑국 삼공주가 있었다. 삼신인은 삼공주를 배필로 맞아 농경 생활을 시작했다. 성산읍 온평리의 혼인지는 삼신인이 삼공주와 혼례를 올리기 위해 목욕 재개한 연못이다. 혼인지 내의 신방굴은 삼신인이 혼례 후 첫날밤을 치른 곳이라는 이야기가 전해진다.

제주는 삼국시대부터 조선 초기까지 '깊고 먼바다의 섬나라'라는 뜻의 '탐라'로 불렸다. 조선 태종 2년 정3품 지방관 제주목사가 관리했고, 태종 16년 제주목, 정의현, 대정현(1목 2현)의 삼읍체제로 개편됐다. 1955년 제주읍이 제주시로, 1981년 서귀읍·중문면이 통합돼 서귀포시로 승격된 후 2006년 제주특별자치도가 됐다.

4 제주의 전통 음식

돼지고기가 맛있고, 메밀로 유명한 제주는 돼지와 메밀을 재료로 쓴 전통 음식이 많다. 돼지를 삶아낸 육수에 몸(모자반)을 넣고 국물에 메밀가루를 풀어 걸쭉하게 끓인 몸국, 돼지고기 육수에 고사리와 돼지고기 살을 발라 메밀가루를 넣어 끓인 고사리육개장, 돼지 앞다리와 갈비뼈 사이에 있는 접짝뼈를 푹 고아 뽀얀 국물이 담백한 접짝뼈국이 있다. 접짝뼈국은 제주 잔칫날 빠지지 않는 귀한 음식이었다. 도마라는 뜻의 제주어인 '돔베'에 올려 나오는 돼지고기 수육 돔베고기도 제주 어디서나 맛볼 수 있다. 진하게 우려낸 돼지고기 육수에 탱탱한 국수를 말아 고기를 고명으로 올린 고기국수도 빼놓을 수 없다. 제주 바다에서 많이 잡히는 신선한 갈치에 단호박, 배추, 청경채와 매운 고추를 송송 썰어 넣어 맑고 칼칼하게 끓인 갈칫국도 별미다. 전갱이를 제주어로 '각재기'라 부르는데, 된장을 풀어 얼갈이 배추와 각재기를 넣어 끓인 각재기국도 제주에서만 맛볼 수 있는 전통 음식이다. 메밀가루를 반죽해 얇게 지진 전에 무 숙채를 넣어 만든 빙떡은 제주 시장에 가면 맛볼 수 있다. 차조로 빚은 오메기떡도 제주 명물이다.

5 외국어 같은 제주어

'혼저 옵서예(어서 오십시오)'. 마치 외국어 같은 제주어는 사투리가 아니라 지방 언어다. 제주는 오랜 시간 동안 육지와 떨어진 고립된 섬이어서 언어의 변화가 크게 일어나지 않았다. 11세기 이후 고려에서 들어온 중세 한국어의 특징이 많이 남아 있다. 다른 지역에서 볼 수 없는 훈민정음 아래아가 살아 있고, 표준어에 없는 시제도 있다. '~했어?'를 '~헨?'으로, '~먹었어?'를 '~먹언?'처럼 짧게 발음한다. 이런 제주만의 고유한 단어나 문법 특성 때문에 제주 사람들이 말하면 잘 알아듣지 못하는 경우가 많다.

제주의 전통과 문화가 담긴 소중한 우리말 제주어가 아쉽게도 점점 소멸하고 있다. 제주에서 나고 자란 노인들 정도만 제주어를 제대로 구사할 줄 안다. 제주를 여행하며 '맛 조수다게(맛있습니다)', '폭삭 속았수다(수고 많았습니다)', '다시 오쿠다양(다시 올게요)' 같은 제주어 한마디 건네 보면 어떨까.

6 제주 전통 가옥

많은 제주 사람들이 해안가 용천수를 따라 마을을 이루었지만 바다에서 불어오는 바람이 세차 집집마다 바람을 막을 돌담을 쌓았다. 돌담은 육지 바닥보다 높게, 집 건물은 육지보다 낮게 건축했다. 그런 이유로 돌담과 지붕의 처마가 자연스럽게 마주 보게 됐다. 초가로 만든 지붕은 날아가지 않도록 새끼줄로 고정했다. 초가는 완만한 곡선 모양이어서 위쪽으로 부는 바람이 지붕을 타고 자연스럽게 넘어간다. 둥근 초가지붕과 돌담은 거센 비바람이 부는 자연환경에 맞서 온 제주 사람들의 지혜를 보여 준다. 그러면서 제주도의 독특한 전통 건축 문화 풍경을 만들어 냈다.

제주 전통 가옥은 한 울타리 안에 부모님이 사는 안거리와 결혼한 자녀가 사는 밖거리, 두 채의 집이 있다. 부모와 자식이 함께 살아도 살림은 완전히 따로 한다.

7. 제주인만의 '괸당' 문화

'괸당'은 '혈족', '친족'을 의미하는 단어다. '권당'에서 비롯된 말로 혈연과 지연으로 똘똘 뭉친 섬 지역 특유의 정서다. 제주 사람들은 돌과 바람이 많은 척박한 환경과 4·3사건 같은 중앙정부의 핍박에 맞서면서 생존을 위해 '괸당'이라는 독특한 공동체 문화를 만들어 왔다. 품앗이를 넘어 일상에서 많은 것을 함께 나눈다. 결혼, 회갑 등 한 집안의 행사가 마을 잔치가 되고, 좋지 않은 일에는 서로 도움을 준다. 혈족, 친족 이상의 학연, 지연으로 맺어진 공동체는 결속이 강해 새로운 사람들이 그 안으로 들어가기 쉽지 않다. 제주로 이주한 사람들이 처음 느끼는 큰 장벽이기도 하다.

괸당을 그들만의 리그라는 부정적인 시각으로 보기도 하지만 어찌 보면 개인주의가 만연한 현대사회에서 서로를 돌보고 외로운 사람에게 위로가 되는 따뜻한 문화다. 제주가 배경인 드라마 〈우리들의 블루스〉에서 학교 동창, 이웃, 목숨 걸고 물질하는 해녀들이 일심동체로 움직이는 모습을 보면 괸당 문화를 조금은 이해할 수 있을 것이다.

8. '신구간'이라는 민간신앙

'제주에는 1만 8천의 신이 있다'는 말이 있을 정도로 주변의 모든 것들을 신으로 생각하며 의지했다. 이 많은 신을 모시기 위해 신당을 곳곳에 차려 놓았다. 산에는 산신당, 바다에는 해신당, 마을에는 본향당이 있다. 다양한 종류의 신과 그 신을 모시는 당에서 당굿이 열린다. 음력 1월에는 새해를 맞아 신께 인사를 드리는 신과세제, 2월에는 제주를 찾아오는 영등신을 맞이하는 영등굿, 7월에는 곡식의 풍요를 비는 마불림제, 10월에는 수확한 곡식에 감사하는 마음을 담은 시만국대제가 정기적으로 열렸다. 지금은 신과세제만 열린다.

제주의 신들은 매년 1월 25일부터 2월 1일까지 옥황상제에게 올라가 1년 동안의 일을 알리는데 이때, 제주 사람들은 동티가 두려워서 하지 못했던 일들을 한다. 동티란 금기된 행동을 해 신이 노하면 받게 되는 재앙을 말한다. 주로 이사, 집 수리, 이장 등을 한다. 이 구간을 신구간이라 부른다.

9 유네스코 3관왕, 제주 자연

제주는 섬 전체가 '화산박물관'이라 할 만큼 독특한 화산지형이다. 한라산 백록담을 시작으로 땅 위에는 360여 개의 오름이 펼쳐져 있고, 땅 아래에는 160여 개의 용암동굴이 섬 전체에 흩어져 있다. 폭포와 곶자왈이 있고, 동서남북에 펼쳐진 바다 빛깔이 모두 다르다. 섬 속의 섬 우도, 마라도, 가파도, 비양도까지 자연 자체만으로 빛난다. 이런 다양한 생태계와 생물 다양성을 지닌 제주의 보전 가치를 인정받아 2002년 생물권보전지역으로 지정됐다. 2007년 국내 최초로 '제주화산섬과 용암동굴'이라는 이름으로 한라산 천연보호구역, 거문오름 용암동굴계, 성산일출봉이 유네스코 세계자연유산에 당당히 등재됐다. 화산 활동 흔적이 그대로 남아 있는 제주는 뛰어난 경관뿐 아니라 학술적으로도 중요한 곳이다. 2010년 우리나라 최초로 섬 전체가 세계지질공원으로 지정되면서 유네스코 3관왕에 올랐다. 제주는 우리의 자랑스러운 보물섬이다.

10 제주4·3사건

제주에서는 어디서나 4·3이라는 숫자를 만나게 된다. 1947년 3·1절에 민주주의민족전선이 기념집회를 열었고, 기념식 후 거리 곳곳에서 시위가 일어났다. 이때 관덕정 앞에서 시위를 구경하던 어린아이가 기마경찰이 탄 말에 차여 크게 다쳤다. 경찰이 이를 수습하지 않고 지나가자 일부 군중이 돌을 던지며 항의했다. 그러자 경찰이 군중에 총을 발포해 6명이 사망하고, 6명이 중상을 입었다. 이는 이듬해 발생한 제주4·3사건의 발단이 됐다. 1948년 4월 3일 남로당 제주도당 무장대가 12개 경찰지서를 공격하는 무장봉기가 일어났고, 이후 미군정과 이승만 정부가 남로당 무장대를 토벌한다는 이유로 3만여 명의 민간인을 무차별 학살했다. 제주 현대사의 비극적인 사건이다.

북촌리 너븐숭이4·3기념관과 봉개동 제주4·3평화공원에서는 당시 제주도민의 처절했던 삶을 기억하고, 희생자들의 넋을 기리고 있다.

가장 제주다운, 작은 마을 큐레이션

마을 앞 아름드리나무 푸른 잎이 바람결에 손을 흔든다. 새들의 울음소리가 청아하게 울려 퍼지는 숲에 어둠이 내리면 반딧불이 불빛이 눈부시게 빛난다. 같은 풍경이라고는 하나도 없는 작은 마을, 숨겨진 곳에서 가장 제주다운 모습을 만나 보자.

① 조천읍 와흘리의 **와흘본향당**

제주에는 마을마다 수호신을 모신 신당이 있다. 신당을 중심으로 제사를 지내고 행복과 안녕을 기원한다. 본향당은 사람의 출생과 사망, 토지 등을 관장하는 수호신을 모신 사당이다. 출생과 사망, 토지 등을 관장하는 기관이 주민센터이니, 본향당은 '영혼의 주민센터'라 해도 과언이 아닐 것이다. 전설에 따르면 마을의 수호신인 금백주(여신)와 소천국(남신)이 결혼해 아들 18명, 딸 28명을 낳았고 그 아래 손자들이 번성했다. 이 자손들이 제주의 여러 마을로 흩어져 마을을 수호하는 본향당의 신이 됐다고 한다.

제주 본향당은 현재 300곳이 남아 있다. 중산간 일주도로(1136번)와 남조로(1118번)가 만나는 네거리 근처, 조천읍 와흘리에 있는 와흘본향당은 수령이 약 400년, 높이 13m, 둘레 4m의 거대한 팽나무 신목 두 그루로 이뤄진 신당이다. 팽나무가 얼마나 거대한지 신당을 둘러싼 담장을 훌쩍 넘어 가지를 뻗치고 있다. 영험한 느낌이 절로 느껴지는 신당 주변으로 붉은색 동백이 담장처럼 두르고 있다. 동백나무는 산신(産神) 할머니의 상징목이라 심은 것이다. 사람들은 본향당에서 가슴에 맺힌 이야기들을 풀어낸다. 미신이나 무속이 아닌, 제주인들의 마음의 고향이다.

📍 제주시 조천읍 와흘남길 53-35

② 한림읍 명월리의 **팽나무마을길**

제주 서쪽 중산간 조용한 마을 명월리는 팽나무 군락이 아름답기로 소문난 곳이다. 팽나무는 제주어로 '폭낭' 또는 '퐁낭'이라 부른다. 이리저리 뻗어 나간 수형이 크고 아름다워 예부터 정자 옆이나 바람을 막는 방풍림으로 많이 심었다. 명월리는 상동, 하동, 중동 세 마을로 나뉘는데, 팽나무 군락은 중동마을 가운데로 흐르는 명월천의 천변에 있다. 100년에서 400년 세월을 품은 노거수 64그루가 늘어서 저마다 다른 자태를 뽐낸다. 바람에 휘둘려서일까. 제멋대로 가지가 뻗어 나간 아름드리 팽나무는 마치 그림을 그려 놓은 듯하다. 팽나무 사이사이에는 푸조나무, 산유자나무, 보리밥나무 등이 한데 어울려 울창한 숲을 이룬다.

명월천 팽나무 아래에는 조선시대 유생, 시인, 묵객들이 풍류를 즐겼던 명월대가 있다. 자연 암석 위에 8각형 석축을 쌓고 그 위에 원형 반석을 놓은 것인데, 팽나무 그늘이 바람에 흔들리는 명월대에 앉아 있노라면 절로 시 한 구절이 떠오른다. 명월대 건너편에는 폐교되어 카페로 변신한 명월국민학교가 있고, 팽나무 군락 근처에는 조선시대 왜구의 침입을 방어할 목적으로 세운 명월성지가 남아 있다. 성곽 위에 오르면 한림읍과 비양도가 훤히 내다보인다.

📍 제주시 한림읍 명월로 71 명월리사무소

③
성산읍 신천리의 **벽화마을**

한라산에서 제주 남동쪽으로 흐르는 천미천이 바다에 닿기 전, 마지막에 만나는 마을이다. 예전에는 내의 끝이라는 뜻의 '내깍'으로 불렸고, 바람이 거세 '바람코지'라고도 불리는 해안 마을이다.
평범한 시골 마을인 이곳은 영화 <설지>의 촬영지였다. 탈북 소녀가 팝아트를 접하고 화가가 되는 이야기를 담기 위해 마을 안길에 벽화를 그렸는데, 이를 계기로 젊은 예술가와 지역 화가들이 작은 마을에 그림을 채워 나갔다. 신천리복지회관을 시작으로 아담한 집 담벼락, 귤 창고 등 마을 곳곳이 커다란 캔버스가 됐다. 동백, 해바라기, 해녀, 말, 스펀지밥 같은 만화 캐릭터 등 다양한 주제와 재미있는 글귀로 다채롭게 꾸몄다. 마을의 길이 넓어 벽화를 감상하며 산책하기 좋다.

📍 서귀포시 성산읍 신천서로 5 신천리사무소

④
한경면 청수리의 **반딧불이마을**

제주 서쪽 중산간 마을 청수리는 제주 생태의 보고인 곶자왈이 펼쳐진 마을이다. '맑고 깨끗한 물'이라는 이름처럼 청수리에서 청정 제주를 한껏 느낄 수 있다.
환경의 지표로 여길 만큼 청정한 지역에서 사는 반딧불이. 청수리 운문산은 반딧불이 최대 서식지다. 매년 6월 초~7월 초, 매일 저녁 8시에 청수곶자왈에서 반딧불이 축제가 열린다. 반딧불이 체험은 마을회에서 하루에 정해진 인원만 신청받는다. 숲에 어둠이 내리면 한여름 밤의 꿈처럼 반딧불이가 반짝반짝 불을 밝힌다. 반딧불이는 빛과 향을 싫어한다. 발길이 어두워도 플래시는 켤 수 없다. 진한 향수나 모기퇴치제도 사용할 수 없다. 이런 이유로 어두운색 옷이나 긴바지는 필수다.

📍 제주시 한경면 연명로 348
🌐 www.cheongsuri.kr/index.php

역사적 발자취를 따라 걷는 길

제주의 마을은 아름다운 풍광과 더불어 오랜 세월의 흔적을 품고 있어 더 빛난다. 소중한 문화유산의 가치가 있는 유물들을 간직한 마을 자체는 거대한 역사박물관이다. 걷다 보면 저절로 알게 되는, 역사의 한 페이지가 펼쳐진 길을 따라가 보자.

1 제주시 삼양동

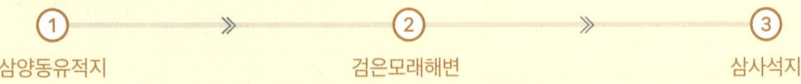

① 삼양동유적지 ② 검은모래해변 ③ 삼사석지

삼양동유적지는 고대 제주인들의 삶을 느낄 수 있는 곳이다. 남한 최대의 마을유적지로 명성이 높다. 청동기시대 집터와 여러 유물이 발견되면서 사적 제416호로 등록됐다. 출토 당시 토기류는 물론 검, 옥팔찌, 돌도끼 등의 유물과 함께 쌀, 보리, 씨앗 등이 나왔다.

유적지 바로 아래에는 검은모래해변이 있다. 검은모래해변은 자연 노천 찜질방이다. 검은 모래로 찜질하면 신경통, 관절염, 비만증, 피부염, 감기 예방, 무좀 등에 효과가 있고 특히 불임 치료에 좋다고 한다. 여름이면 검은 모래를 덮어쓰고 모래찜질하는 모습을 심심치 않게 볼 수 있다.

삼양동과 바로 붙어 있는 화북동에는 삼사석(三射石)이 있다. 제주도의 시조인 고씨, 양씨, 부씨가 탐라국을 건국한 후 도읍을 정하기 위해 한라산 북쪽 기슭에서 화살을 쏘았는데, 그 화살이 꽂힌 돌이라고 한다. 삼사석은 직경 55㎝ 크기의 현무암으로, "옛날 모흥혈(삼성혈의 옛 이름)에서 쏜 활을 맞은 돌이 남아 있으니 신인의 기이한 자취는 천추에 빛날 것이다"라는 내용의 비문이 새겨져 있다. 이들이 화살을 쏘아 거처로 정한 곳이 현재의 제주시 일도동, 이도동, 삼도동이다.

> **삼양동유적지**
> 📍 제주시 선사로2길 13
>
> **삼사석지**
> 📍 제주시 화북일동 1380-1

2 제주시 용담동

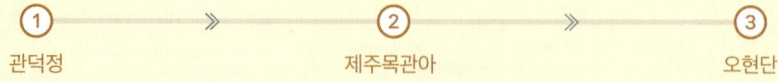

① 관덕정 → ② 제주목관아 → ③ 오현단

기암괴석이 아름다운 해변을 품은 제주시 용담동은 제주국제공항과 가까운 제주의 관문이다. 또 조선 제15대 임금 광해군의 흔적이 남아 있는 곳이기도 하다. 광해는 조선의 왕 중 가장 드라마틱한 삶을 살았다. 당쟁에 휩싸여 이복동생 영창대군을 살해하고, 그의 어머니 인목대비를 경운궁에 유폐했다. 1623년 인조반정으로 왕위에서 쫓겨나 강화도에 유배됐다가 1637년 제주 어등포(지금의 구좌읍 행원포구)에 도착했다.

광해군은 제주에서 위리안치(圍籬安置)에 처해 철저한 감시 속에 살았다. 위리안치는 죄인이 달아나지 못하게 가시로 둘러싼 담에 가두는 가택연금이다. 광해는 유배생활을 하던 1641년 관덕정에서 눈을 감았다. 당시 제주목사였던 이시방은 제주목관아에서 광해의 장례를 준비했다. 관덕정에 시신을 안치하고 빈소를 마련해 대제를 지냈다. 관덕정은 먼 조선시대부터 현대사의 4·3사건까지 제주의 역사와 함께했다. 지금은 제주 사람들의 만남의 장소이자 이정표 역할을 하는 곳이다.

제주시 이도1동에는 조선시대 제주에 유배됐거나 현재의 도지사 격인 방어사로 부임해 지역발전에 공헌한 다섯 사람을 추모하는 오현단이 있다. 이곳에 광해군에게 직언하다 1614년 유배된 동계 정온 선생이 모셔져 있다.

관덕정
📍 제주시 관덕로 19

제주목관아
📍 제주시 관덕로 25

오현단
📍 제주시 오현길 61

3 한림읍 금악리

① 성이시돌목장 » ② 테쉬폰 » ③ 귀덕공소 옛터

제주시 한림읍 금악리에는 제주도민을 뜨겁게 사랑했던 아일랜드 출신 패트릭 J. 맥그린치 신부의 흔적이 곳곳에 묻어 있다. 그의 한국 이름은 '임피제'이며, 2018년 4월 23일 선종했다.

맥그린치 신부는 25세에 사제 서품을 받고, 1954년 선교사로 제주시 한림 본당에 부임하면서 제주와 연을 맺었다. 한국전쟁과 4·3사건을 거치며 황폐해진 제주도민의 경제적 자립을 돕기 위해 헌신했다. 1960년대 초 황무지였던 중산간 지역 한림읍 금악리 일대에 목장을 조성했다.

성이시돌목장은 중세 스페인의 농부였던, 로마가톨릭교회가 정한 시골 공동체 수호성인 '성 이시도르(Isidore)'에서 이름을 따왔다. 목장 안에 숙소를 지으면서 테쉬폰 양식으로 만들었다. 테쉬폰은 이라크 바그다드와 가까운 테쉬폰이라 불리는 곳에서 2,000년 전부터 시작된 오래된 건축 양식이다. 텐트 모양으로 합판을 말아 지붕과 벽체의 틀을 만들고 억새, 시멘트 등을 덧발라 만든 건축물이다. 테쉬폰 외관은 물결 모양의 아치가 연속적으로 이어져 마치 조개껍데기 같다. 낡았지만 어디서도 본 적 없는 독특한 건축 양식 덕분인지 결혼사진이나 스냅 사진 촬영 명소가 됐다. 최근 테쉬폰이 제주 등록문화재로 지정되기도 했다.

맥그린치 신부가 설립해 운영한 한림성당 귀덕공소도 매력적인 건축물이다. 공소 벽을 현무암으로 쌓고 그 틈을 잔돌로 메꾸어 이국적인 느낌이 물씬 풍긴다.

성이시돌목장
📍 제주시 한림읍 산록남로 53

테쉬폰
📍 제주시 한림읍 금악동길 28

귀덕공소 옛터
📍 제주시 한림읍 귀덕14길

4 조천읍 북촌리

① 연북정 → ② 조천연대 → ③ 용천수 탐방길
⑥ 순이삼촌문학비 ← ⑤ 너븐숭이애기무덤 ← ④ 너븐숭이4·3기념관

제주 북동쪽 조천읍의 조천항은 옛날 제주에서 육지를 오가던 관문으로 부임한 관리, 유배객, 상인 등이 이 항구로 드나들었다. 주변에 자연스레 마을이 생겨났고, 마을에는 왜구가 쳐들어올 때를 대비한 진지를 쌓았다. 조천진은 제주를 지키는 9개 진지 중 하나다. 성 위에는 망루를 세웠다. 바람 많은 제주여서 망루의 기둥을 높이 올리진 못했다. 지붕도 낮게 내려앉은 모양이다. 연북정이란 이름은 북쪽을 사모한다는 뜻으로 임금에 대한 존경이 담겨 있다. 연북정에 오르면 마을과 푸른 바다, 멀리 조천항이 내다보인다.

해안가에 있는 조천연대는 연기를 피워 위급한 상황을 알리는 옛 통신 시설이었다. 제주 화산석으로 대를 쌓아 올린 이곳에 올라서면 제주 동쪽 바다가 시원하게 펼쳐진다. 낮은 돌담집 옛 모습이 남아 있는 조천 읍내에는 곳곳에서 용천수가 솟아난다. 용천수 탐방길에 있는 여자들이 목욕하던 '큰물'과 남탕인 '족은돈지'도 둘러볼 만하다.

조천을 돌아보면서 슬픈 역사를 품은 너븐숭이를 빼놓을 수 없다. '너븐숭이'는 '넓은 돌밭'을 의미하는 제주어다. 4·3사건 당시, 1949년 1월 17일 북촌리 주민 400여 명이 무차별 학살된 '북촌리 사건'의 현장이다. 희생자들의 넋을 기리기 위해 북촌리에 너븐숭이4·3기념관을 세웠다. 길가에는 현무암을 둘러 놓은 애기무덤의 흔적이 그대로 남아 있다.

제주가 고향인 작가 현기영은 1978년 북촌리 대학살의 비극을 다룬 작품 『순이삼촌』을 발표했다. 너븐숭이는 소설의 무대로 이곳에 순이삼촌문학비가 세워졌다.

연북정
📍 제주시 조천읍 조천리 2690

너븐숭이4·3기념관
📍 제주시 조천읍 북촌3길 3

5 대정읍

① 대정현성 » ② 추사관

서귀포시 대정읍 마을에 들어서면 현무암으로 쌓은 성벽이 눈길을 끈다. '대정읍성' 또는 '대정현성'으로 불리는 성벽은 조선시대 제주의 3읍성 중 하나로, 조선 태종 16년 대정현에 축성된 성곽 유적지다. 읍성은 왜구의 침입을 막고 백성을 보호하는 군사적·행정적 역할을 했다. 보통 산이나 계곡 근처에 읍성이 자리하기 마련인데 대정현성은 특이하게도 대정읍 밭 일대에 읍성을 이뤘다. 전쟁을 방비했다기보다는 백성들을 보호하기 위한 높은 울타리라는 느낌이 든다. 성 앞에 있는 4개의 돌하르방까지 오랜 역사의 흔적이 고스란히 남아 있다.

대정성지 일대에서 추사 김정희의 고된 삶도 엿볼 수 있다. 추사는 55세에 정치적 음모에 휘말려 혹독한 고문을 당한 뒤 1840년부터 무려 9년간 제주도에서 유배 생활을 했다. 추사의 유배는 단지 섬을 벗어날 수 없는 것이 아니라 광해군처럼 아예 집 바깥에도 나갈 수 없는 위리안치형이었다. 당시 대정은 제주도에서도 가장 멀고 험한 곳이었다. 보통 사람이라면 1년도 버티지 못할 힘겨운 유배 생활 중에 추사는 특유의 필체인 추사체를 완성했다. 1844년에는 필생의 역작인 〈세한도(歲寒圖)〉(국보 제180호)를 남겼다. 세한도는 추사가 그의 제자인 이상적에게 그려 준 것이다. 스승이 귀양살이하는 동안 정성을 다하고, 중국 연경에서 귀한 책을 보내 준 것에 대한 답례였다. 추사의 삶과 학문, 예술세계를 기리기 위해 2010년 5월 건립된 추사관에 유물들이 고스란히 남아 있다. 건축가 승효상 선생이 설계한 추사관 외관은 추사의 〈세한도〉를 닮았다.

대정현성
📍 서귀포시 대정읍 추사로38번길 19-26

추사관
📍 서귀포시 대정읍 추사로 44

PART 1

자연

제주의

품

최고의 숲, 최고의 휴식 ①

"'숲'이라고 모국어로 발음하면 입안에서 맑고 서늘한 바람이 인다."
소설가 김훈이 『자전거 여행』에서 예찬한 것처럼 숲에는 언제나 청량한 기운이 넘친다. 제주의 숲은 화산지형이 만들어낸 독특한 풍광과 울창한 원시림이 어우러져 이채롭다. 한적한 숲속을 산책하며 사색에 잠겨 보자.

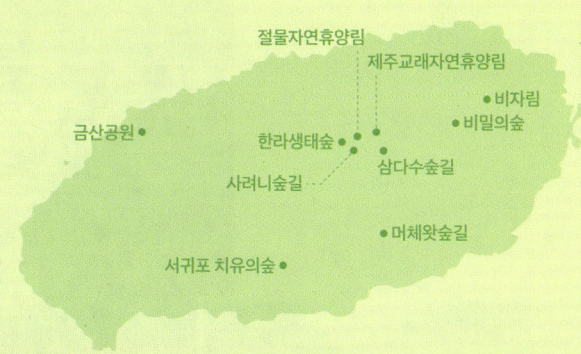

사려니숲길

제주 숲의 으뜸으로 꼽는 조천읍 교래리의 사려니숲길은 비자림로 봉개동 구간에서 제주시 조천읍 교래리 물찻오름을 지나 서귀포시 남원읍 한남리 사려니오름까지 이어진다. 숲길 양쪽을 따라 졸참나무, 서어나무, 때죽나무, 산딸나무, 편백나무, 삼나무 등 다양한 수종이 자라는 울창한 자연림이 넓게 펼쳐져 있다. 피톤치드를 내뿜는 삼나무가 쭉쭉 뻗은 15㎞ 길이의 숲길을 걷다 보면 상쾌한 숲 내음과 새소리, 바람에 흔들리는 이파리 소리가 청량하다. 숲 사이로 보이는 반짝이는 하늘을 올려다보며 크게 숨을 들이쉬면 폐 속까지 시원해지는 느낌이다. 숲이 주는 선물이자 힐링이다.

오소리와 제주족제비, 팔색조, 참매, 쇠살모사 등 다양한 동물도 서식하고 있다. 자동차로 이동 중에 숲을 탐방하려면 사려니 숲 주차장에 차를 세우면 된다. 조릿대숲길을 지나 숲길 입구부터 물찻오름까지 돌아오는 데 3시간~3시간 30분 정도가 소요된다. 남조로변 사려니숲길 입구에 주차하면 물찻오름까지 돌아 나오는 데 2시간~2시간 30분 정도가 걸린다.

- 제주시 조천읍 교래리 산137-1
- 064-900-8800
- 09:00~17:00

삼다수숲길

원래 지역 주민이 즐겨 찾는 산책로였다. 제주의 대표 생수인 삼다수 공장이 인근에 있지만 삼다수숲길이 있다는 걸 아는 사람은 드물다. 말을 풀어 기르는 방목지이자 사냥터여서 테우리(말몰이꾼)와 사농바치(사냥꾼)만 드나들던 길이었다. 2010년 삼다수 생산자와 교래리 주민이 숲길을 정비해 '삼다수숲길'이란 이름을 붙였다.

용암이 식은 땅 위에 생긴 숲길 입구에는 삼나무와 편백나무가 하늘을 가릴 정도로 빽빽하다. 숲길에 들어서자마자 상쾌한 피톤치드 기운이 몸 구석구석에 스민다. 삼나무 아래에는 고사리와 푸른 이끼가 자라고 있어 원시림을 향해 걸어가는 듯한 느낌을 준다.

A코스 꽃길은 1.2㎞의 짧은 맛보기용 산책로다. B코스 테우리길은 5.2㎞로 탐방로 옆에 야생화가 지천으로 피어 있다. C코스 사농바치길은 8.2㎞로 숲길을 온전히 다 걸을 수 있다. 봄의 복수초 군락, 여름의 산수국, 가을의 단풍 모두 눈부시지만 겨울 눈 내린 숲의 풍경은 삼다수숲의 백미다.

 제주시 조천읍 교래리 산70-1

제주교래자연휴양림

제주의 허파로 불리는 곶자왈 지대에 있다. 곶자왈은 '숲'을 뜻하는 제주어 '곶'과 '가시덤불'을 뜻하는 '자왈'을 합쳐 만든 이름이다. 제주교래자연휴양림은 숲길, 곶자왈생태체험관, 숙소, 야영장 등 다양한 시설을 갖추고 있어 곶자왈의 생태를 가까이 보고 체험할 수 있다.

숲에 조금만 들어가도 비밀스러운 기운이 감돈다. 개서어나무, 때죽나무, 구실잣밤나무, 팽나무가 군락을 이룬다. 나무 아래는 탐라암고사리, 주름고사리 등 난대와 아열대 지방에서 자생하는 식물들이 뒤엉켜 자라고 있다. 생태관찰로를 다 둘러보는 데는 40분, 편백숲을 거쳐 큰지그리오름까지 둘러보려면 최소 2시간 30분 이상 걸린다.

📍 제주시 조천읍 남조로 2023
📞 064-710-7475
🕐 하절기 07:00~16:00, 동절기 07:00~15:00
💰 성인 1,000원, 청소년 600원 ※시설사용료 별도

비밀의숲

제주 스냅 사진의 비밀 명소로 알음알음 알려지기 시작한 안돌오름 편백나무숲길. 길 양쪽에 펼쳐진 나무 사이로 난 오솔길이 이색적이어서 핫플레이스가 됐다. 원래 사유지였으나 찾아오는 사람이 많아 일반인들에게도 개방했다.

해가 쨍한 날, 흐린 날, 비 오는 날 어느 때나 가도 분위기가 좋다. 날씨에 따라 다른 색을 내는 숲에서 다양한 감성 사진을 찍을 수 있다. 드라마 〈내가 가장 예뻤을 때〉에서 신혼여행을 온 임수향과 하석진이 손을 잡고 걷다 이마에 입맞춤하던 곳이기도 하다.

숲길은 공원처럼 조성돼 있는데 돌담길, 야자수와 그네, 오두막, 나홀로나무 등 볼거리가 다양하다. 초록 숲과 잘 어울리는 민트색 푸드트럭은 비밀의숲 전용 카페로 아메리카노, 한라봉주스, 타르트와 쿠키, 빵 등 다양한 디저트를 팔고 있다. 원래 유랑하는 푸드트럭이었지만 이제는 안돌오름 비밀의숲에 정착해 이곳을 관리한다. 숲이 생각보다 넓어 길을 잃을 수 있으니 입구에서 지도를 촬영해 참고하는 게 좋다. 휴무일은 공식 인스타그램에서 공지한다.

- 제주시 구좌읍 송당리 2173
- 0507-1323-4609 09:00~18:00
- 성인 3,000원, 경로 2,000원, 어린이 1,000원, 3세 이하 무료
- @secretforest75

비자림

천연기념물 제374호로 지정된 구좌읍 평대리의 비자나무숲, 비자림은 한라산 동쪽에서 뻗어 내려간 종달-한동 곶자왈 지역의 중심에 있는 평지 숲이다. 남북 방향으로 긴 타원형 모양의 비자림에는 500~800년생 2,570그루의 비자나무가 밀집해 군락을 이룬다. 단순림으로는 세계 최대 규모다. 풍란, 차걸이난 등 희귀한 난초 식물과 후박나무, 생달나무 등 100여 종이 자생하고 있다. 숲에 자생하고 있는 비자나무의 키는 7~14m, 지름은 50~110㎝, 수관 폭은 10~15m에 이른다. 숲 한가운데에는 제주특별자치도 최고령목인 800년이 넘은 비자나무가 있는데, 높이 25m, 둘레 6m로 비자나무의 조상목이라고 한다. 나무를 두른 데크길을 산책하며 바라본 고목에는 신비로운 기운이 느껴진다.

고려와 조선시대에 비자나무 열매와 목재를 임금에게 진상했으며 함부로 벌채하지 못하도록 인근 마을 주민을 지정해 관리하게 했다고 한다. 녹음이 짙고 울창한 비자림은 30분 정도면 둘러볼 수 있어 가볍게 산책하기에도 좋다.

- 제주시 구좌읍 비자숲길 55
- 064-710-7912
- 09:00~18:00 ※입장 마감 17:00
- 성인 3,000원, 청소년·어린이 1,500원

서귀포 치유의숲

2021년 한국관광의 별과 제주웰니스관광지로 선정된 서귀포 치유의숲은 이름 그대로 숲을 걷기만 해도 힐링이 되는 곳이다. 가멍오멍숲길, 가베또롱치유숲길, 벤조롱치유숲길, 숨비소리치유숲길 등 제주어로 지은 숲길 이름도 정감 있다.
'가뿐한, 가벼운'이라는 뜻의 '가베또롱' 치유숲길은 1.2㎞ 거리로 목장 경계용 돌담인 잣성을 끼고 따라 걷다 보면 제주의 옛이야기가 솔솔 들려온다. '산뜻한, 멋진'이란 의미의 '벤조롱' 치유숲길은 900m로 짧지만 계곡 길이 많으며 자생하는 푸른 이끼가 싱그러움을 전한다. 노고록무장애나눔길은 경사가 완만하고 데크로 조성돼 있어 임산부, 고령자, 지체장애인 등 이동이 불편한 이들도 마음껏 숲의 기운을 느낄 수 있다. 숲길 이용은 사전 온라인 예약을 해야 한다. 오감 열기, 걷기 명상 등을 할 수 있는 느영나영힐링숲의 산림치유 프로그램도 이용할 수 있다(요금 별도).

- 서귀포시 산록남로 2271
- 064-760-3067
- 4~10월 08:00~18:00, 11~3월 09:00~17:00
  ※1시간 전 입장 마감
- 성인 1,000원, 청소년 600원

절물자연휴양림

봉개동 화산분화구 아래 산림청이 관리하는 국유림에 조성된 숲이다. 수령이 30년 이상 된 울창한 삼나무숲으로 삼나무 외에도 소나무, 산뽕나무 등이 서식한다. 까마귀와 노루도 볼 수 있다. 쭉 뻗은 삼나무숲 곳곳에 마련된 평상처럼 넓은 데크에 앉아 책을 보거나 누워서 나무 사이로 보이는 파란 하늘을 바라보자. 숲이 내뿜는 피톤치드를 맡으면 세상 근심이 모두 사라지는 듯하다.
휴양림 가운데 자리 잡은 절물오름은 해발 650m의 기생화산으로 등산로를 따라 정상에 오르면 말발굽형 분화구가 펼쳐진다. 분화구 전망대에 오르면 제주시와 한라산이 내다보인다.
오래전 절 옆에 약수가 있어 '절물'이라 이름 지은 제주시가 지정한 제1호 약수터도 있다. 가뭄에도 마르지 않아 예전에는 주민들이 식수로 이용했다고 한다.

- 제주시 명림로 584
- 064-728-1510
- 07:00~18:00
- 성인 1,000원, 청소년 600원, 어린이 300원

금산공원

📍 제주시 애월읍 납읍리 1457-1 📞 064-710-6653

애월읍 납읍리에는 사시사철 울창한 금산공원이 있다. 노꼬메오름에서 흘러내린 용암이 애월 곶자왈 끝자락에서 멈춘 곳이다. 상록활엽수와 후박나무·종가시나무·모밀잣밤나무·동백나무·생달나무 같은 난대성 식물 200여 종이 자라는 천연기념물이기도 하다. 원래 화산 폭발로 흘러내린 용암이 굳어 쌓인 돌무더기 땅이었다. 경작이 불가능한 버려진 땅에 바위와 돌 틈 사이로 싹이 돋아 나무가 자라면서 지금의 울창한 숲이 됐다. 옛날 납읍마을에 해마다 화재가 발생했는데, 금악봉이 훤히 보여 불의 기운이 있으니 금악봉이 보이지 않게 마을 주민들이 나무를 심어 액막이를 했다는 이야기도 전해진다.

나무데크가 깔린 오솔길을 걸으면 나무가 빽빽해 하늘이 보이지 않는다. 천천히 걷다 보면 자유롭게 잎과 가지를 힘껏 뻗은 숲의 비밀을 엿볼 수 있다. 옛 선비들이 시를 읊으며 풍류를 즐긴 송석대와 인상정이 있고, 마을제를 지내는 포제청은 푸른 숲처럼 변함없이 마을의 안녕을 기원한다.

한라생태숲 (숫모르편백숲길)

제주시 5.16도로에 있다. 조성 당시엔 훼손된 야초지에 불과했으나 910여 종의 식물이 자라는 곳으로 복원됐다. 면적만 1.94㎢에 달한다. 식물 외에도 다양한 포유류와 조류, 곤충 등이 서식한다. 난대성 식물부터 한라산 고산식물까지 볼 수 있으며 13개 테마 숲과 16.5㎞의 숲길에 쉼터, 유아숲체험원 등이 조성돼 있다.

한라생태숲의 숫모르편백숲길은 숫모르숲길과 절물휴양림 내 샛개오리오름 편백나무림 구간에 붙여진 이름이다. 총 8㎞의 숫모르편백숲길은 화산토가 깔려 있고, 편백나무가 울창하게 자리를 지키고 있다. 오전 10시와 오후 2시에 숲해설 프로그램을 운영한다(동절기 제외). 넓은 주차장을 갖췄고, 입장료는 없다.

- 제주시 516로 2596
- 064-710-8688
- 3~10월 09:00~18:00, 11~2월 09:00~17:00
  ※1시간 전 입장 마감

 머체왓숲길

서귀포시 한남리에 있는 드넓은 목장의 초원과 원시림을 동시에 즐길 수 있는 곳이다. '머체왓'은 제주어로 '돌이 엉기정기 쌓이고 잡목이 우거진 곳'을 뜻하는 '머체'와 '밭'을 일컫는 '왓'의 합성어로, 이 일대가 돌(머체)로 이뤄진 밭(왓)이라는 데서 붙여진 말이다.
머체왓숲길에는 삼나무와 편백나무가 길게 이어진 숲 터널이 있다. 머체왓숲길 코스 중 하나인 소롱콧길은 작은 용을 닮았다는 뜻으로 구불구불한 계곡 길을 따라 난대림 지대의 울창한 활엽수를 만날 수 있다. 머체왓숲길을 탐방하려면 방문객센터를 찾으면 된다.

📍 서귀포시 남원읍 서성로 755　📞 0507-1327-3113　🕘 09:00~18:00　🌐 www.meochewat.com

향기로운 제주의 봄

②

'제주의 꽃' 하면 바로 떠오르는 것은 유채꽃이다. 파란 하늘 아래 부드러운 봄바람이 불어와 노란 물결이 일렁이면 제주의 봄빛은 그의 꽃말처럼 쾌활하다. 꽃망울은 동서남북 어디에서나 명랑하게 손을 흔든다. 유채꽃 위에서 그늘을 드리운 벚꽃잎이 흩날리면 제주의 봄은 절정에 이른다.

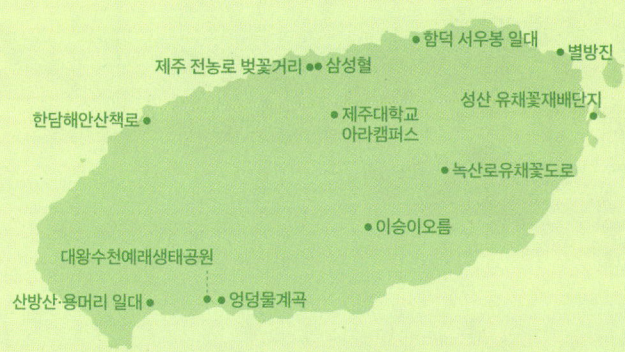

함덕 서우봉 일대

섬의 동쪽인 조천읍 함덕리 함덕 서우봉 일대는 비취색이 물든 바다와 노란 유채꽃이 어우러진 아름다운 마을이다. 바다 곁에 솟은 오름 서우봉은 봄이 되면 가파른 비탈에 유채꽃이 만발한다. 올레 19코스 '조천-김녕 올레'에 속한 서우봉에는 함덕리 주민들의 땀이 배어 있다. 2년 동안 오름 둘레를 낫과 호미로 일구어 2.5㎞의 산책로를 조성했다. 덕분에 오르기 쉬워진 길을 따라 걷다 보면 샛노란 유채꽃밭이 푸른 바다와 맞닿은 진귀한 풍경을 만나게 된다. 화면을 분할해 놓은 듯 선명한 색의 대비로 눈이 시리다.

제주시 조천읍 함덕리 169-1
064-783-8014

삼성혈

최근 벚꽃 사진 명소로 떠오른 곳이다. 제주 신화의 발상지로 평소에는 한적하지만 벚꽃 시즌만 되면 사람들로 북적인다. 오래된 벚나무와 고즈넉한 한옥이 그림처럼 펼쳐져 있기 때문이다. 아름드리 벚나무가 지붕을 덮은 숭보당 건물 앞이 가장 인기 있다. 제주도 개벽시조인 고을나, 양을나, 부을나 삼신인이 솟아 나왔다는 '벼슬품(品)' 자 모양의 3개 구멍 주변에도 벚나무가 무성하다. 삼성혈은 한반도에서 가장 오래된 유적으로 국가지정문화재 사적 제134호다.

- 제주시 삼성로 22 064-722-3315
- 09:00~18:00 ※입장 마감 17:30
- 성인 4,000원, 청소년 2,500원, 경로·어린이 1,500원
- samsunghyeol.or.kr

제주 전농로 벚꽃거리

구도심에 있는 전농로는 KAL호텔 사거리에서 남성오거리까지 약 1.2㎞에 이르는 왕복 2차선 도로로 이름난 벚꽃 명소다. 거리에 수십 년 된 왕벚나무들이 줄지어 서 있어 해마다 봄이 오면 꽃 천지를 이룬다. 바람이 불면 검은 아스팔트는 이내 하얀 꽃잎으로 뒤덮인다. 도로 입구에는 수령이 100년 가까이 되는 아름드리 왕벚나무들이 터줏대감처럼 자리를 지키고 있다. 나무둥치가 얼마나 우람한지 어른 두 명이 안아도 팔이 한참 모자란다. 일반 벚나무와 달리 잎보다 꽃이 먼저 피는 왕벚나무는 제주도와 전라북도 대둔산에서만 자생하는 우리나라 특산종이다.

- 제주시 삼도1동

한담해안산책로

애월리 마을에서 곽지리 곽지해수욕장까지 해안을 따라 조성된 산책로다. '곽금 올레길'이라고도 부른다. 바다와 가장 가까운 구불구불 해안선을 따라 꽃길이 이어진다. 소담하게 핀 유채꽃을 감싸는 돌담과 에메랄드빛 바다 사이로 난 길을 걷다 보면 이 길이 가장 제주다운 모습이 아닐까 하는 생각이 든다. 섬의 서쪽 하늘에 해가 저물면 노을이 내리는 바다와 돌담 너머 핀 유채꽃도 금빛으로 물든다. 노란 봄꽃은 석양 속에서 다른 어투로 말을 걸어온다.

◎ 제주시 애월읍 곽지리 1359

제주대학교 아라캠퍼스

제주 시내를 조금 벗어난 외곽에는 드라이브하기 좋은 벚꽃길이 있다. 제주시청을 지나 1131번 도로를 타고 내려가다 보면 왼쪽으로 제주대학교 진입로가 나타난다. 여기부터 제주대학교 입구까지 1㎞ 남짓한 도로변에 벚나무들이 즐비하게 늘어서 있다. 하늘을 가릴 정도로 벚꽃이 만개하면 꽃 터널을 달리는 듯 환상적이다. 개화의 절정을 지나 꽃잎이 공중에 날리면 마치 눈보라가 치는 것 같다. 도로가 넓고 통행량이 많지 않으니 천천히 차를 몰며 음미해 보자.

◎ 제주시 제주대학로 102

성산 유채꽃재배단지

유채꽃과 성산일출봉, 바다를 배경으로 아름다운 사진을 남길 수 있는 곳이다. 제주의 거친 바람 속에서 5,000년의 세월을 견뎌낸 성산일출봉은 넓은 그릇 모양의 거대한 분화구를 지녔다. 분화구 가장자리에는 99개의 봉우리가 둘러 있어 거대한 성벽처럼 보인다. 성산일출봉은 유채꽃밭 위에서 기세등등하게 존재감을 뿜어낸다. 그 곁의 광치기해변에서는 썰물이면 초록 융단을 깔아 놓은 듯한 용암 지대가 드러난다. 뜨거운 용암이 차가운 바닷물과 만나 식으면서 만들어진 암석에는 푸른 이끼가 가득하다. 독특한 풍경을 품은 광치기해변 주변 넓은 들판에는 12월부터 유채꽃들이 춤을 춘다.

◉ 서귀포시 성산읍 고성리 270

별방진

구좌읍 하도리에 있는 별방진은 조선시대 왜구의 침략을 막기 위해 축성한 진(성)으로 제주특별자치도 기념물 제24호다. 조선시대 제주도 동부 지역의 최대 군사기지였다. 당시 무인도였던 우도에 왜선 정박지가 있어서 왜구들의 약탈에 대비한 방어용 성이었다고 한다. 현재 남아 있는 성의 둘레는 950m 정도이며, 성 안쪽에는 마을과 밭이 자리 잡고 있다. 봄이 되면 진 안에 유채꽃이 화사하게 핀다. 검은색 돌담 안 노란 빛깔이 더욱 짙어 보인다. 성벽을 따라 오붓하게 걸으며 유채꽃을 배경 삼아 사진 찍는 연인들의 모습이 즐거워 보인다.

◉ 제주시 구좌읍 하도리 3354

녹산로유채꽃도로

표선면 가시리의 녹산로유채꽃도로는 가시리마을 입구에서 10㎞ 정도 이어진 2차선 도로다. '시간을 더하는 마을'이라는 뜻처럼 가시리 녹산로는 시간을 더 내어 드라이브하고 싶은 길이자 '한국의 아름다운 길 100선'에 선정될 만큼 매혹적인 곳이다. 녹산로 근처에 솟은 따라비오름, 큰사슴이오름 등 높고 낮은 오름의 능선을 따라 유채꽃밭이 드넓게 펼쳐진다. 제주의 유채가 여기에 다 모였나 싶을 정도다. 3월 말이면 녹산로 양옆 길가에 유채꽃과 더불어 벚꽃이 팝콘처럼 꽃망울을 터트린다. 두 꽃이 만나는 순간은 제주 봄날 최고의 장면이다.

◉ 서귀포시 표선면 가시리

이승이오름

이승이오름은 살쾡이를 닮아서 이승이란 이름을 갖게 되었다. 동쪽으로 움푹 파인 말발굽 모양의 오름은 봄이면 진입로 2~3㎞가 벚꽃길로 이어진다. 오름을 오르며 즐길 수 있는 벚꽃길이 이색적이다. 벚꽃을 구경하며 걷다 보면 정상으로 가는 길과 생태로 방면으로 가는 갈림길이 나온다. 생태로를 따라 걷는 길은 계단이 없고 경사가 심하지 않아 아이와 함께 걸어도 부담이 없다. 전망대에 오르면 한라산, 사라오름의 능선이 물결처럼 펼쳐진다.

◉ 서귀포시 남원읍 신례리

대왕수천예래생태공원

대왕수천이 흐르는 곳으로, 생태학습도 하고 휴식하기 좋다. 졸졸 흐르는 작은 시냇가에 벚나무들이 늘어서 있는데, 다른 명소보다 조금 더 서정적이고 자연스러운 풍경을 만날 수 있다. 봄의 전령들을 한데 모아 놓은 듯 벚나무 주변에 노란 유채꽃도 피어 있다. 공원 중간에 놓인 다리 주변이 포토존으로 사랑받는다. 파란 하늘, 초록 수풀과 어우러진 벚나무 아래에서 돗자리를 펼치고 가볍게 피크닉을 즐겨도 좋다.

◉ 서귀포시 상예동 5002-26

엉덩물계곡

서귀포시 색달동 엉덩물계곡은 최근 가장 인기 있는 유채꽃 명소다. 엉덩물계곡이라는 이름의 배경부터 재미있다. 계곡의 지형이 험해 물을 마시고픈 짐승들도 다가가지 못하고 엉덩이만 들이밀어 볼일만 보고 돌아갔다 해서 붙여진 이름이다. 이런 굴곡진 계곡을 따라 물 흐르듯 피어 있는 유채꽃의 향연은 드라마틱하다. 꽃으로 뒤덮인 계곡을 건너는 아치형 다리는 모네의 〈수련〉을 떠올리게 한다. 자연 그대로 피어난 유채꽃 관람은 무료다. 엉덩물계곡은 중문관광단지 롯데호텔 산책로와 이어진 제주올레 8코스의 일부로, 계단을 따라 높은 곳에 올라 내려다보면 가장 아름다운 풍경을 볼 수 있다.

📍 서귀포시 색달동 3384-4

산방산·용머리 일대

안덕면 사계리 산방산·용머리 일대는 제주 최남단이라 다른 지역보다 일찍 유채꽃을 만날 수 있다. 종을 엎은 모양으로 장대하게 솟아 있는 산방산 아래에는 유채꽃밭이 여기저기 펼쳐져 있다. 화산인 산방산을 배경으로 멋진 사진을 건지려면 입장료를 내고 꽃밭 한가운데로 들어가야 한다. 산방산 아래에는 마치 용이 머리를 들고 바다로 달려 나갈 기세의 절벽이 나 있다. 수천만 년 동안 켜켜이 쌓인 사암층이 파도에 깎이며 신비로운 암벽을 이룬 용머리해안 주변도 유채꽃 명소로 꼽힌다.

서귀포시 안덕면 사계리 112-3   꽃밭 입장료 1,000원

소담스레 피어난 여름 ③

6월, 제주에는 수줍은 신부의 부케 같은 꽃다발이 지천으로 피어난다. 파스텔을 칠해 놓은 듯한 탐스러운 수국은 제주의 여름을 알린다. 어떤 색을 뿜어낼지 그 속내를 알 수 없어 신비로운 수국은 색마다 다른 꽃말을 지닌다. '한결같은 사랑'을 속삭이다가 '변덕'을 부리기도 한다. 그 마음이 도깨비 같아 도채비꽃(도깨비꽃)이라고도 불린다.

한림공원

1971년 33만 ㎡의 황무지 모래밭에 야자수 씨앗을 심어 일군 테마파크다. 에메랄드빛이 물든 협재해수욕장과 금능해수욕장 사이에 있어 수많은 사람이 찾는다. 이 테마파크는 계절마다 다른 꽃을 피우며 매월 축제가 열린다. 6월에는 수국 동산에서 다양한 빛깔이 쏟아져 나온다. 꽃잎의 색이 다른 이유는 토질 때문이다. 수국의 안토시아닌이라는 성분이 산성토양에서는 알루미늄 이온과 만나 푸른색 꽃을 피우고, 염기성 토양에서는 알루미늄 이온과 결합하지 못해 붉은색 꽃을 피운다. 한 그루에서 다양한 색의 꽃이 피는 경우는 여러 갈래로 뻗은 뿌리가 닿는 토양이 다르기 때문이라고. '도채비꽃'이라 불리는 수국이 도깨비 같은 변덕을 부리는 이유인 셈이다.

한림공원은 수국만 보고 가기에는 아깝다. 한라산 화산 폭발로 용암이 흘러 생긴 경이로운 동굴도 있다. 천연기념물인 협재굴과 쌍룡굴은 용암동굴이면서 석회동굴에서 볼 수 있는 석순과 종유석들이 자라고 있다. 수국을 즐기다가 시원한 동굴 안에 들어가 흘린 땀을 식히기에도 더할 나위 없다.

- 제주시 한림읍 한림로 300 064-796-0001
- 3~8월 09:00~19:00, 9·10월 09:00~18:30, 11~2월 09:00~18:00
  ※**입장 마감** 3~5·9·10월 17:20, 6~8월 18:00, 11~2월 16:30
- 성인 15,000원, 경로 12,000원, 청소년 10,000원, 어린이 9,000원
- www.hallimpark.com

🌳 마노르블랑

안덕면에 있는 개인 소유의 카페는 제주의 아름다운 풍광 덕을 톡톡히 보고 있다. 언덕 위에 있는 하얀 집이 그림 같고, 정원에서 계절마다 아름다운 꽃들이 피어나 SNS 사진 명소로 입소문이 났다. 6월이면 카페 정원에는 어김없이 수국이 만개한다. 웅장한 산방산과 어우러진 꽃밭은 수국 명소로 알려지면서 수많은 사람이 찾아온다. 가족, 연인, 친구와 함께 야외 스튜디오처럼 잘 가꿔진 포토존에서 꽃을 배경 삼아 인생 사진을 남긴다. 산책로에는 사람 키를 훌쩍 넘는 붉은 수국 담길이 이어진다. 꽃이 열어 놓은 사잇길을 걷다 보면 삶에도 꽃길이 펼쳐질 것 같다.

📍 서귀포시 안덕면 일주서로2100번길 46
📞 064-794-0999　🕘 09:00~18:30
💰 성인 5,500원, 청소년·어린이 4,000원, 음료 별도
📷 @jejumanorblanc

🌳 위미리 수국길

남쪽의 조용한 바닷가 마을 위미는 옛날에는 '쉐미', '떼미'라 불렀고 한자로 '우미촌(又尾村)'이라 표기했다. 해안 산기슭을 따라 중산간 지역까지 길게 펼쳐진 마을 북쪽에는 큰동산, 족은동산, 쇠동산이 있다. 쇠동산의 지형이 마치 소가 누워 있는 모습이고, 족은동산(작은 동산)이 소의 꼬리와 닮아 '우미'라 부르다가 지금은 '위미'로 바뀌었다.

서귀포에서 남원까지 이어지는 해안도로의 잔잔한 풍경을 따라가다 닿게 되는 위미리에 여름이 오면 길가에서 푸른 꽃이 반긴다. 위미리 수국길의 꽃들은 여름의 아름다운 한 장면을 위해 인내하다가 길가에서 짧고 굵게 피어난다. 마을은 고즈넉한 포구를 품고 있다. 위미항 방파제에 핀 한 다발의 수국은 엽서 한 장에 담긴 그림 같다. 화려하게 가꿔 놓은 수국 명소보다 조금 쓸쓸하지만, 항구를 포근하게 감싼 서정적인 마을 안으로 들어가 보면 제주의 속살을 마주한 듯 마음이 따뜻해진다.

📍 서귀포시 남원읍 태위로 337

혼인지

성산읍 온평리에 있는 혼인지도 수국 명소로 이름난 곳이다. 짙은 파란색 수국이 가득한 혼인지에는 설화가 전해진다. '제주'는 고려시대에 붙여진 이름으로 그 이전에는 '탐라'라 불리는 섬나라였다. 탐라국의 시조인 삼신인 고을나, 양을나, 부을나는 수렵 생활을 하다가 온평리 바닷가에 떠밀려 온 오색찬란한 나무상자를 건져 올렸다. 상자 속에는 벽랑국의 세 공주와 오곡백과가 들어 있었다. 삼신인은 세 공주를 각자의 배필로 정하고 온평리 혼인지 연못에서 혼례를 올렸다. 나무상자에서 나온 망아지와 송아지를 기르고 오곡 씨앗을 뿌려 농경 생활을 시작했다. '온화하고 평화롭다'라는 뜻의 온평리는 탐라국의 시작을 알린 곳으로 이때부터 제주가 흥하게 됐다는 전설이다. 이런 이유로 온평리는 혼인지마을로 불리면서 전통혼례를 치르고 싶은 사람들이 찾아온다.

혼인지에 수국 피는 계절이 오면 연못가에서 푸른 꽃들이 물안개처럼 피어오른다. 돌담을 따라 삼공주추원사까지 이어진 꽃길은 공들여 장식한 버진로드처럼 화려하다. 햇살에 부푼 꽃다발 앞에서 두 손을 꼭 잡은 커플들의 얼굴이 꽃잎처럼 화사하다.

- 서귀포시 성산읍 혼인지로 39-22
- 064-710-6798
- 08:00~17:00

©제주관광공사

종달리 수국길

작은 종달새의 지저귐이 들리는 듯한 종달리는 조선시대 제주에 부임한 제주목사(지금의 제주도지사)가 성산읍 시흥리를 시작으로 마을을 순회하다 종달리에서 행차를 마쳤다고 해서 '마칠 종(終)', '도달할 달(達)'을 써 이름 지었다. 끝에 도달한 동네, 종달리는 제주목의 마지막 마을이자 제주올레의 마지막 코스다. 낮은 지붕이 옹기종기 모여 있는 마을은 유명한 소금 생산지였다. 소금의 질이 좋아 임금에게 진상했다고 한다. '소금바치'라 부르는 소금밭 자리에 지금은 억새가 자라고 철새가 날아든다.

마을 한가운데 우뚝 솟은 오름, 지미봉에 오르면 푸른 바다와 성산일출봉, 우도까지 시원하게 내다보인다. 제주다운 모습을 간직한 마을 해안은 용암이 식으면서 구멍 뚫린 기암괴석이 널려 장관을 이룬다. '고망난돌(구멍 난 돌)'을 시작으로 6㎞나 해안을 따라 나 있는 드라이브 길은 수국의 성지다. 바다와 엉킨 꽃무리는 환상적이다. 바다 너머 우도를 배경으로 도드라진 꽃들은 제주 수국 여행의 백미다.

📍 제주시 구좌읍 종달리 종달고망난돌쉼터

우도등대공원

우도는 '소가 누워 머리를 내민 모습과 같다'고 해서 이름 붙여진 화산섬이다. 1697년 조선 숙종 때 국유목장을 짓고 국마(國馬)를 사육하기 위해 섬에 사람들이 드나들었다. 헌종 때 김석린 진사 일행이 정착했다. 제주 본섬에서 약 15분 정도 배를 타고 들어가야 만날 수 있는 이곳은 산호가 반짝이는 백사장과 우도 8경이 신비로운 섬이다.
여름이면 소의 머리 부분에 해당하는 쇠머리오름과 우도등대공원 일대에 수국이 들꽃처럼 피어난다. 바람 많기로 유명한 섬, 바람이 흥겹게 노래하면 꽃들이 현란한 춤을 춘다. 색의 일렁임을 따라 천천히 쇠머리오름 정상에 오르면 시원하게 펼쳐진 바다 너머로 한라산과 성산일출봉까지 한눈에 들어온다. 우도는 숙박 시설 이용객이 아니면 차량 선적이 금지돼 있다. 섬 안에서 스쿠터나 우도 전기 차를 빌려 마을을 달리다 돌담 따라 핀 수국을 마주하는 것도 즐겁다.
해가 바다로 내려앉을 무렵, 사람들은 썰물처럼 섬을 빠져나간다. 고요해진 섬에서 하룻밤을 보내보자. 석양이 짙어지면 쪽빛 바다가 붉게 물들고, 파스텔 수국이 아련하게 물드는 명장면을 만나게 된다. 배편 정보는 113쪽을 참고하자.

📍 제주시 우도면 우도봉길 105 우도등대공원

낭만이 흐드러진 가을

(4)

서늘한 바람이 부는 계절이 오면 제주의 산과 들판은 흔들리고 출렁인다. 높고 투명해진 하늘 아래서 황금빛으로 익어가는 억새의 물결로 제주의 가을은 윤슬처럼 반짝반짝 빛난다. 낭만적인 빛이 실린 억새꽃은 바람이 데려가고, 풀잎에는 쓸쓸함이 스며든다.

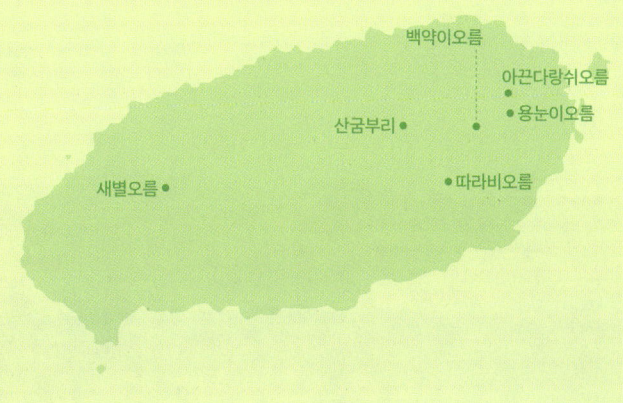

새별오름

애월읍 봉성리의 새별오름(519m)은 '새벽에 외롭게 떠 있는 샛별 같다' 해서 지어진 이름이다. 오름의 모양이 새가 날아가는 듯해 조비악(鳥飛岳)이라고도 한다. 트레킹 길을 잘 가꿔 놓아 정상까지 편안하게 올라갈 수 있다. 다소 가파른 길이 나오기도 하지만 억새밭 풍광에 취해 놀멍쉬멍 20~30분 정도 걷다 보면 어느새 정상에 오른다. 정상에 올라서면 동쪽에서 한라산의 거대한 곡선이 손에 닿을 듯 다가온다. 서쪽을 바라보면 이달이오름 등 크고 작은 오름들이 이어지고 바다 건너 비양도까지 한눈에 들어온다. 서쪽 바다 비양도 너머로 해가 떨어질 무렵이면 은빛으로 반짝이던 억새꽃 무리가 석양에 물들어 화려한 황금빛을 뿜어낸다.

제주시 애월읍 봉성리 산59-8

따라비오름

'따라비'는 제주어로 '땅할아버지'라는 뜻이다. 모지오름(어머니), 장자오름, 새끼오름이 주변을 둘러싸고 있다. 부드러운 능선이 주변을 우아하게 품고 있는데 그 모습이 품위 있는 여왕 같아 '오름의 여왕'이라 불리기도 한다. 오름 정상에서 봉긋한 오름들이 펼쳐 놓은 풍경을 바라보면 눈이 시원해진다. 분화구 3개가 연결된 모습이 이채롭고, 능선이 그린 완만한 곡선도 아름답다. 따라비오름이 가장 아름다운 계절은 가을이다. 흐드러진 억새 무리가 윤슬처럼 빛난다.

📍 서귀포시 표선면 가시리 산62

산굼부리

가을이 오면 찬란한 은빛 억새가 향연을 펼치는 산굼부리는 멋진 풍경을 구경하려 구름도 쉬어가는 것 같다. 세계 유일의 평지분화구이며 천연기념물 제263호로 지정됐다. 화구 지름은 650m로 한라산 백록담보다 넓고 깊다. 가을 제주에서 빼놓을 수 없는 억새 명소로 계절에 흠뻑 취하고 싶다면 산굼부리 드넓은 억새길을 걸으면 된다. 정겨운 제주 돌길을 걷고 구상나무길의 구상나무에서 나오는 피톤치드를 깊게 들이쉬며 산책하는 것도 산굼부리의 또 다른 매력이다.

📍 제주시 조천읍 비자림로 768
📞 064-783-9900
🕐 3~10월 09:00~18:40,
  11~2월 09:00~17:40
  ※40분 전 입장 마감
💰 성인 6,000원, 경로·청소년·어린이 4,000원
🌐 www.sangumburi.net

아끈다랑쉬오름

아끈다랑쉬오름의 '아끈'은 제주어로 '작은'이라는 뜻으로, 다랑쉬오름 맞은편에 솟아오른 '작은 다랑쉬오름'이다. 정상까지는 198m의 짧은 거리다. 다듬지 않아 자연 그대로 난 가파른 길을 10분 정도 오르면 정상에 이른다. 맑은 가을 하늘 아래 반짝이는 억새의 물결이 너무나도 아름다워 감탄사가 저절로 나온다. 하늘과 바람과 억새가 한데 엉킨 굼부리 둘레길을 걷다 보면 사람 키만큼 자란 억새들이 솜털을 나부끼며 귓속말을 건넨다. 오름 한 바퀴를 도는 데 30분 정도 걸린다.

◉ 제주시 구좌읍 세화리 2593

백약이오름

구좌읍 송당리에 닿아 있는 오름이다. 옛날부터 약초가 많이 자생하고 있어 백약이(百藥岳)라 불린다. 층층이꽃, 향유, 쑥, 방아풀, 꿀풀, 쇠무릎 등이 자란다. 오름을 오르는 데크 주변으로 억새가 흐드러지게 핀다. 오름과 억새의 모습이 이국적이고 감성적이어서 웨딩 사진도 많이 찍는다. 사진작가들의 촬영 포인트이기도 하다.
정상에 오르면 원형 경기장을 연상케 하는 움푹한 굼부리가 눈앞에 나타난다. 주변에 솟아오른 동거미오름, 문석이오름, 높은오름, 아부오름, 개오름도 감상할 수 있다.

◉ 서귀포시 표선면 성읍리 산 1

용눈이오름

구좌읍 종달리에 있는 용눈이오름은 분화구가 3개 있는 독특한 오름이다. 등성이마다 왕릉 같은 작은 봉우리가 솟아 있는데 그 형세가 마치 용들이 놀고 있는 듯하고, 위에서 내려다보면 화구의 모습이 용의 눈처럼 보인다고 해 붙여진 이름이다. 오름 전체가 잔디와 풀밭으로 덮여 있다. 미나리아재비, 할미꽃 등이 서식한다. 멀리서 보면 마치 임산부가 누워 있는 듯한 모양을 하고 있다.

용눈이오름의 억새는 다른 어떤 오름보다 매혹적이다. 오르는 길가에 억새가 무성히 자란다. 나무 하나 없는 오름에 억새만 피어 있어 억새밭처럼 보인다. 억새가 바람을 맞으면 물결이 치듯 이리저리 몸을 눕힌다. 오름의 경사는 완만하다. 정상까지 15분, 분화구 주변을 한 바퀴 도는 데 1시간 정도 걸린다. 성산일출봉, 섭지코지 해안, 다랑쉬오름(월랑봉), 지미봉이 한눈에 내다보인다.

제주시 구좌읍 종달리 산28

겨울, 바야흐로 동백의 계절

(5)

겨울, 제주 앞바다에 펼쳐진 숲에서는 붉은 물이 번진다. 따뜻한 남국에서 오랜 숨을 참았던 동백이 차가운 겨울바람을 뚫고 꽃망울을 터트린다. 구름처럼 몽실몽실한 나무 다발에서 각자의 꽃잎은 그 빛이 깊고 짙어진다. 노란 꽃술이 열리면 동백꽃은 제각기 눈물처럼 뚝 떨어져 내린다.

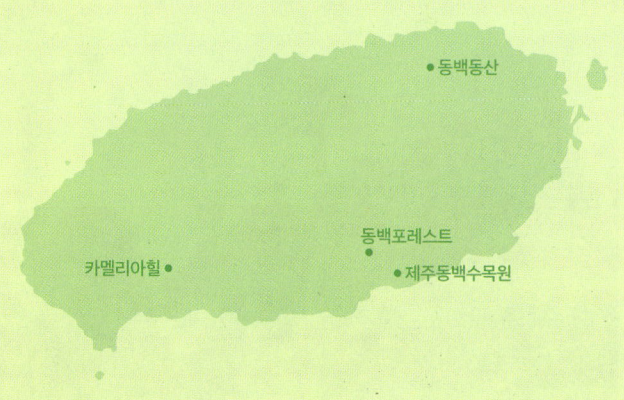

제주동백수목원

4대째 동백 사랑을 이어오고 있는 수목원이다. 1878년 할머니가 식재하여 동백나무 군락지를 이룬 곳을 손자가 동백수목원으로 가꿨다. 애국가 배경화면에도 등장할 정도로 아름다운 동백이 꽃다발처럼 동글동글 넓은 땅을 메운다. 이곳에는 국내에서 가장 큰 애기동백나무 500여 그루가 있다. 붉은 꽃망울을 화사하게 터트린 동백과 야자수, 푸른 바다가 어우러져 남국의 정취가 난다. 제주동백수목원의 동백은 꽃이 피는 시기에 따라 춘백, 추백, 동백으로 부르는데 꽃이 가장 아름다운 시기는 12월 초부터 말까지다.

동백나무 사이로 산책로가 여러 갈래 나 있어 천천히 꽃을 감상하며 인생 사진도 남길 수 있다. 입구 쪽에는 넓은 수목원과 서귀포 바다까지 한눈에 조망할 수 있는 전망대가 있다.

- 서귀포시 남원읍 위미리 929-2
- 064-764-4473
- 09:00~17:30 ※매표 마감 17:00
- 성인 8,000원, 경로 6,000원, 어린이 5,000원
- @jeju_camellia_arboretum

카멜리아힐

카멜리아힐은 동양에서 가장 큰 동백수목원이다. 세계에서 가장 큰 동백꽃, 가장 일찍 피는 동백꽃, 향기를 내는 동백꽃, 유럽산 동백에 이르기까지 전 세계 500여 종 6,000여 그루의 동백나무가 한데 모여 있다. 향기가 나는 동백 8종 가운데 6종이 수목원 안에 있어 어디를 가도 달콤하고 매혹적인 향이 진하게 풍긴다.

가을부터 피기 시작하는 동백꽃은 봄까지 이어지며 짙은 붉은빛을 자랑한다. 3~4월 초에는 토종 동백, 유럽 동백, 아시아 태평양 동백이 핀다.

수목원에는 야생화 코너를 비롯해 넓은 잔디광장, 생태연못 등도 있다. 아기자기한 포토존도 많다. 이니스프리 CF 속 배경지로 알려진 새소리 바람소리길, 돌담이 이어진 전통올레길, 노란 전구들이 반짝반짝 빛나는 감성적인 후박나무숲길도 사진에 꼭 담아야 할 포인트다. 카멜리아힐을 한 바퀴 둘러보는 데는 40분~1시간 20분 정도 걸린다.

- 서귀포시 안덕면 병악로 166
- 064-800-6296
- 3~5·9·10월 08:30~18:30,
  6~8월 08:30~19:00,
  11~2월 08:30~18:00
  ※1시간 전 입장 마감
- 성인 10,000원, 경로·청소년 8,000원, 어린이 7,000원
- https://www.camelliahill.co.kr

동백포레스트

제주 겨울 여행의 정점을 찍을 수 있는 동백꽃 명소다. 11월 중순부터 2월 중순까지 피고 지는 동백포레스트의 애기동백꽃은 12월에 가장 화려하다. 하얀 벽에 주황빛 지붕을 얹은 카페는 유럽풍 분위기가 물씬 풍긴다. 카페 1층 통창에서 액자에 담긴 듯 보이는 동백꽃이 가장 인기 있는 포토존이다. 2층 전망대에 오르면 몽글몽글 동그란 수형이 아름답게 펼쳐진 풍경을 볼 수 있다. 야외로 나가 동백 향기 가득한 산책길을 걷거나 만개한 꽃 아래 테이블에 앉아 차 한잔을 즐기며 예쁜 사진을 남길 수도 있다. 동백꽃이 피지 않는 기간에는 입장료 없이 카페에서 음료를 주문할 수 있다.

- 서귀포시 남원읍 생기악로 53-38
- 0507-1331-2102
- 09:00~17:30
- 성인 5,000원, 경로·청소년·어린이 3,000원, 음료 별도
- @camelia.forest

동백동산

제주 생태체험 관광명소이자 자생 제주 동백이 피는 군락지로 이름난 곳이다. 동백나무가 많아 동백동산으로 이름 붙였다. 예전 주민들은 이곳에서 나무를 베어 땔감으로 사용하고, 기름을 짜서 내다 팔 수 있는 동백나무는 남겨 두었다. 수령이 20년 넘은 동백나무 10만여 그루가 숲을 이룬다. 겨울의 끝자락인 2월에 꽃이 핀다. 유럽 동백보다 크기는 작지만 나무 가득 화사하게 꽃이 피어난다.

동백이 피지 않는 계절에도 산책로가 순해서 걷기 편하다. 탐방코스를 걷다 보면 옛 제주인들이 숯을 구웠던 숯가마터와 먼물깍(멀리 있는 물의 끝) 습지 등을 볼 수 있다. 제주 도롱뇽, 개구리, 누룩뱀, 유혈목 등도 쉽게 볼 수 있다. 멸종위기종인 순채(蓴菜)와 세계에서 유일하게 제주에서만 자란다는 제주고사리삼도 볼 수 있는 생명의 보고다.

제주시 조천읍 선흘리 산12
064-784-9446
09:00~18:00

오름을 오르다

⑥

제주 땅에 솟아 있는 수많은 산봉우리, 크고 작은 오름은 저마다 표정이 다르다. 오름을 오르는 길목은 봄이면 꽃내음이 향기롭고, 여름이면 푸른 삼나무숲에 시원한 바람이 인다. 가을날 황금 억새가 나부끼고, 눈이 오면 온통 설국으로 황홀하다. 대자연이 그린 한 폭의 그림 같은 오름은 직접 올라야 그 신비로움을 알 수 있다.

성산일출봉

높이 180m의 성산 반도 끝머리에 있는 봉우리다. 중기 홍적세 때 분출된 화산인 성산봉은 커다란 사발 모양의 평평한 분화구가 섬에 걸쳐 있다. 삼면이 바다와 닿아 있고, 깎아 세운 듯한 절벽이 병풍처럼 두르고 있다.
넓은 분화구 안에는 풀밭이 펼쳐진다. 풀밭의 풀은 옛날부터 성산리 주민들의 연료, 초가지붕을 이는 띠의 채초지(採草地), 방목지(放牧地)로 쓰였다. 나무는 거의 없고 억새, 띠 등의 식물 군락을 이루고 있다.
성산일출봉에는 재미있는 설화가 전해진다. 제주를 만든 설문대할망이 한쪽 다리는 관탈도에 놓고, 다른 한쪽은 마라도에 걸치고, 한라산에 엉덩이를 깔고 앉았다고 한다. 그러면서 빨래를 하는데 그 빨래통이 성산일출봉이라고 한다. 세계자연유산으로 지정될 만큼 일출봉에 해가 떠오르는 장면은 세계 제일의 장관이다.

- 서귀포시 성산읍 성산리 1
- 064-783-0959
- 3~9월 07:00~20:00, 10~2월 07:30~19:00
  (매월 첫째 월요일 휴무)
  ※1시간 10분 전 입장 마감
- 성인 5,000원, 청소년·어린이 2,500원

금오름

서부 중산간 지역의 대표적인 오름 중 하나다. 금오름 위에서 펼쳐지는 제주의 아름다운 풍광과 백록담을 축소해 놓은 듯한 분화구의 이색적인 모습이 SNS로 퍼지면서 MZ세대가 꼭 들르는 사진 명소가 됐다. 정상에 '왕매'라고 불리는 화구호에서 제주 서쪽의 호수, 밭, 푸른 바다, 비양도가 한눈에 담긴다. 왕매에서 보는 금오름의 능선은 절경으로 꼽힌다. 비가 내린 후 오르면 물이 고인 왕매를 볼 수 있다. 가수 이효리의 '서울'과 트와이스 '시그널'의 뮤직비디오 배경이 되기도 했다. 빨리 걸으면 왕복 1시간 정도 걸린다.

📍 제주시 한림읍 금악리 산1-1

ⓒ제주관광공사

사라오름

한라산 성판악 등반코스 남쪽에 있다. 사라오름은 분화구에 물이 고여 있는 산정화구호다. 백록담을 제외하고 물이 고인 분화구를 가진 오름 중 가장 높다. 분화구 안에서 노루들이 모여 살아 풀을 뜯거나 호수에서 물을 마시는 그림 같은 장면도 볼 수 있다. 눈이 오면 더 아름다운 오름이어서 겨울에도 많이 찾는다. 눈길을 오를 땐 아이젠 등 안전 장비는 필수다.

📍 서귀포시 남원읍 신례리 산2-1

안돌오름

높이가 93m인 비교적 낮은 오름이다. 원래 돌이 많아 돌오름이라 불렀다고 한다. 그러다 근처에 비슷한 오름이 있어 한라산을 기준으로 안쪽에 있는 오름이라 해 '안돌'이란 이름이 붙었다. 안돌오름 뒤편에 '밧(밖)돌' 오름이 있다.

안돌오름은 지금도 소를 풀어 키우는 목장 역할을 한다. 너른 풀밭에서 줄지어 가는 소 무리를 볼 수 있다. 들판 한가운데는 소들이 물을 먹는 커다란 물통이 있다. 들판을 가로질러 탐방로를 따라 오르면 양옆으로 마른 억새들이 바람결에 흔들려 서걱거린다.

체오름, 높은오름, 다랑쉬오름, 동거문이오름 등 제주 동쪽의 수많은 오름이 안돌오름과 하나의 풍경을 만든다.

📍 제주시 구좌읍 송당리 산66-2
🕘 09:00~18:30

다랑쉬오름

구좌읍 송당리와 세화리에 걸쳐 있는 다랑쉬오름도 '오름의 여왕'이라 부를 만하다. 마치 비단 치마를 펼친 듯 우아한 모습과 주변 오름을 압도하는 웅장함이 장관이다. '다랑쉬'는 오름에 쟁반처럼 뜨는 달의 모습이 아름다워 붙여진 제주어다.

아름다움과는 달리 다랑쉬오름은 오르기 쉽지 않다. 울창한 삼나무가 둘러싼 계단을 시작으로 정상까지 끝없는 오르막이다. 20분 정도 쉼 없이 올라야 전망대가 보이고, 그 위에서 정상이 나타난다. 숨은 거칠어도 발길을 옮길 때마다 시야가 넓어지고, 가슴이 시원하게 열린다.

정상에 서면 용눈이오름, 높은오름, 돗오름, 둔지오름 등 주변 오름이 한눈에 들어온다. 오름 안쪽으로는 오목하게 들어간 분화구가 보이고, 사람 키만 한 억새가 바람에 흔들린다. 분화구 내부는 웅장하다. 깊이가 115m나 된다. 이렇게 깊은 분화구가 또 있을까 싶을 만큼 거대하고 아찔하다.

제주시 구좌읍 세화리 산6 064-728-3124

🌲 송악산

해안절벽이 아름다운 송악산은 99개의 작은 봉우리가 모여 있어 99봉이라고도 한다. 2차에 걸친 화산 폭발로 분화구가 2개인 세계에서 보기 드문 이중분화구 화산지형이다. 제주올레 10코스로 해안을 따라 정상까지 길이 잘 나 있다. 송악산 둘레길을 걷다 보면 제주 본섬 쪽으로 산방산과 한라산이 내다보이고 가까운 바다 한가운데 떠 있는 형제섬과 멀리 가파도, 마라도까지 볼 수 있다.

아름다움의 이면에는 아픈 역사도 간직하고 있다. 제2차 세계대전 때 일본이 중국 침략의 발판으로 삼았던 곳이어서 당시 건설한 비행장, 고사포대와 포진지, 비행기 격납고 잔해 등이 흩어져 있다. 해안가 절벽 아래에는 인공동굴인 해안참호 15개소가 남아 있다.

📍 서귀포시 대정읍 송악관광로 421-1

아부오름

아부오름은 '앞 오름(前岳)'이라는 뜻의 제주어다. 근처 송당마을과 당오름 앞에 있어 붙여진 이름이다. 아부오름 입구는 두 갈래로 갈라진다. 한쪽은 건영목장으로 가는 길이고, 또 한쪽은 오름으로 오르는 길이다. 50m 정도 오르면 정상에 이른다. 정상에서는 제주의 아름다운 모습이 파노라마처럼 펼쳐진다. 작은 오름이지만 있을 건 다 있다. 오름의 중앙은 분화구 형태로 둥글게 패어 있다. 경계를 따라 원을 그리며 자라는 삼나무들이 마치 한 폭의 수채화를 보는 것 같다.
오름 주변의 좌보미오름, 문석이오름, 거미오름, 높은오름, 다랑쉬오름, 거슨세미오름, 칡오름, 안돌오름 등이 손에 잡힐 듯 다가온다. 풍경이 이국적이어서 드라마, CF 촬영장소로도 유명하다.

 제주시 구좌읍 송당리 산164-1

군산오름

군산은 대정의 난드르(대평리의 넓은 들)를 병풍처럼 에워싸고 있다. 큰 화산 옆쪽에 붙어서 생긴 기생화산으로는 제주도 최대 규모다. 정상에는 용 머리의 쌍봉 모양처럼 솟아오른 2개의 뿔바위가 있다. 동남사면에는 애기업개돌 등 기암괴석이 발달해 있다.
산방산, 중문 시내와 바다, 한라산을 모두 볼 수 있으며 사방으로 제주가 훤히 내다보여 패러글라이딩을 즐기는 사람들이 많이 찾는다. 일출과 일몰도 한곳에서 감상할 수 있다. 길이 포장돼 있어 쉽게 오를 수 있고, 걸어서 30분 정도 걸린다.

서귀포시 안덕면 창천리 564

거문오름

제주도 오름 중 유네스코 세계자연유산에 등재된 곳이다. 거문오름은 30~10만 년 전 한라산이 폭발할 때 함께 폭발한 기생오름이다. 분화구 내부의 울창한 수림이 검게 보이고 음산한 기운을 띠고 있다. 그래서인지 거문오름은 신령스러운 공간이라는 뜻을 담고 있다. 제주의 대표적인 용암동굴인 만장굴과 김녕굴, 용천동굴, 당처물동굴, 벵뒤굴 등의 시발점이다. 정상에 오르면 화산분화구가 한눈에 보이고 분화구 안에는 낮게 솟아오른 작은 봉우리들과 다양한 화산지형들을 관찰할 수 있다. 지질과 생태자원을 잘 간직한 보고다. 고려(몽골) 때는 목장 용지로 사용됐다. 일제강점기에 현무암 바위, 자연 동굴 등을 진지로 이용한 흔적들이 남아 있다.

거문오름에 오르기 위해서는 전화 또는 홈페이지를 통해 사전 예약이 필요하다. 탐방소 입구에 있는 세계자연유산센터는 예약 없이 관람할 수 있다. 내부에는 전시 갤러리와 4D 극장이 있고, 화산 활동으로 생성된 제주, 용암동굴, 한라산의 다양한 식생, 자연유산 등 볼거리가 가득하다.

- 제주시 조천읍 선교로 569-36
- 064-710-8981
- 09:00~13:00 (화요일 휴무)
- 성인 2,000원, 청소년·어린이 1,000원
- www.jeju.go.kr/wnhcenter/black/black.htm

물영아리오름

이름부터 신비로움이 느껴지는 물영아리오름은 백록담처럼 정상에 화구호 습지를 품고 있다. 습지에는 제주에서만 볼 수 있는 영아리난초를 비롯해 멸종위기종인 물장군, 맹꽁이, 긴꼬리딱새, 팔색조 등이 서식한다. 물영아리오름은 지질학적 특이성과 다양한 생물 종의 가치를 인정받은 습지보호지역이다. 점점 사라져 가는 습지와 습지에 사는 생물들을 보전하기 위해 체결된 람사르 협약에 따라 2006년 람사르 습지로 등록됐다.

탐방로 입구에서 정상을 향해 가다 보면 소 방목지인 드넓은 초지가 나온다. 오름 능선 아래에 테를 두른 듯 촘촘히 줄을 선 삼나무들과 그 앞에 펼쳐진 넓은 초원, 그 위에서 한가로이 풀을 뜯고 있는 황소들은 그림 속에나 나올 법한 풍경이다. 초원을 지나면 여러 방향의 이정표가 나온다. 정상인 습지로 가는 가장 빠른 길은 계단탐방로다. 1,000여 개의 나무계단이 가파르게 이어져 녹록지 않은 길이지만 삼나무, 박쥐나무, 생달나무, 때죽나무, 참꽃나무 등이 상쾌한 숨을 뿜어낸다. 정상에 올랐나 싶더니 다시 내리막길이다. 깊은 숲이 주는 몽환적인 풍경을 따라가다 보면 잔잔한 물이 고인 호수가 나온다. 해발 508m 높이의 정상에서 너른 습지를 마주하면 산을 오를 때의 고통쯤은 금세 잊게 된다.

완만한 능선탐방로를 따라 오름을 내려오면 전망대에서 오름의 정원이라 불리는 제주 동쪽 오름들의 능선이 내다보인다. 수망리 중잣성 생태탐방로도 이어진다. 오름 아래에 닿으면 빽빽한 군락을 이룬 삼나무숲이 배웅한다.

📍 서귀포시 남원읍 수망리 산 188
📞 064-728-6200

자연 _ 제주의 (품)

Special Curation

드라마 속 한 장면처럼

이국적인 풍경이 가득한 제주는 드라마나 영화 촬영지로도 사랑받고 있다. 오로지 제주를 배경으로 한 작품도 많다. 2022년 큰 인기를 끌었던 드라마 〈이상한 변호사 우영우〉 촬영지를 찾아 순례하듯 성지여행을 하기도 한다. 드라마의 인기만큼이나 관심을 끌고 있는 촬영지를 소개한다.

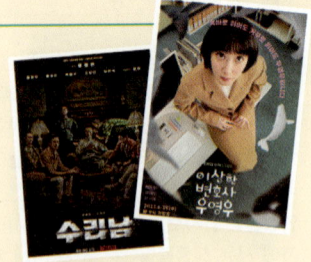

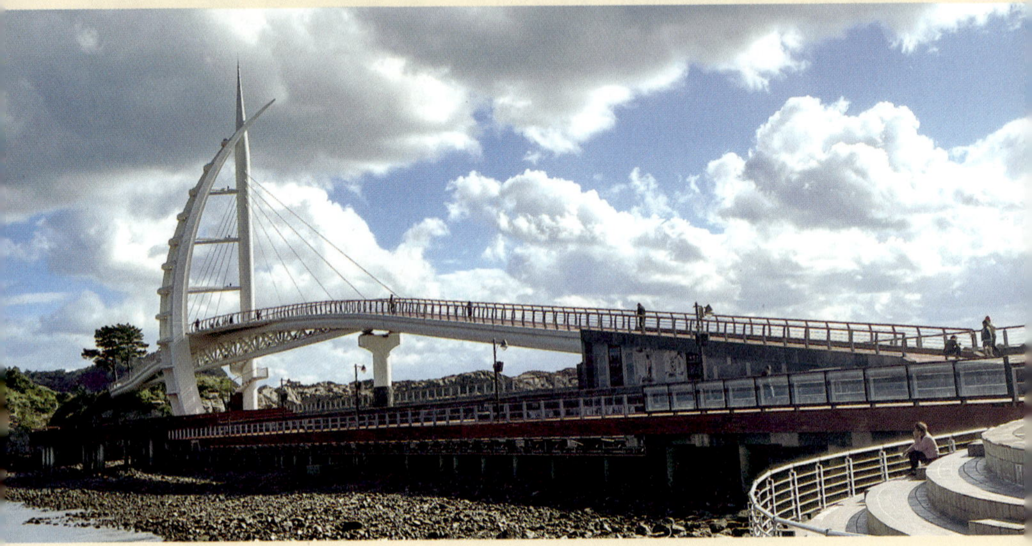

새연교

서귀포항과 새섬을 잇는 다리로 제주 전통 배 '테우'의 모습을 본떠 만들었다. 169m의 긴 다리를 건너 새섬으로 들어가면 희귀한 야생화와 조류도 만날 수 있다. 서귀포항에서 저녁노을이 내리는 다리를 바라보는 것도 아름답다. 밤이 되면 다리에 화려한 조명이 켜진다. 어두컴컴한 제주의 밤에서 보기 드문 야경을 감상하며 산책하기 좋다. 새연교 야경은 〈이상한 변호사 우영우〉에서 '봄날의 햇살' 최수연과 '권모술수' 권민우가 서로 설렘을 느끼는 장면에 등장했다.

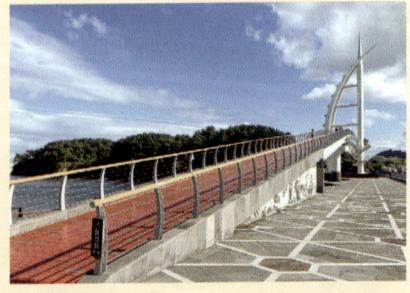

서귀포시 남성중로 40

관음사

드라마 〈이상한 변호사 우영우〉에 등장하면서 유명해졌다. 언제 창건됐는지 기록은 없지만 제주에서 아름답기로 손에 꼽히는 절이다. 한라산을 오르는 관음사 등산코스가 있어 사람들이 많이 찾는다. 입구에 늘어선 동자승 석상을 보는 것만으로 마음이 평온해진다. 일주문을 지나면 길옆으로 나무가 빼곡히 자리해 있어 마치 비밀의 정원에 들어선 것 같은 기분이 든다. 제주도민의 풍요와 안락을 기원하기 위해 세워진 황금 미륵불의 미소를 보고 있노라면 조금이라도 남아 있던 마음속 불편함들이 이내 사라진다.

제주시 산록북로 660 064-724-6830

자연 _ 제주의 (품)

창꼼바위

드라마 〈이상한 변호사 우영우〉의 촬영지로 알려지면서 사람들의 발길이 이어지는 곳이다. '창꼼'이란 '창 고망난 돌', 즉 창 구멍 난 돌이라는 의미다. 창을 뚫어 놓은 듯한 검은 기암, 창꼼을 통해 보이는 다려도와 에메랄드빛 푸른 바다는 비경이다. 석양까지 내리면 그림이 따로 없다. 손으로 조각한 듯 자연이 만든 동그란 프레임 사이로 보이는 풍경은 그저 신비롭기만 하다. SNS 핫플레이스로 인기를 끌면서 사진 한 장 찍기 위해 줄을 서서 기다린다.

📍 제주시 조천읍 북촌리 403-9

노을해안로

대정읍 일과리에서 신도1리로 향하는 12㎞ 정도의 해안도로다. 해가 질 무렵 차를 타고 달리다 바라보는 노을이 가장 아름다워 노을해안로라는 이름이 붙었다. 드라마 〈이상한 변호사 우영우〉에도 이 길이 나오면서 사람들이 많이 찾고 있다. 남방큰돌고래를 보고 싶어 했던 영우가 돌고래를 기다리던 곳이다. 남방큰돌고래가 눈앞에 쉽사리 나타나지는 않지만 아름다운 해안이 이를 보상해 준다. 제멋대로, 때로는 거칠게 모양을 낸 검은 현무암 바위들이 해안에 그림처럼 널려 있다. 날씨가 맑은 날이면 국토 최남단 마라도의 모습도 보인다.

📍 서귀포시 대정읍 노을해안로 24

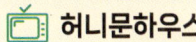 허니문하우스

과거 파라다이스호텔이었던 공간 중 일부를 수리해 카페로 만들었다. 허니문하우스는 소정방폭포로 이어지는 칠십리 바다와 섶섬, 문섬이 한눈에 들어오는 해안 절경과 유럽풍 건축물, 아름드리나무가 울창한 산책로가 매력적이다. 드라마 〈내 이름은 김삼순〉, 〈수리남〉의 촬영지로 알려지면서 찾는 사람들도 많아졌다. 테라스 테이블에 앉으면 바다를 더 가까이 마주할 수 있다. 제주에서 나는 재료로 만든 차, 주스를 판매하고, 당일 직접 구워낸 쿠키, 케이크, 샌드위치도 맛볼 수 있다.

- 서귀포시 칠십리로 228-13
- 070-4277-9922
- 10:00~18:30 ※주문 마감 18:00
- www.kalhotel.co.kr/dining-bar

자연이 찍어 준 인생 사진

⑦

색감의 천국 제주. 에메랄드빛 바다, 화려한 원색으로 피어나는 꽃들, 초록 숲이 만든 자연 액자, 붉은빛 물드는 석양까지 제주 자연 어디에서나 카메라 셔터를 눌러도 그림 같은 사진이 나온다. 신비롭고 경이로운 풍경 앞에 서면 저절로 인생 최고의 사진이 탄생한다.

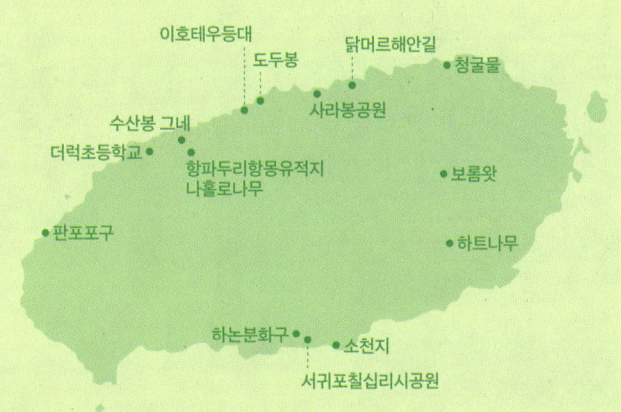

도두봉

제주공항 근처 섬의 머리, 도두봉은 바다와 바로 만나는 오름이다. 분화구가 없는 낮은 오름이라 어느 방향에서든 전망대까지 금세 오를 수 있다. 바다로 난 길을 따라 정상에 오르면 해안선이 아름다운 도두항과 항구에 정박한 고깃배, 각자 다른 방향을 바라보는 하얀 등대와 빨간 등대, 쉴 새 없이 비행기가 이착륙하는 제주공항과 그 너머로 보이는 한라산 등 동서남북으로 다양한 풍경이 펼쳐진다.

도두봉의 숨은 명소는 '키세스존'이다. 울창한 나무가 터널을 만든 숲 터널 안에서 바다 쪽으로 보이는 실루엣이 마치 '키세스 초콜릿'과 닮아 이름 붙었다. 초콜릿 모양의 자연 액자 사이로 보이는 하늘과 바다를 배경 삼아 멋진 사진을 남겨 보자. 도두봉에서 내려오면 해안도로 방호벽에 알록달록 무지개색을 입힌 또 다른 사진 명소, 무지개 해안도로가 이어진다.

📍 제주시 도두항길 4-17

🌳 하트나무

벚꽃과 유채꽃이 흐드러질 때 가장 아름다운 녹산로를 달리다 보면 길 중간에 나무들이 두 줄로 나란히 서 있는 풍경이 보인다. 그 모습이 하트를 닮아 하트나무라 부른다. 평평한 들판 위에서 키 큰 나무들이 존재감을 뿜어낸다. 각각의 나무는 평범해 보이지만 이들이 모여 아름다운 모양을 내는 것이 신비롭기만 하다. 그림처럼 멋진 길을 드라이브하다 잠깐 들러 하트 모양 나무 앞에서 사진을 남겨 보자. 때로 방목해 놓은 말들도 볼 수 있다.

📍 서귀포시 표선면 가시리 3108-1

🌳 이호테우등대

이호테우해변에 제주 조랑말을 형상화한 등대가 있다. 빨간 말과 하얀 말이 이호항 안쪽 방파제와 바깥 방파제에 서 있다. 멀리서도 눈에 확 띄는 이 등대는 이호테우해변의 랜드마크가 됐다. 두 마리 말이 마치 푸른 바다 위를 뛰노는 듯해 사진 명소로 인기 있다. 서쪽 하늘에 노을이 내려 바다와 등대가 하나의 빛으로 물들 때를 놓치지 말자.

📍 제주시 이호일동 이호테우해수욕장

수산봉 그네

애월읍 수산리 수산봉은 정상에 동그란 분화구와 물이 고인 작은 연못이 있어 '물메오름'이라고도 부른다. 제주올레 16코스에 포함된 올레길을 따라가다 보면 수산봉 정상으로 이어진다. 길 중간쯤 가지를 늘어뜨린 소나무에 그네 하나가 걸려 있다. 그 앞으로 잔잔한 수산저수지가 내다보이고 멀리 한라산 능선이 아름답게 펼쳐진다. 그네에 앉은 모습을 카메라 셔터로 누르면 그림 같은 풍경이 화면에 담긴다.

수산봉 아래에는 명물이 하나 더 있다. 수산저수지 앞에 물에 닿을 듯 가지가 낮게 드리워진 노송이 그것인데, 겨울에 물가에서 눈 덮인 소나무를 바라보면 마치 백곰이 물을 마시러 웅크리는 모습과 닮아 '곰솔'이라 불렀다. 큰 가지 4개가 사방으로 넓게 퍼져 멋스러운 곰솔은 수령 500년이 넘은 천연기념물이다.

📍 제주시 애월읍 수산리 산1-1

항파두리항몽유적지 나홀로나무

항파두리는 몽골이 침입했을 때 조국을 지키고자 궐기한 삼별초가 최후까지 항전한 유서 깊은 곳으로 전시관과 기념비, 토성이 남아 있다. 주변에는 김통정 장군이 뛰어내린 발자국에서 솟아난 물이라는 장수물도 자리한다.

호국 충정의 마음이 담긴 항파두리항몽유적지에는 포토 스폿으로 인기 있는 나홀로나무가 있다. 푸른 들판 위에서 홀로 존재감을 뿜어내는 나무와 사진을 찍어 보자. 그림 같은 엽서의 주인공이 될 수 있다.

📍 제주시 애월읍 항파두리로 50
📞 064-701-6721
🕘 09:00~18:00 ※입장 마감 17:30

청굴물

제주는 용천수가 솟아나는 곳을 따라 마을이 들어섰다. 청굴물은 김녕마을에 나는 용천수다. 김녕 청수동의 원래 지명은 청굴동이었다. 옛날 청수동 주민들은 용천수가 솟는 곳에 둥근 돌담을 쌓고 돌다리를 놓아 마을과 연결했다. 이렇게 만들어진 샘, 청굴물에 몸을 담그면 만병이 치료된다는 속설이 있었다. 썰물에는 돌담 샘 안으로 사람이 들어갈 수 있지만, 밀물이 되면 바닷물이 가득 들어찬다. 이때 바닷물이 달팽이관에서 소용돌이치는 듯한 신기한 풍경을 볼 수 있다. 사진작가들에게 특히 사랑받는 곳이기도 하다.

📍 제주시 구좌읍 김녕리 1296

보롬왓

표선면에 있는 보롬왓은 '바람이 부는 밭'이라는 제주어다. 넓은 들판에 3월에는 튤립과 유채가, 4월에는 보라 유채, 보리, 삼색 버들잎이 피어나 다채로운 빛으로 물들인다. 5월과 6월에는 메밀, 보리, 라벤더가, 7월에는 수국이 만개한다. 8~10월에는 강렬한 색을 뿜는 맨드라미와 솜사탕 같은 핑크뮬리가 여행자를 반긴다. 한겨울에도 실내 정원에 탐스러운 수염 틸란드시아와 공중 식물들이 주렁주렁 걸려 있다. 사계절 어느 때라도 사진첩에 아름다운 장면을 남길 수 있는 곳이다.

- 서귀포시 표선면 번영로 2350-104
- 064-742-8181　09:00~18:00
- 성인·청소년 6,000원, 경로 5,000원, 어린이 4,000원
- @boromwat_

사라봉공원

제주항 동쪽 사라봉에 조성된 공원으로 깎아지른 듯한 절벽이 절경을 이룬다. 아름다운 숲으로 상을 받은 해송숲길은 제주도민이 사랑하는 산책로이자 운동장이다. 사라봉 중턱에서 선박의 길을 밝히는 새하얀 산지등대도 명물이다. 등대 근처 언덕에서 거대한 페리호가 드나드는 번화한 제주항이 훤히 내려다보인다.

무엇보다도 사라봉은 낙조로 이름난 곳이다. 조선시대 문인이 제주의 빼어난 경관 10곳을 꼽은 영주10경에 사라봉 낙조가 있다. 해가 뉘엿뉘엿 질 무렵 정상에 오르면 바다 너머로 지는 아련한 태양을 볼 수 있다.

📍 제주시 사라봉길 75
📞 064-728-4643

닭머르해안길

동쪽 바다라면 자연스레 아름다운 일출부터 떠올리게 되지만 제주 동쪽 바다에서 손꼽히는 일몰 명소다. 제주올레 18코스를 지나는 해안길 일대가 닭이 흙을 파헤치고 양쪽 날개를 펼친 모습과 닮아 닭머르해안길이라 부른다. 남쪽 언덕 능선은 닭의 몸통, 여기부터 전망대 정자로 이어진 움푹 파인 능선은 닭의 목, 전망대는 닭의 머리 모양이라고 한다. 유난히 까만 현무암이 기암괴석 절벽을 이루고, 검은 해안 곡선에 닿은 바다는 시리도록 푸르다. 해안가 갯바위는 낚시터로도 유명하다.

📍 제주시 조천읍 신촌리 3403

소천지

중문 근처 솔숲 오솔길을 따라 걸어가면 바다를 향한 작은 정자가 나온다. 이곳에 서서 바다를 내려다보면 검은 현무암이 바닷물을 가두어 백두산 천지를 축소해 놓은 듯한 비경이 펼쳐진다. 천지의 실물이 아마도 이런 모습이 아닐까 싶다. 날씨가 맑고 바람이 없는 날에는 소천지에 투영된 한라산이 보인다. 이 모습을 가장 아름답게 담으려면 거칠게 솟아 있는 기암괴석 현무암 돌길을 조심스레 내려가야 한다. 소천지에 가까이 다가가 그림 같은 장면을 만나면 새삼 자연의 경이로움에 감탄하게 된다. 방문 시 운동화 착용을 권한다.
소천지는 스노클링 포인트이기도 하다. 해마다 여름이면 스노클링을 즐기려는 사람들이 즐겨 찾는다. 소천지로 가는 길은 제주올레 6코스이면서 제주 불교 성지순례 길이다.

📍 서귀포시 보목동 1400

서귀포칠십리시공원

서귀포 천지연폭포를 지나 외돌개와 해안 올레길이 이어진 곳에 있다. 제주올레 7코스에도 속해 있다. 이중섭미술관에서 시작되는 '작가의 산책길'에도 포함된다. 산책로가 잘 조성돼 있고 주변에 다양한 조형물과 서귀포와 관련된 시비 12기, 노래비 3기, 연못 등이 있어 제주 문화를 즐기며 여유롭게 산책할 수 있다. 연못과 그 너머로 웅장하게 펼쳐진 한라산이 사진 포인트다. 공원 안쪽 전망대에서는 천지연폭포를 멀리서 볼 수 있다. 서귀포항의 고즈넉한 풍경도 내다보인다.

◎ 서귀포시 현청로 41-19

하논분화구

하논분화구는 제주에서 유일하게 벼농사를 짓는 곳이다. '하논'은 '논이 많다'는 제주어다. 화산 폭발 당시 용암이나 화산재를 분출하지 않고 지하의 가스와 증기가 지각의 틈을 따라 한군데로 모여 폭발해 생성된 한반도 유일의 마르(Maar)형 분화구다. 하논분화구 바닥에서는 하루 1,000~5,000ℓ의 용천수가 분출한다. 이러한 입지로 500여 년 전부터 벼농사를 짓게 된 것이다. 하논분화구 전망대에 올라서면 넓은 논밭 풍경이 한눈에 내다보인다. 벼가 익어 분화구의 논이 노랗게 물들면 그 독특한 풍경을 렌즈에 담으려 사진작가들이 찾아오기도 한다. 제주올레 7-1코스를 통과하는 곳으로 지질학적 가치가 있는 길을 따라 유유자적 걸어도 좋다. 주차장이 따로 없어 하논분화구 쪽 주변 공터에 차를 세우고 둘러보면 된다.

◎ 서귀포시 일주동로 8823(하논분화구방문자센터)

더럭초등학교

재일교포가 세웠다는 더럭초등학교(구 더럭분교)는 학생 수가 줄면서 폐교 직전까지 갔다가 학교 살리기 사업으로 재탄생한 곳이다. 외관을 알록달록한 색으로 칠해 아름다운 학교로 변모했는데, 세계적인 색채 디자이너 장 필립 랑클로가 디자인한 것이다. 다양한 색채가 아름다워 포토 스폿으로 인기 있다. 관광지가 아닌 학교를 지역 사회와 함께한다는 취지로 개방한 만큼 관람 매너는 필수다.

📍 제주시 애월읍 하가로 195   📞 064-797-7200   ⏰ 평일 18:00 이후, 주말 09:00 이후 개방

판포포구

제주 서쪽 해안 끝자락을 따라 판포포구까지 이어지는 길에서 아름다운 비취색 바다를 볼 수 있다. 판포포구 앞바다는 바닥이 모래다. 물빛이 곱고 깨끗해 스노클링을 즐기는 사람들이 많이 찾아온다. 바닷속을 유영하며 신비로운 풍경을 마음껏 볼 수 있다. 무늬오징어가 잘 잡히는 낚시꾼들의 성지이기도 하다. 해가 질 무렵에는 제주에서 가장 아름다운 석양을 마주할 수 있다. 해상풍력단지 풍차가 그려진 파란 캔버스에 붉은 물이 퍼져나간다.

📍 제주시 한경면 판포리 2877-3

절경 품은 드라이브 명소

⑧

제주 본섬 둘레 253㎞에 걸쳐 해안도로가 이어진다. 바닷길을 따라 차를 달리면 드넓은 바다에 홀로 서 있는 등대, 긴 날개를 펴고 돌아가는 하얀 풍력발전기가 낭만적인 모습으로 다가온다. 창을 열고 숲 사이사이 열린 길을 달려 보자. 쭉쭉 뻗은 나무들이 쉴 새 없이 내뿜는 상쾌한 공기에 가슴까지 시원해진다.

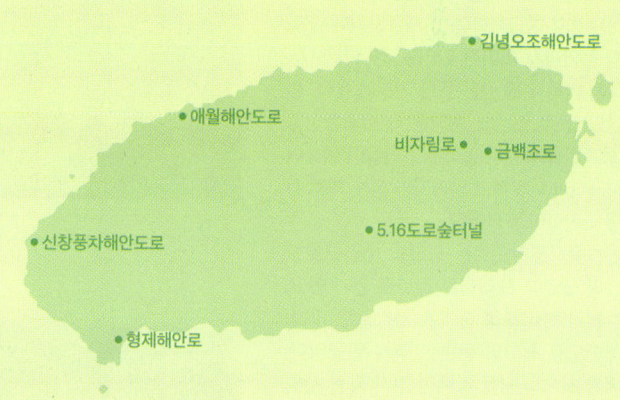

신창풍차해안도로

신창풍차해안도로를 달리다 보면 바다 위에서 하얀 풍력발전기들이 돌아가는 낭만적인 풍경이 펼쳐진다. 용천수가 솟아 예전에 목욕탕이 있던 싱계물공원도 풍차와 어우러져 이국적이다. 싱계물공원에서 풍차 해안까지 이어진 다리도 건너가 보자. 마치 바다 위를 걷는 듯한 기분이 든다. 원담도 볼 수 있는데, 원담은 해안에 돌담을 쌓고 밀물에 밀려 들어온 고기들이 썰물에 빠져나가지 못하고 남겨지면 잡는 제주 전통 고기잡이 방식이다.

신창풍차해안도로는 광고의 배경으로도 많이 쓰였다. 드라이브 길로도 인기 있고, 자전거 하이킹을 즐기는 사람들도 많다. 해안도로 최고의 장면은 역시 일몰이다. 해가 서서히 침몰할 때면 잠시 차를 세워 바다를 바라보자.

📍 제주시 한경면 신창리 1481-23

김녕오조해안도로

월정해안도로라고도 부르는 김녕오조해안도로의 굴곡진 해안을 따라 달리다 보면 하얀 풍력발전기가 수채화빛 바다와 어우러져 움직이는 그림처럼 보인다. 여름에는 스노클링, 서핑, 패러 서핑, 요트, 카약 등 해양 액티비티를 즐기는 사람들이 해변에 가득하다.
해안도로를 따라 자전거가 경쾌하게 지나간다. 배낭을 짊어진 여행자들의 트레킹도 인상적이다. 김녕성세기해수욕장에서 바라본 오렌지빛 노을은 심장을 두드린다.

◉ 제주시 구좌읍 월정리 1400-36

애월해안도로

끝없이 펼쳐지는 이국적인 바다와 제주 감성이 가득 담긴 해안도로다. 애월해안도로를 달리다 보면 구엄포구에서 구엄리돌염전, 남두연대, 남도리쉼터, 태우전시대까지 볼거리가 많아 차를 자주 멈추게 된다. 특히 푸른 바다 앞 검은 현무암이 너럭바위처럼 펼쳐진 구엄리돌염전이 이색적이다. 바위 위에 찰흙으로 둑을 쌓고 그곳에 고인 바닷물이 햇볕에 마르면서 생기는 소금을 얻어낸 옛 소금밭이다. 어부가 고기잡이를 마치고 밤바다를 돌아올 때 호롱불을 밝혀 길잡이를 해 주던 구엄옛등대(구엄도대불)도 들러볼 만하다. 돛대처럼 높이 불을 켠 구엄옛등대는 1970년대까지 불을 밝혔다고 한다.

◉ 제주시 애월읍 애월해안로 708
　구엄리돌염전

5.16도로숲터널

5.16도로는 제주에서 최초로 개통된 국도로 제주시와 서귀포시를 잇는다. 한라산 성판악 휴게소에서 서귀포 방향으로 구불구불한 길을 달리다 보면 도로 양쪽에서 울창한 상록수와 낙엽수가 아치 모양으로 도로를 감싼다. 여름엔 싱그러운 푸른 숲이 그늘을 드리우고, 가을엔 오색 단풍이 수놓는다. 겨울엔 눈 덮인 하얀 터널이 눈부시다. 비가 오는 날에는 안개가 피어올라 몽환적이다. 사계절 내내 낭만적인 풍경을 만날 수 있지만 도로 폭이 좁고 S자 커브가 많아 운전에 주의해야 한다. 길이 금세 끝나는 게 아쉬울 만큼 아름다운 한라산 기슭 5.16도로는 조금 천천히 달려야 숲이 선사하는 감동을 제대로 느낄 수 있다.

서귀포시 남원읍 신례리

비자림로

한라생태숲 마방목지에서 서귀포 방향으로 5.16도로를 타고 가다 삼거리 교차로 교래리 입구에서 왼쪽으로 접어들면 제주의 숲을 제대로 느낄 수 있는 드라이브 길이 나온다. 길 양쪽에 쭉쭉 뻗은 삼나무가 빽빽하게 늘어서 그늘을 만든다. 나무숲 사이사이로 햇살이 들어오면 마치 영화의 한 장면에 들어온 느낌이다. 길게 이어진 삼나무숲에서는 차창을 활짝 열고 달려 보자. 새소리, 바람 소리, 숲이 뿜어내는 상쾌한 내음에 흠뻑 취해 드라이브만으로도 가슴이 시원해진다.

제주시 구좌읍 송당리 2341-1(1112도로)

금백조로

제주시 비자림로(1112도로)에서 백약이 오름 방향으로 달리면 금백조로가 나온다. 서귀포시 수산리까지 이어지는 자동차 길은 가을이면 도로 양쪽에서 바람에 흔들리는 억새의 물결이 넘실거린다. 크고 작게 솟아오른 오름들, 억새 군락 사이에서 바람개비처럼 돌아가는 하얀 풍력발전기, 반짝이는 은빛 억새가 향연을 펼치는 도로를 달리는 것만으로도 낭만적이다. 해 질 무렵 황금빛으로 물드는 억새밭은 또 다른 황홀경이다.

◉ 제주시 구좌읍 송당리

형제해안로

남쪽 바다에 떠 있는 형제섬과 얼굴을 맞댄 형제해안로는 끝없이 펼쳐진 푸른 사계해안에서 송악산까지 이어지는 도로다. 산방산과 군산오름, 한라산까지 바다를 두르고 있어 어느 방향으로 달려도 아름다운 풍광을 볼 수 있다. '한국의 아름다운 길 100선'에도 선정됐다. 제주올레 10코스에 포함된 길로, 걸어도 좋고 자전거로 내달려도 좋다. 자동차 드라이브 코스로도 더할 나위 없다.

◉ 서귀포시 안덕면 형제해안로 20

섬 속의 섬 여행

⑨

본섬 자체만으로도 아름답지만 섬에서 섬으로 건너가면 또 다른 멋이 난다. 소를 닮은 우도, 대한민국 최남단 마라도, 청보리가 물결치는 가파도, 바다에 떠 있는 오름 비양도, 바다낚시의 묘미가 있는 추자도까지 보물섬에서 또 다른 보물을 찾은 기분이 든다.

우도

제주 동쪽 끝 바다에 소가 누워 있는 모양의 우도는 성산포항에서 북동쪽으로 3.5㎞ 떨어져 있다. 조선 중기 문필가 김정은 "천년 비궁의 모습 깊은 바다에 잠겼다"라며 우도의 아름다움을 찬탄했다. 우도의 바다는 빛깔이 아름답기로 정평 났다. 산호해변인 서빈백사해변은 맑고 하얀 모래가, 검멀레해변은 검은 모래가 융단처럼 펼쳐진다. 돌칸이해변에는 아이 얼굴만 한 먹돌이 지천으로 깔렸다.

우도 전체를 둘러보는 데는 2시간 정도 걸린다. 곳곳에는 전기 자동차를 타고 풍경을 즐기는 사람도 많다. 최근 감각적인 카페와 맛집, 소품 가게도 많이 늘어났다.

우도의 백미는 역시 우도봉이다. 해발 132m에 불과하지만 정상까지 펼쳐진 빛 고운 잔디와 우도봉에서 바라보는 바다는 환상적이다. 바다 건너 우뚝 솟은 성산일출봉은 멀리서도 장엄하다. 우도봉 끝자락 깎아지른 절벽 아래에서 검멀레해변을 만난다. 우도팔경 중 하나인 동안경굴은 고래가 살았다는 전설의 동굴이다. 해안일주도로를 따라 드라이브하면 하얀 등대의 세화항도 보인다. 아름다운 우도에서의 일출과 일몰은 덤이다.

📍 제주시 우도면

Tip 배편(하절기 기준)

성산포항종합여객터미널
- 서귀포시 성산읍 성산등용로 112-7
- 064-782-5671
- 07:00~18:30(30분 간격) **소요시간** 15분
- 성인 10,500원, 청소년 10,100원, 어린이 3,800원
- 30분 무료, 당일 최대 8,000원

종달항
- 제주시 구좌읍 해맞이해안로
- 064-782-5671
- 09:00~15:00(1시간 간격) **소요시간** 15분
- 성인 10,000원, 청소년 9,800원, 어린이 3,500원
- 무료

- 선박 승선 시 승선신고서(2부)를 작성하고 신분증(미성년자는 의료보험증, 등본 등)을 제시해야 한다.
- 제주도로 돌아오는 배는 천진항과 하우목동항에서 1시간 간격으로 운항하며 마지막 배편 시간을 꼭 확인하자.

🌲 마라도

대한민국 최남단에 있지만 제주 본섬에서 배편도 자주 있고 1시간 30분이면 섬 한 바퀴를 다 돌아볼 수 있어 반나절만 시간을 내도 된다. 마라도를 하늘에서 내려다보면 고구마 모양이다. 섬 전체가 평평한 편이다. 최고의 풍경은 바로 마라도등대. 마라도의 가장 높은 땅, 푸른 잔디 끝에 있는 마라도등대는 전 세계 해도에 기재되는 희망봉 등대다. 이 지역을 항해하는 국제 선박과 어선들의 지표가 된다. 등대 주변으로는 전 세계 유명 등대를 모형으로 만들어 놓았다.

마라도에 있는 모든 것은 최남단이라는 수식어가 붙는다. 마라도성당, 기원정사, 분교, 유명한 짜장면 가게도 국토 가장 끝에 있어 하나하나 의미 있다. 마라도 남쪽 끝에서 최남단비가 대미를 장식한다.

걸어도 좋고, 자전거를 타고 섬 한 바퀴를 도는 것도 색다른 추억이 된다. 마라도는 강태공들에게도 환상의 장소다. 씨알도 굵고 힘 좋은 물고기를 쉽게 낚을 수 있다. 마라도로 가는 배편은 송악산항과 운진항에 있다.

📍 서귀포시 대정읍 가파리 600

Tip 배편(하절기 기준)

송악산항(산이수동방파제)
- 📍 서귀포시 대정읍 송악관광로 424
- 📞 064-794-6661
- 🕘 09:20~14:10 **소요시간** 30분
- 💰 성인·청소년 18,000원, 어린이 9,000원
- 🏠 www.maradotour.com

운진항
- 📍 서귀포시 대정읍 최남단해안로 120
- 📞 064-794-5490
- 🕘 09:40~15:10 **소요시간** 30분
- 💰 성인·청소년 18,000원, 어린이 9,000원
- 🏠 www.wonderfulis.co.kr

가파도

제주 본섬과 마라도 사이에 있는 가파도는 운진항에서 배를 타고 들어가야 한다. 섬 전체가 접시 모양의 평탄한 지역이라 봄이면 넓은 밭에서 청보리가 초록 물결을 이룬다. 걷기 좋은 섬이지만 청보리와 돌담을 따라 자전거를 타고 다녀도 낭만 있다. 가을에는 해바라기와 코스모스가 색색의 향연을 펼친다. 마을의 낮은 지붕 담벼락에 그려진 벽화에서 섬의 역사와 숨은 이야기도 찾아보자. 섬에는 신석기시대 고인돌이 135기나 있어 역사를 발견하는 재미도 있다.

📍 서귀포시 대정읍 가파리

Tip 배편(하절기 기준)

운진항
- 📍 서귀포시 대정읍 최남단해안로 120
- 📞 064-794-5490
- 🕘 09:00~15:50 **소요시간** 10분
- 💰 성인·청소년 13,100원, 어린이 6,600원
- 🌐 www.wonderfulis.co.kr

비양도

협재해수욕장에서 손에 잡힐 듯 가까운 섬이다. 화산 활동이 활발했던 제주에서 비양도는 가장 늦게 생겼다. 옛날이야기를 빌면 중국에서 커다란 산봉우리 하나가 날아와 한림 앞바다에 뚝 떨어졌다. 전설 그대로 '날아온 섬'이라 해 비양도가 됐다고 한다.

섬 전체가 오름이다. 타원형의 작은 섬 한가운데에 비양봉과 2개의 분화구가 있다. 우리나라 유일의 염습지도 있다. 펄랑못은 밀물이면 바닷물이 차오르고 썰물이면 지하수가 올라와 담수호가 된다. 화산 폭발로 분출된 희귀한 암석들도 볼거리다. 해안 길을 따라 다양한 모양의 암석들을 전시한 암석 공원, 화산탄, 분화구가 파도에 침식돼 코끼리 모양으로 남은 코끼리바위, 아기를 등에 업은 모양의 애기업은돌은 신비롭기 그지없다. 섬 자체가 살아 있는 박물관이다. 비양봉에 오르면 비양도 전체를 조망할 수 있는 하얀 비양등대도 만난다. 날씨가 좋은 날이면 한라산과 제주 본섬 서쪽 해안 풍광이 시원스레 펼쳐진다.

2005년 드라마 〈봄날〉로 알려지기 시작해, 2022년 드라마 〈우리들의 블루스〉의 촬영지로 다시금 조명받고 있다. 한림항에서 배를 타고 15분 정도 들어가면 된다.

제주시 한림읍 한림해안로 146

> **Tip 배편(하절기 기준)**
>
> **한림항도선대합실**
> - 제주시 한림읍 한림해안로 196
> - 비양호 064-796-7522
> - 2천년호 출발 09:00/12:00/14:00/16:00, 비양도호 출발 09:20/11:20/13:20/15:20
> - 소요시간 15분
> - 성인 12,000원, 어린이 6,000원

추자도

제주도에서 배로 1시간 정도 거리에 있는 추자도는 안 가본 사람은 있어도 한 번만 가본 사람은 없다는 말이 있을 정도로 매력이 넘쳐나는 곳이다. 추자도는 원래 강태공들의 보고였다. 벵에돔, 돌돔, 감성돔, 참돔, 전갱이 등 고급 어종이 많이 잡혀 바다낚시를 하는 이들이 갯바위 위에서 열중하는 모습을 흔하게 볼 수 있다.

추자도는 모두 42개의 섬으로 이뤄져 있다. 이 중 상추자도와 하추차도를 비롯한 유인도가 4개, 나머지는 모두 무인도다.

추자도 여행의 백미는 골목 여행이다. 대서리 벽화골목은 푸른 바다로 채워진 동화 같은 공간이다. 춤을 추듯 일렁이는 파도를 따라 추자10경을 담은 벽화가 하나둘 모습을 드러낸다. 골목 곳곳에 물이 귀하던 시절 쓰인 100년 넘은 우물이 있어 또 다른 볼거리를 선사한다. 대서리 후포해변에는 낡은 건물을 카페처럼 꾸민 후포갤러리도 있다. 후포해변 왼편으로 해안을 따라 올라가면 나바론 절벽이 보인다. 마치 영화 속 나바론 요새처럼 험난한 절벽 아래 부딪치는 파도의 모습이 신비롭다. 절벽을 따라가는 길은 '나바론 하늘길'이라고 부른다.

추자대교를 건너 묵리로 향하는 고갯길에는 아름다운 바다와 작은 섬을 배경처럼 두른 포토존이 있다. 시야가 맑은 날에는 바다 너머 수평선 위로 한라산이 보이는 명당이다.

제주연안여객터미널 부근에도 가 볼 만한 곳이 많다. 사라봉 중턱의 산지등대는 1916년에 처음 불을 밝혔다. 새하얀 등탑 2기가 나란한데, 옛 등탑이 노후화되면서 1999년에 새 등탑을 세웠다.

📍 제주시 추자면

ⓒ제주관광공사

ⓒ제주관광공사

Tip 배편(하절기 기준)

제주항연안여객터미널
- 제주시 임항로 111(제2부두)
- 1666-0930
- 추자도행 09:30, 제주행 16:30
  소요시간 1시간
- 성인 30,800원, 청소년 28,200원, 어린이 16,950원
- 최초 1시간 무료, 당일 최대 10,000원(소형차 기준)
- www.seaferry.co.kr

Tip 마을버스

추자도 내 마을버스는 대서리, 영흥리, 묵리, 신양2리, 신양1리, 예초리를 운행한다.
- 추자교통 064-742-3595
- 07:00~20:30(1시간 간격)
- 성인 1,000원, 청소년 600원, 어린이 400원

제주의 속살, 생태 여행지

(10)

제주의 진정한 속살을 보고 싶다면 생태 여행을 추천한다. 화산 활동으로 생성된 섬답게 제주 곳곳에는 다양한 용암 분출의 흔적들이 남아 있다. 제주도 탄생의 원형인 한라산은 물론, 화산지대에 만들어진 곶자왈, 고원과 바닷가에 형성된 습지, 화산이 식어 만들어진 빌레 같은 신비로운 자연의 생태가 지천으로 깔려 있다.

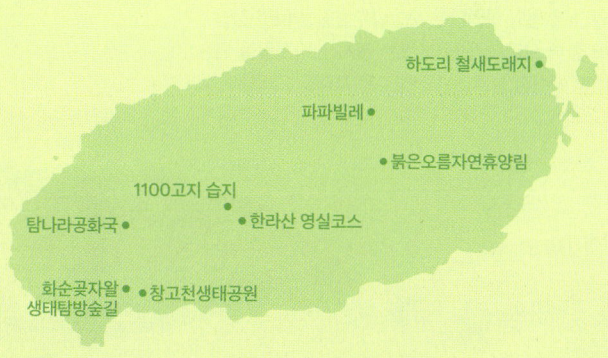

한라산 영실코스

한라산 정상 백록담까지 바로 갈 수는 없지만 한라산을 오르는 가장 아름다운 등반로는 단연 영실코스다. 영실탐방로는 5.8㎞ 길이로, 약 2시간 30분이 걸린다. 영실휴게소를 출발해 1㎞ 정도는 비교적 완만하다. 한라산 자생 나무와 식물, 영실 계곡의 풍경을 즐기며 쉬엄쉬엄 오를 수 있다. 이후에는 가파른 나무계단이 쭉 이어진다. 오르는 길은 힘겹지만 깎아지른 절벽이 병풍처럼 펼쳐진 병풍바위와 산 아래에서 물결치듯 이어지는 오름의 능선을 바라보면 고단함도 금세 사라진다.

기세등등한 영실기암은 설문대할망의 전설도 전해진다. 한라산을 만든 설문대할망에게는 500명의 아들이 있었다. 할망은 아들들에게 먹일 죽을 끓이다가 발을 헛디뎌서 솥에 빠져 죽고 만다. 밖에서 돌아온 아들들은 그런 줄도 모르고 죽을 맛있게 먹었고, 가장 마지막에 돌아온 막내가 남아 있는 죽을 뜨다가 뼈를 발견한다. 이에 어머니를 먹은 형들과 살 수 없다며 차귀도까지 가서 울다가 바위가 되었고, 나머지 499명의 형제들도 한라산에서 돌이 되었다는 이야기다. 이런 설화로 영실기암을 '오백장군', '오백나한'이라고 부른다. 기암괴석이 가득한 오백장군과 멀어져 산허리를 따라가다 보면 멀리 서귀포 바다가 펼쳐진다. 맑은 날이면 모슬포와 마라도까지 한눈에 내려다보인다. 수형이 아름다운 구상나무숲길을 따라 정상을 향해 오르다가 돌이 있는 평지 선작지왓을 만나면 백록담 봉우리가 신비로운 자태를 드러낸다.

- 서귀포시 영실로 246
- 064-747-9950
- www.jeju.go.kr/hallasan/index.htm

하도리 철새도래지

하도리 바닷가 근처의 둑을 사이에 둔 연안 습지다. 하도리 철새도래지는 민물과 바닷물이 섞여 월동하는 철새들의 먹이가 풍부하다. 습지 남쪽은 넓은 갈대밭이 있어 철새들이 은신하고 번식하기 좋은 장소다. 매년 30여 종의 3,000~5,000여 마리 철새가 날아온다. 천연기념물인 저어새, 노랑부리저어새, 고니, 매, 물떼새, 도요새, 기러기, 논병아리, 가마우지 등이 모여들어 특별보호구역으로 지정됐다. 저녁노을에 습지와 억새가 물들고 새들이 날아오르는 풍경은 쓸쓸하고도 낭만적이다.

◉ 제주시 구좌읍 하도리 53-2

🌲 화순곶자왈 생태탐방숲길

화산 폭발로 분출된 용암 지대에 숲과 덤불 등이 다양한 식생을 이루는 곳이다. 안덕면 화순리에 있는 이곳은 세계적으로도 희귀한 동식물들이 서식하고 있어 숲길을 걸으며 신비로운 장면들과 마주할 수 있다.

탐방숲길에서는 아열대 식물인 천량금, 주름고사리, 개톱날고사리 등 남방계 식물들과 한라산 고지대에서 서식하는 좀고사리, 골고사리, 큰지네고사리 등 북방계 식물도 볼 수 있다. 탐방로는 세 코스로 나뉘는데 산책로가 잘 조성돼 있어 걷기 편하다. 소나 말을 방목해 기르기 위해 쌓아 놓은 돌담인 잣담도 볼 수 있고, 때때로 방목 중인 소 떼와 마주칠 수 있다.

📍 서귀포시 안덕면 화순리 2045

122

1100고지 습지

한라산 고원 지대에 형성된 대표적인 산지 습지다. 1100도로의 가장 높은 곳에 있다. 16개의 습지가 여기저기 분포돼 있고 나무데크로 이어진 자연생태탐방로가 잘 조성돼 있어 여유롭게 산책할 수 있다. 1100고지 습지는 현무암으로 이뤄진 한라산의 지질 특성으로 담수량은 많지 않지만 야생동물에게 중요한 물 공급원 역할을 한다. 한라산 고유식물인 한라물부추와 멸종위기 야생동물 1급인 매, 천연기념물 황조롱이 등이 서식하고 있다. 1100고지 습지는 멸종위기종과 희귀종의 야생생물이 서식하고, 독특한 지형에 발달한 고산 습지로서의 가치가 인정돼 람사르 습지에 등록되었다.

📍 서귀포시 1100로 1555

창고천생태공원

안덕면에 있는 생태공원이다. 안덕계곡에 비해 많이 알려지지 않았지만, 계곡을 따라 탐방로가 잘 조성돼 있다. 제주도의 하천은 대부분 건천이지만 창고천은 항상 맑은 물이 흐르고 주변에 식생이 다양하다. 천연기념물 제377호로 지정된 안덕계곡 상록수림 지대, 사람들의 발길이 드문 계곡과 하천과 바다가 만나는 황개천은 생태적 가치가 높다. 제2의 안덕계곡이라 할 만큼 수려한 도고샘은 여름에는 시원하고 겨울에는 따뜻한 생수가 솟아난다. 조면암으로 만들어진 기암절벽 아래에서 맑은 물이 유유히 흐른다.

📍 서귀포시 안덕면 일주서로 1524

🌳 파파빌레

'빌레'는 '넓게 퍼져 있는 바위'를 이르는 제주다. '아버지 바위'라는 뜻의 파파빌레는 화산섬 땅속에 숨어 있는 용암이 작품처럼 펼쳐진 곳이다. 파파빌레 대표가 약초 농사를 하던 중 용암이 흘러간 흔적을 발견하고 돌과 흙을 계속 닦아내 수작업으로 발굴했다고 한다. 파파빌레에서는 한반도 모습을 닮은 대규모 암반은 물론 사방신인 좌청룡, 우백호, 남주작, 북현무 모양의 암반을 만날 수 있다. 제주 화산섬 현무암숲에서 나오는 음이온도 대량 방출된다.

- 📍 제주시 조천읍 남조로 2185
- 📞 0507-1425-0666
- 🕐 11:00~16:00
- ⓦ 카페 이용 시 무료입장

🌳 탐나라공화국

예술적인 조형물을 모아 놓은 일종의 테마파크다. 나무도 물도 없는 돌 땅에 나무를 심어 숲을 꾸미고, 80여 개의 연못을 만들어 황무지가 예술 공간으로 탈바꿈했다. 강원 춘천 남이섬에 '나미나라공화국'을 세운 강우현 대표가 2014년부터 제주에 정착해 직접 조성했다. 누구나 나무를 심거나 채소를 가꿀 수 있는 '여행자가 가꾸는 여행지'로도 알려져 있다. 노자의 사상을 담은 노자예술관이 있으며, 전국에서 버려진 헌책 30만 권을 보관한 헌책도서관도 유명하다. 제주의 화산석을 이용해 도자기나 공예품을 만드는 것도 현장에서 직접 체험할 수 있다. 작은 '국가'를 표방하는 만큼 탐나라공화국을 방문하려면 반드시 예약하고 여권을 발부받아야 한다. 현장을 조성한 직원이 직접 스토리 투어를 해 준다.

- 📍 제주시 한림읍 한창로 897 📞 064-772-2878 🕐 10:00~18:00
- ⓦ 성인·청소년 10,000원, 어린이 5,000원 🌐 www.jejutamnara.com

붉은오름자연휴양림

서귀포시 남조로 주변에 있다. 붉은오름은 덮인 흙이 유난히 붉다고 해서 붙여진 이름이다. 오름 대부분이 붉은 화산송이인 스코리어(scoria)로 덮여 있다. 복수초, 단풍나무, 참식나무 등 다양한 야생식물과 노루 같은 야생동물을 직접 만날 수 있는 친환경 생태관광지다. 목재문화체험장에서 운영하는 편백삼나무체험실에서 전신욕과 반신욕도 즐길 수 있다.

- 서귀포시 표선면 남조로 1487-73
- 064-760-3481
- 08:00~18:00
- 성인 1,000원, 청소년 600원

언제나 그 자리에, 제주 바다

물빛 아름다운 제주 바다에서는 청량한 파도 소리가 쉼 없이 들려온다. 파란 하늘과 경계가 무너진 바다는 눈이 시리게 푸르다. 저녁 무렵, 수평선에 붉은 태양이 드리우면 바다는 낭만으로 물든다. 둥근 호를 그리는 단아한 해안선을 거닐고, 넘실대는 파도와 박자를 맞춰 레포츠를 즐기는 것으로 제주에 온 이유는 충분하다.

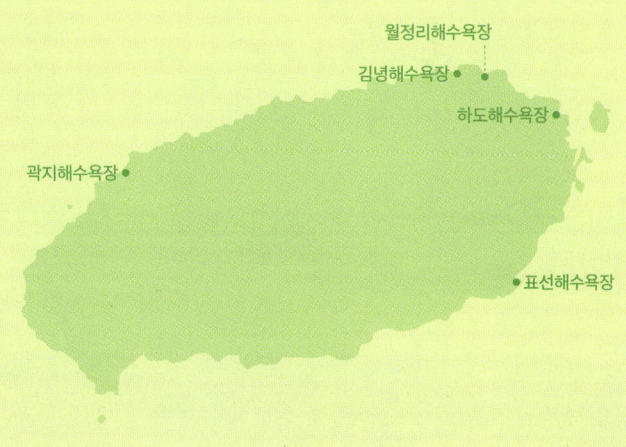

김녕해수욕장

쇠 금(金) 자로 생긴 지형에 하늘에서 바라본 모습은 평평할 평(平) 자를 이룬 모양을 하고 있어 '김녕'이라 불리는 마을에 펼쳐진 해수욕장이다. 유난히 하얗고 반짝이는 해변의 모래는 얕은 바다에 살던 조개와 해양생물의 뼈가 바람에 밀려와 거대한 너럭바위 용암 위에 쌓인 것이다. 흰모래 해변은 아름다운 쪽빛 바다, 바다로 몸을 내민 등대, 제주 바람을 따라 돌아가는 풍력발전기와 어우러져 그림 같다. 근처에는 김녕해수욕장야영장이 있어 캠핑하며 해수욕을 즐기기도 좋다. 갓돔과 노래미돔이 잘 잡히는 갯바위 낚시터도 있고, 용천동굴, 당처물동굴, 만장굴도 있어 뜨거운 햇살을 피해 시원한 여름을 보낼 수 있다.

◉ 제주시 구좌읍 해맞이해안로 7-6

월정리해수욕장

'달이 머무는 마을'이란 뜻의 월정리는 제주의 서정이 물씬 풍기는 곳이다. 마을 앞에는 눈부시게 아름다운 에메랄드빛 바다가 펼쳐진다. 월정리해수욕장은 수심이 깊지 않으면서 파도가 제법 몰아쳐 서핑이나 패들보드 같은 역동적인 레저 스포츠를 즐기기 좋다. 그래서인지 곳곳에서 서핑 강습과 용품 판매점들이 눈에 띈다. 맛집, 카페, 소품숍들이 늘어서 있고, 마을 안 구석구석까지 아기자기한 카페와 음식점이 많아 늘 사람들이 붐비는 동쪽의 가장 핫한 해변이다.

 제주시 구좌읍 월정리 33-3

하도해수욕장

제주 동쪽 바다 구좌읍 하도리에 있는 해수욕장이다. 마을 자체가 조용하고 한적해 해변도 평화롭다. 물이 얕고 깨끗해 아이들과 함께 물놀이하기 좋다. 파도도 높지 않아 서핑, 피싱카약, 스노클링, 패들보드 등 다양한 해양 레저를 즐길 수 있다. 고운 모래가 펼쳐진 해변에는 키 큰 야자수가 늘어서 있어 이국적인 풍경 속에서 낚시를 즐기며 야영도 할 수 있다. 근처에 철새도래지 습지가 있고, 지미봉과 멀리 우도도 내다보인다.

제주시 구좌읍 하도리 46

🌲 표선해수욕장

잔잔한 바다에 넓고 둥근 백사장이 아름답게 펼쳐지는 해수욕장이다. 썰물 때면 백사장이 훤히 드러나고 밀물 때면 바다는 코발트빛 호수처럼 빛난다. 조금 멀리 나가도 어른 무릎 정도 높이로 물이 차올라 아이들과 함께 물놀이하기 좋다. 해녀상, 모래 인어, 현무암으로 조각한 12지신 등 다양한 조형물과 돌로 만든 벤치로 정성스레 가꾼 해변을 천천히 걸어 보자. 고요한 바다에 저녁노을이 내리고 물빛이 빨갛게 달아오르면 이국에 와 있는 느낌이 든다.

📍 서귀포시 표선면 표선리 44-14

곽지해수욕장

선사시대 패총이 발견될 정도로 유서 깊은 곽지리에 펼쳐진 바다다. 옛날에는 마을이 들어서 있었으나 어느 날 갑자기 모래에 파묻혔다는 전설이 전해진다. 해변에는 제주의 역사와 문화가 흐르는 용천수를 뿜는 노천탕도 있다. 바닷가에 돌담을 둘러 남탕과 여탕을 따로 만든 과물노천탕은 곽지해수욕장의 명물이다. 해변에서 물허벅을 지고 다양한 포즈를 취한 해녀상과 인증사진도 남겨 보자. 서쪽 바다이니 석양이 내리는 황금빛 풍경은 덤이다.

📍 제주시 애월읍 곽지5길 28

세월이 빚어낸 풍경을 따라서 ⑫

제주에는 과거와 현재를 잇는 시간 여행길이 있다. 오래전 생성된 지질 자원에 마을의 역사, 신화, 문화, 삶이 엉켜 있다. 이 길에서 제주의 깊은 속살이 온전히 드러난다. 지질트레일을 따라 걷는 것은 가장 인문학적인 여행법이다.

산방산·용머리해안 지질트레일

산방산 용머리해안 길은 '80만 년 지구의 시간을 품은 길'로 불린다. 용머리해안은 대지 위로 솟은 용암이 물을 만나 격렬하게 반응하며 무수한 세월 속에 겹겹이 쌓여 만들어진 화산체다. 서귀포 남서쪽 해안 어디에서나 볼 수 있는 산방산은 대지를 뚫고 올라온 용암이 멀리 흐르지 못하고 쌓이면서 봉긋하게 솟은 용암돔이다. 이 둘은 80만 년의 오랜 시간 동안 바다와 땅에서 사이좋게 자리를 잡았다. 이후 산방산은 제주 사람들의 정신적 지주가 됐고, 바닷길이 열려야만 한 바퀴를 돌아 나올 수 있는 용머리해안은 삶의 터전이 됐다.

제주 최고의 풍광을 자랑하는 이 지역에는 인간의 삶이 투영된 파도 소리와 숨비소리가 아직도 생생하다. 걷는 동안 '시간'이란 존재의 의미를 되새겨 볼 수 있는 트레일이다.

용머리해안은 조수간만의 차, 기상 악화 등으로 출입이 통제될 수 있다. 방문 당일에 입장 가능 여부 및 시간을 확인하자.

Tip 거리 및 소요시간

A코스(대중적 코스)
용머리해안 탐방 포함 4km, 약 2시간 소요
용머리해안 탐방 제외 시 2km, 약 1시간 소요

B코스(해안 및 산방산 경관 탐방 코스)
2.5km, 약 1시간 소요

C코스(지질 중심 코스)
5.7km, 약 2시간 소요

📍 서귀포시 안덕면 사계리 112-3
📞 064-760-6321

김녕-월정 지질트레일

김녕리와 월정리에 걸쳐 만장굴을 비롯해 김녕굴, 용천동굴, 당처물동굴 등 거문오름 용암동굴계에 속하는 무리가 지하세계에 거미줄처럼 뻗어 있다. 화산 폭발로 인해 흘러내린 용암이 마을 전체를 덮고 있다고 해도 과언이 아니다.

김녕-월정 지질트레일을 걷다 보면 동굴 위에 집을 짓고 사는 모습이 드문드문 보이고, 동굴 주변으로 용천수가 넘쳐흐른다. 옛날에 이 지역은 빌레(너럭바위)가 많아 농사지을 땅이 부족했지만 주민들은 마을을 버리지 않았다. 빌레를 깨고 밭을 일궈 오늘날까지 삶을 이어왔다. 조각난 빌레와 밭에 널브러진 돌은 바람을 막아 주고, 경계를 만들었다. 대표적인 것이 바로 '흑룡만리(黑龍萬里)' 밭담길이다. 용암동굴 위로 뚫린 길 곳곳에는 옛 민속신앙과 독특한 농경 방식, 어로 문화가 여전히 남아 있다. 김녕-월정 지질트레일은 총 14.6km다. '마을과 뭍을 가로지르며 걷는 길'과 '바닷가를 따라 걷는 길'이 있다.

◉ 제주시 구좌읍 김녕로 209

성산-오조 지질트레일

화산과 바다, 사람을 통해 해양 문화를 품는 길이다. 성산-오조 지질트레일은 총 8.3㎞로 트레일 코스 중 가장 짧다. 성산일출봉을 끼고 있는 트레일은 제주에서 가장 먼저 해를 맞는 성산리와 성산마을보다 햇살이 먼저 닿는다는 오조리에 걸쳐 있다. 성산일출봉은 5,000년 전 바닷속에서 화산이 터져 용암이 솟구쳐 오르며 조성된 화산재 언덕인 수성화산이다. 이를 품은 성산리에는 40년 전까지만 해도 조수간만에 의해 고성리로 통하는 마을 입구가 열리고 닫히는 자연 수문이 남아 있었다.
오조리와 성산리 사이에는 커다란 호수가 된 내수면이 자리하고 있다. 내수면은 과거 바다였지만 터진목을 막고 갑문다리가 놓이면서 바다를 호수로 만든 것이다. 호수에는 해마다 철새들이 날아들고 조개잡이 체험장과 빌레 지대가 사방에 널려 있어 풍광이 빼어나다.
용암 지질에 초록 이끼가 깔린 광치기해변에서 바라본 성산일출봉의 일출도 장관이다.

서귀포시 성산읍 오조로 30

수월봉 지질트레일

유네스코에서 지정한 세계지질공원이다. 수월봉은 높이 77m의 작은 언덕 형태의 오름이다. 해안절벽을 따라 드러난 화산 퇴적구조는 화산학 연구의 교과서라 할 만큼 섬세하다. 수려한 지질 자원과 풍경을 동시에 즐길 수 있는 트레일 코스로 유명하다.

수월봉은 1만 4,000년 전 펄펄 끓는 마그마가 바닷물을 만나 폭발적으로 분출하면서 만든 고리 모양 화산체의 일부다. 수월봉에서 분출한 화산재는 기름진 토양이 되어 신석기인들이 정착할 수 있는 삶의 터전이 됐다. 현재도 수월봉 인근은 제주에서 가장 넓은 들이 펼쳐져 있다.

수월봉 정상까지는 차로 쉽게 오를 수 있다. 기우제를 지내던 수월정에서 사방이 훤히 내려다보인다. 수월봉 꼭대기 전망대에서는 차귀도, 송악산, 단산, 죽도를 한눈에 볼 수 있으며 황홀한 낙조는 사라봉 일몰과도 견줄 만하다. 수월봉 지질트레일은 차귀도 선착장을 축으로 수월봉, 당산봉, 차귀도 세 코스를 연결해 놓았다. 4.2km 코스로 약 2시간이 걸린다.

📍 제주시 한경면 노을해안로 1013-70

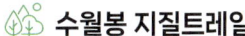

PART 2

공간

제주의

멋

제주에서 떠나는 아트 투어

제주의 예술 전시관에는 이중섭, 김창열, 훈데르트바서 등 이름만 들어도 가슴 두근거리는 거장의 숨결이 살아 있다. 제주를 너무도 사랑했던 사진작가는 신비로운 풍경을 필름 안에 담아 뭉클한 감동을 선사했고 꼬마 천재 화가는 어른들에게 따뜻한 위로를 건넨다.

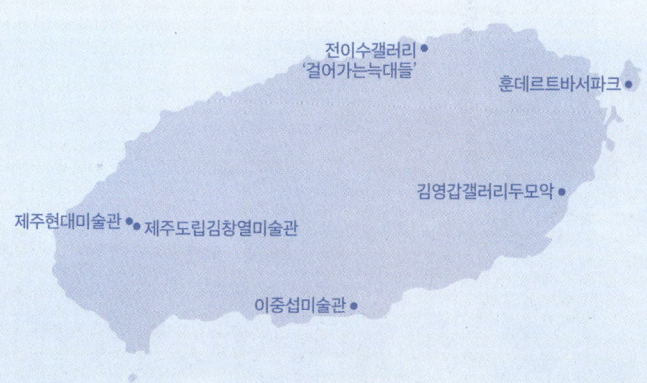

제주도립김창열미술관

'물방울 화가'로 알려진 김창열 화백의 대표작품 220점을 만날 수 있는 공간이다. 예술성과 대중성을 모두 갖춰 한국미술을 대표하는 화가로 손꼽히는 김창열은 활동 초기 6·25전쟁의 아픔을 형상화한 추상 작품을 그렸다. 1973년 파리에서 물방울 작품을 처음 선보인 후, 캔버스, 신문지, 나무, 흑연, 모래 등에 오랜 세월 물방울만 그렸다. 물방울은 캔버스 위에 포도알처럼 주렁주렁 달려 있기도 하고, 흩뿌려진 빗방울처럼 맺혀 있기도 하다. 금방이라도 바닥으로 또르르 흘러내릴 듯한 물방울은 작품을 보는 각도에 따라 다른 색채로 빛나기도 한다.

미술관 건물을 하늘에서 내려다보면 '돌아올 회(回)' 자처럼 보인다. 물방울을 통해 무(無)로 회귀하고자 했던 작가의 철학이 공간에 투영되었다. 그중 '빛의 중정'은 글자의 모양처럼 건물 한가운데 자리한다. 하늘이 뻥 뚫린 정원 분수 한가운데 놓인 물방울 조형물은 쏟아지는 빛을 머금어 반짝인다. 비가 그친 뒤 무지개가 떠오르듯 분수의 물줄기가 꺼지면 오색찬란한 빛이 물방울에 맺힌다. 검은 송판 무늬의 콘크리트 건물은 화산섬에 깔린 현무암처럼 제주의 풍경 속에 자연스럽게 녹아든다.

- 제주시 한림읍 용금로 883-5
- 064-710-4150
- 09:00~18:00(월요일 휴관)
  ※30분 전 입장 마감
- 성인 2,000원, 청소년 1,000원, 어린이 500원
- kimtschang-yeul.jeju.go.kr

전이수갤러리 '걸어가는늑대들'

'그림 영재'로 불리는 최연소 동화작가 전이수가 가족에 대한 사랑과 작가가 바라본 세상을 글로 쓰고 화폭에 담아 전시한 공간이다. 그의 작품은 창의적이면서도 따뜻하다. 갤러리 1층은 전이수 작가의 이야기를 담은 영상실과 동화책, 그림, 엽서, 메모지 등 다양한 굿즈를 판매하는 아트숍이다. 2층으로 올라가면 이수 작가의 글과 그림 전시가 이어진다. 각박한 세상에서 "난 잘하고 있어, 난 소중하다고, 사랑한다고, 괜찮다고" 말하는 어린 작가. 그가 주는 위로에 마음이 따뜻해진다. 갤러리와 함께 카페도 운영한다.

- 제주시 조천읍 조함해안로 556
- 0507-1344-9482
- 10:30~19:30 ※입장 마감 18:00
- 성인·청소년 10,000원 어린이 1,000원

제주현대미술관

저지문화예술인마을 안에 자리한 제주현대미술관은 제주자연친화성을 우선으로 한 공모전의 최우수작품을 설계한 건물이다. 지하 1층, 지상 2층 규모로 국제조각심포지엄 야외 공원과 함께 1,000여 명이 동시 관람할 수 있는 야외 공연장과 특별전시실, 상설전시실, 기획전시실, 아트숍, 세미나실 등 문화 예술 복합 기능을 갖췄다. 제주를 사랑했던 한국 근현대미술의 거목 김흥수 화백이 대표작품을 무상으로 기증한 유일한 미술관이다. 주변에는 대한민국 원로 화백들이 많이 거주한다. 저지문화예술마을이라는 거대 문화 벨트를 조성하고 있어, 예술에 관심 있다면 여러 갤러리와 전시관을 함께 둘러볼 수 있다.

- 제주시 한경면 저지14길 35
- 064-710-7801
- 09:00~18:00(월요일 휴관) ※매표 마감 17:30
- 성인 2,000원, 청소년 1,000원, 어린이 500원
- www.jeju.go.kr/jejumuseum/index.htm

이중섭미술관

한국 근대미술을 대표하는 〈황소〉의 화가 이중섭의 예술혼이 담긴 미술관은 그가 머물던 서귀포에 있다. 이중섭은 일본 유학 시절 만난 야마모토 마사코(이남덕)와 사랑에 빠져 결혼하고 두 아들까지 얻었다. 1950년 한국전쟁이 발발하자 가족과 함께 부산으로 피난 갔다가 제주도까지 내려오게 된다. 1951년 1월부터 1년간 지낸 서귀포에서의 생활은 궁핍했다. 그림 그릴 재료와 도구가 없어 나무판자에 그리기도 했다. 가난 속에서도 아이들과 바닷가에 나가 게를 잡거나 농장에서 감귤을 따며 소박한 행복을 누렸다. 그래서일까. 당시에 그린 〈서귀포의 환상〉, 〈섶섬이 보이는 풍경〉, 〈바닷가의 아이들〉 등에는 따뜻함이 묻어 있다.
'이중섭미술관'이라지만 소장 작품이 거의 없어 한산했던 이곳은 최근 이건희 컬렉션 기증으로 12개 작품이 더해져 볼거리가 풍성해졌다. 70여 년 만에 서귀포 품으로 돌아온 대표작 〈섶섬이 보이는 풍경〉은 미술관 근처에서 그린 것으로 평화로운 마을의 모습을 담고 있다. 미술관 옥상에 올라가 내다보면 이중섭이 바라봤은 서귀포 앞바다의 섶섬이 푸른 바다 위에 그대로 떠 있다.

- 서귀포시 이중섭로 27-3
- 064-760-3567
- 09:00~18:00(월요일 휴관)
- 성인 1,500원, 청소년 800원, 어린이 400원
- culture.seogwipo.go.kr/jslee

김영갑갤러리두모악

서귀포 동쪽 성산읍에 있는 김영갑갤러리두모악은 폐교였던 삼달분교를 개조해 2002년 문을 연 미술관이다. 한라산의 옛 이름이기도 한 '두모악'에는 20여 년 동안 제주의 풍경과 도민을 필름에 담아 온 사진작가 김영갑의 작품이 전시돼 있다.

김영갑은 서울에서 제주를 오가며 사진을 찍다가 제주의 풍경에 매혹돼 1985년 정착했다. 섬, 바다, 오름, 나무, 이름 없는 풀꽃들이 하나하나 들려주는 이야기들은 그의 필름에서 작품이 되었다. 그는 구좌읍 종달리의 풀밭 오름인 용눈이오름을 가장 사랑했다. 사계절, 이른 새벽부터 달 밝은 밤까지 열정을 바쳐 평화롭고도 쓸쓸한 오름의 초원을 사진에 담았다. 그러다 루게릭병 진단을 받았다. 카메라를 들지도, 걷지도, 먹지도 못할 지경이 됐다. 투병 6년 끝에 그는 사랑했던 섬 제주, 두모악에 잠들었다. 김영갑갤러리두모악의 '두모악관', '하날오름관'에서는 지금은 볼 수 없는 제주의 모습과 속살을 감상할 수 있다.

- 서귀포시 성산읍 삼달로 137
- 064-784-9907
- 3·6·9·10월 09:30~18:00,
  7·8월 09:30~18:30,
  11~2월 09:30~17:00
  (수요일 휴관)
  ※30분 전 입장 마감
- 성인 5,000원,
  경로·청소년·어린이 3,000원
- www.dumoak.com

훈데르트바서파크

소를 닮은 섬, 우도에서 구스타프 클림트, 에곤 실레와 함께 오스트리아 대표 예술가로 꼽히는 화가이자 건축가 훈데르트바서의 작품을 만날 수 있다. 숙박 시설, 카페, 전시관, 미술관이 한데 모여 있는 훈데르트바서파크의 알록달록한 색채는 신비로운 섬에 이질감 없이 잘 어우러진다. 자연을 테마로 작품을 구상하는 훈데르트바서의 철학 때문일 것이다.

전시관 건물은 독일에서 공수해 온 78개의 세라믹 기둥, 궁전 같은 양파 모양의 돔, 131개의 크고 작은 창문들로 만들어져 그 자체가 예술품이다. 오스트리아 빈에 있는 '훈데르트바서하우스'의 화려한 색감과 곡선미 넘치는 건축물을 그대로 옮겨 놓은 듯하다. 훈데르트바서는 "직선은 부도덕하며 인간성의 상실로 이어진다"라고 주장하며 그림과 건축물에 물이 흐르는 듯한 곡선만 표현했다.

전시관의 회화관에서는 빛나는 원색을 좋아한 훈데르트바서의 회화가 진품만큼 강렬한 색채를 고스란히 전해 준다. 판화관에는 훈데르트바서가 직접 그린 판화 22점을 소장·전시하고 있다. 환경건축관에는 '나선의 숲' 건축물 모형이 전시돼 있다. '나선의 숲'은 독일 다름슈타트에 설계된 서민 아파트다. 환경운동가이기도 했던 훈데르트바서가 친환경 재료를 사용해 지은 나선형 모양의 건물을 지붕까지 산책하듯 오를 수 있게 만들었다. 테마파크도 그의 정신을 불어넣어 건설했다. 부지에 자생하던 1,600여 그루의 나무들을 그대로 옮겨 심어 메마른 건축물에서 생명이 숨을 쉰다. 자연을 품은 화려한 색채의 건물은 우도의 아름다운 풍경에 그림처럼 스며든다.

- 제주시 우도면 우도해안길 32-12
- 064-766-6077
- 09:30~18:00 ※입장 마감 17:00
- 성인 15,000원, 경로 10,000원, 어린이 7,500원
- www.hundertwasserpark.co.kr

공간 _ 제주의 (멋)

제주 건축 산책

②

제주는 세계적인 건축가들의 작품 전시장이다. 아름다운 풍경 속에 스며들듯 자연과 조화를 이루는 건축물은 화려하진 않아도 당당히 그 존재감을 드러낸다. 일본의 건축가 안도 다다오와 재일 한국인 건축가 이타미 준이 설계한 건물 자체만으로 제주 건축 여행의 테마가 된다.

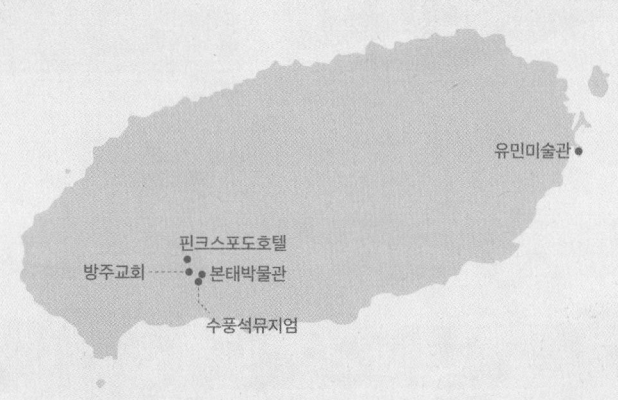

방주교회

야트막한 물 위 한가운데 내려앉은 방주교회는 풍파를 견디며 바다를 항해하는 한 척의 배처럼 보인다. 교회를 둘러싼 인공 연못과 물고기 비늘 같은 지붕의 금속 조각이 사방으로 빛을 퍼뜨린다. 예배당은 천장까지 이어진 나무 기둥들 사이로 유리창이 나 있어 자연광이 은은하게 스민다. 세계적인 건축가 고(故) 이타미 준(유동룡)이 '노아의 방주'를 모티브로 설계한 건축물로, 2010년 한국건축가협회 본상을 수상하기도 했다. "건축물은 자연을 거슬러서는 안 된다"라는 그의 철학을 엿볼 수 있다.

- 서귀포시 안덕면 산록남로762번길 113
- 064-794-0611
- 내부 6~9월 06:00~18:00, 10~5월 06:00~17:00
  외부 상시 개방
- www.bangjuchurch.org

수풍석뮤지엄

이 세상에 바람 소리를 '전시'하는 곳이 있을까. 서귀포시 안덕면에 가면 만날 수 있는 수풍석뮤지엄은 드넓은 땅에 조성된 주택 단지, 비오토피아 내에 이타미 준이 설계한 건축물이다. 건물에 자연스럽게 빛이 스며들어 물(水), 바람(風), 돌(石)과 하나의 작품을 만든다.

수뮤지엄은 물과 태양을 몸으로 느끼는 공간이다. 건물 천장은 동그랗게 뚫려 있고, 바닥에는 물이 고여 있다. 태양의 움직임에 따라 하늘의 모습이 수면 위에 시시각각 다르게 비친다. 대자연의 움직임이 느껴진다. 풍뮤지엄에 들어가면 긴 복도가 나타난다. 그 통로 외부에는 나무를 잘라 만든 구조물이 설치돼 있어 바람이 지나가면 소리를 낸다. 자연의 연주다. 내부에 있는 돌에 앉아 명상에 잠길 수도 있다. 석뮤지엄 안에는 돌 하나가 있다. 천장과 벽의 창으로부터 들어오는 빛이 바닥의 돌을 비추게 설계돼 있다.

계절과 요일에 따라 하루 2~3회 관람 운영하며, 공식 홈페이지를 통해 25명씩 사전에 예약받는다. 인솔자의 안내에 따라 셔틀버스로 이동하며 투어한다.

- 서귀포시 안덕면 산록남로762번길 79 010-7145-2366
- 9~6월 10:30(토~월 제외)/13:30/15:00, 7·8월 10:30/15:00 ※공휴일 휴관
- 성인·청소년 30,000원, 어린이 15,000원, 유아 관람 불가 waterwindstonemuseum.co.kr

핀크스포도호텔

이타미 준의 또 다른 작품인 포도호텔은 하늘에서 내려다보면 한 송이의 포도 같아서 붙인 이름이다. 포도호텔은 제주 풍토를 가장 잘 이해한 건축물로 꼽힌다. 제주 오름이나 초가집 지붕을 연상시키듯 둥글고 나지막하게 지어졌다. 지붕 구조는 현대적으로 재해석했지만, 자연과 이질감이 없다. 포도호텔 근처에 있는 포도뮤지엄은 대대적인 리모델링 공사 끝에 2021년 다목적 문화 공간으로 재개관했다. 지상 2층, 지하 1층으로 순수 전시 공간만 440평이다. 개관 당시 독일의 대표 여류화가 케테 콜비츠의 작품전을 개최했으며 이후에도 세계적인 예술가를 초청해 다양한 전시회를 열고 있다.

📍 서귀포시 안덕면 산록남로 863
🕐 포도뮤지엄 10:00~18:00(화요일 휴관)
   ※입장 마감 17:30
🌐 podo.thepinx.co.kr

본태박물관

오사카의 '빛의 교회', 홋카이도의 '물의 교회' 등으로 유명한 세계적인 건축가 안도 다다오의 작품이다. 본연의 모습이라는 뜻의 본태박물관은 안도 다다오가 설계한 국내 최초의 박물관이다. 노출콘크리트, 빛, 물이 조화롭게 어우러진 그의 철학이 담긴 건축미를 보여 준다. 빛과 물이 스며 그 자체로 예술품 같다. 박물관 제1전시관에서는 도자기, 병풍, 자개장 등 우리나라 전통 공예품을, 제2전시관에서는 피카소, 달리, 백남준 등 세계적 예술 거장들의 작품을 전시하고 있다. 제3전시관에는 관람객들이 가장 기대하는 쿠사마 야요이의 〈호박〉과 100개의 LED 전구, 물, 거울로 만든 〈무한거울방-영혼의 반짝임〉을, 제4전시관에는 전통 상례를 전시한다.

📍 서귀포시 안덕면 산록남로762번길 69
📞 064-792-8108
🕐 10:00~18:00 ※입장 마감 17:00
💰 성인 20,000원,
   경로·청소년·어린이 12,000원,
   유아 10,000원
🌐 bontemuseum.alltheway.kr

유민미술관

본태박물관과 더불어 안도 다다오가 설계한 유민미술관은 자연을 건축물 안에 그대로 들이는 차경 기법이 뛰어난 건물이다. 건축이 인간을 자연으로부터 보호하는 기능을 넘어 자연과의 교감, 비일상적 공간의 체험과 같은 미학적 기능을 구현해야 한다고 말한 안도 다다오는 섭지코지 자연 그대로의 모습을 형상화해 미술관을 설계했다.
관람자가 건물 곳곳에서 섭지코지의 물, 바람, 빛, 소리를 느낄 수 있도록 공간을 연출했으며 건물 벽에서 액자처럼 보이는 성산일출봉의 풍경은 건축물 최고의 장면이다. 유민미술관에서는 유민(維民) 홍진기 선생이 수집한 1890~1910년대 유럽 전역에서 일어났던 공예·디자인 운동인 아르누보의 유리 공예 작품을 전시하고 있다.

◎ 서귀포시 성산읍 섭지코지로 107
☎ 064-731-7791
◷ 09:00~18:00(매월 첫째 화요일 휴관)
　　※매표 마감 17:00
₩ 성인 12,000원, 경로·청소년·어린이 9,000원
🌐 www.yuminart.org

구석구석 동네 책방 탐험 ③

제주의 서점은 단지 책을 사고파는 공간이 아니다. 책방 주인의 취향에 따라 선정한 책과 손으로 쓴 정성 어린 추천사를 확인할 수 있다. 책을 보면서 커피 한 잔을 마실 수도 있고, 한 잔의 술과 함께 독서삼매경에 빠지기도 한다. 여행지에서 새로운 감성을 발견할 수 있는 곳으로 입소문 나면서 독립책방만 순례하는 책방올레까지 생겼다.

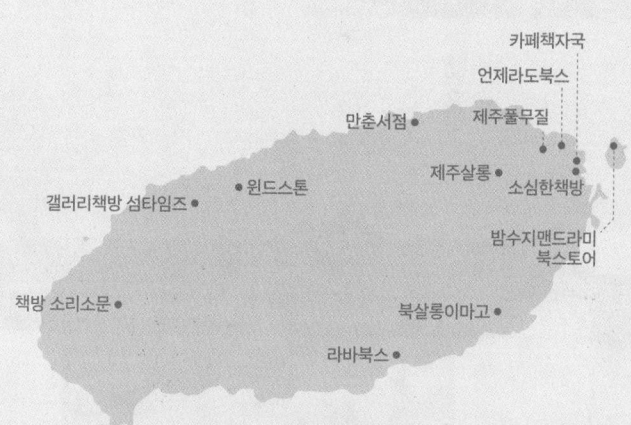

책방 소리소문

제주 정취가 물씬 풍기는 돌담길을 따라 구불구불 마을 안으로 들어가면 책방 소리소문(小里小文)을 만난다. '작은 마을의 작은 글'이라는 이름처럼 제주 작은 마을의 돌집을 개조한 서점이다. 제주에 관련된 책부터 다양한 분야의 많은 서적을 보유했다. 소리소문만의 베스트셀러를 선정한다. 리커버 에디션도 만날 수 있다. '블라인드 북', '책방에 억지로 따라온 남자들을 위한 책' 코너 등에서 책방 주인의 책에 대한 애정과 아이디어가 돋보인다. 고풍스럽게 꾸민 서가도 볼거리다. 창가에 조용히 책을 읽을 수 있는 공간도 마련돼 있다.

📍 제주시 한경면 저지동길 8-31   📞 0507-1320-7461
🕐 11:00~18:00(화·수요일 휴무)   @sorisomoonbooks

라바북스

제주 남쪽 위미리의 작은 독립서점이다. 주인장 취향의 책들과 어디에서도 만날 수 없는 독립출판물, 여행서, 제주 관련 서적 등 독특하고 다양한 분야의 책을 접할 수 있다. 소소한 제주 소품들도 판매한다. 작지만 알찬 공간에 꾸며 놓은 아기자기한 인테리어와 잔잔히 흘러나오는 음악에서 책방 주인의 감각이 느껴진다. 느릿느릿 여행하면서 새로운 작가들의 이야기를 만나고 싶다면 라바북스로 가 보자. 비정기 휴무는 인스타그램을 통해 공지한다.

- 서귀포시 남원읍 태위로 87
- 0507-1477-0444
- 12:00~18:00(수요일 휴무)
- @labas.book

만춘서점

에메랄드빛 바다로 이름난 함덕해수욕장 근처에 있는 만춘서점은 하얀 페인트 건물의 1호점과 빨간 벽돌 건물의 2호점이 나란히 있다. 1호점에는 소설, 에세이 등 다양한 분야의 서적이 서가를 빼곡하게 채우고 음반과 LP도 있다. 서가 곳곳에는 책방지기가 책 속의 인상 깊은 문장들을 간단히 메모해 놓았다. 2호점에서는 시, 동네서점 에디션, 비문학 분야의 책, 만춘서점에서 자체 제작한 소품들을 구매할 수 있다. 창가에는 책을 읽을 수 있는 공간도 마련돼 있다. 제주의 독립서점 중 제법 이름이 알려져 제주에 온 여행자들과 연예인들의 SNS에도 자주 등장한다.

- 제주시 조천읍 함덕로 9
- 064-784-6137
- 11:00~18:00
- @manchun.b.s

윈드스톤

제주 서쪽 애월 조용한 마을에 있는 윈드스톤은 북마스터가 선별한 다양한 서적을 만날 수 있는 곳이다. 고즈넉한 제주 돌집의 정취가 가득한 책방 한쪽에서 카페도 운영한다. 커다란 고목이 그늘을 내린 돌집 마당에 앉아 신선한 원두로 내린 핸드드립커피를 마시며 조용히 책장을 넘겨 보자. 어느새 감성에 흠뻑 취해 있는 나를 발견할 것이다.

- 제주시 애월읍 광성로 272
- 070-8832-2727
- 09:00~17:00(일요일 휴무)
  ※주문 마감 16:30
- @windstone_jeju

밤수지맨드라미 북스토어

섬 속의 섬 우도 바닷가 앞에 있는 이곳은 서울에서 회사원 생활을 하던 부부가 우도에서 살고자 농가를 고치다가 문을 연 섬마을 책방이다. '밤수지맨드라미'는 제주 바닷속에 살고 있는 멸종 위기의 분홍색 산호라고 한다. 바쁜 일상에서 조금씩 멀어져 가는 책과 밤수지맨드라미가 어딘지 닮은 듯해 이름 짓고, '더 기억하자, 더 담아두자, 더 곁에 두자'라는 마음을 담아 큐레이션을 꾸렸다고. 책방에는 다양한 책을 통해 책과 사람을 이어주는 섬의 감성이 가득 담겨 있다. 휴무일은 인스타그램에서 확인할 수 있다.

- 제주시 우도면 우도해안길 530
- 010-7405-2324
- 10:00~17:00(비정기적 휴무)
- @bamsuzymandramy.bookstore

카페책자국

제주 동쪽 끝 마을에 있는 카페책자국은 숲속 작은 산장의 서재 같은 분위기다. 편안하게 책을 보며 차를 마실 수 있는 북카페로 여행서, 그래픽노블, 인문예술, 사회과학, 제주 관련 도서를 판매한다. 1시간 동안 책을 읽으면 1만 원짜리 도서상품권을 주는 독서대회를 열어 화제가 되기도 했다. 책방 주인 부부가 세계를 여행하며 수집한 소품들과 명화가 담긴 도록도 있다. 독특한 프로그램인 책자국편지와 비밀책장도 운영한다. 책자국편지는 익명의 손님들이 방명록에 개인적인 고민을 털어놓고 간 것에 착안해 책방 주인이 손님과 편지를 주고받는 프로그램이다. 비밀책장은 책장에 진열된 책 중 사전 정보 없이 주인장의 큐레이션을 읽고 마음이 가는 책을 홈페이지(naver.me/FMxWhP5t)에서 주문할 수 있는 프로그램이다.

제주시 구좌읍 종달로1길 117 010-3701-1989
10:30~18:00(화요일 휴무)

제주풀무질

1993년 서울 혜화동 성균관대학교 앞 작은 공간에서 시작한 풀무질은 인문사회 서적 전문 책방이었다. 책방 주인이 22년 동안 굳건하게 지켜 온 서울의 터전을 내려놓은 것은 시대가 달라지면서 인문사회과학 서점 특유의 색이 바래졌다고 느꼈기 때문이다. 처음에는 책방을 없앨 생각이었으나 세월의 흔적을 간직한 책방을 운영해 보겠다는 청년들이 나타나 인수인계하고 제주로 왔다.

책방지기는 이상이 담긴 책방을 만들고 싶다는 일념으로 공간을 작은 도서관처럼 꾸몄다. 책방 앞쪽은 여행자들을 위한 에세이나 여행하면서 편안하게 읽을 수 있는 책들이 진열돼 있다. 창가에는 색연필과 도화지를 두어 어린이들이 마음껏 그림을 그리도록 배려했다. 서가 뒤쪽에는 책을 읽을 수 있는 공간이 따로 마련돼 있다. 책방지기가 엄선한 추천 도서 목록도 벽에 부착되어 있다. 지역 주민들이 만든 아기자기한 소품들도 눈에 띈다. 책과 함께 온전하게 머물 수 있는 북스테이도 운영한다.

제주시 구좌읍 세화합전2길 10-2
064-782-6917　11:00~18:00(수요일 휴무)
@jejupulmujil

🏠 언제라도북스

구좌읍 바닷가 조용한 마을에 자리 잡은 언제라도북스는 안채와 별채를 각각 서점과 갤러리로 나누어 독립영화를 제작하는 책방지기와 일러스트레이터인 갤러리지기가 함께 운영한다. 리틀갤러리에서는 제주에 거주하는 작가의 그림이나 작품을 전시하고 판매한다. 전시가 끝나면 작품이나 엽서, 에코백, 포스터 등 아기자기한 소품들도 살 수 있다. 사전 예약제로 1시간에 오직 한 팀만 받고 최대 4인까지 30~40분간 머물 수 있다.
책과 하룻밤을 보낼 수 있는 북스테이도 있다. 북스테이 '잠시라도'는 '잠시라도 제주에 머물면서 평온하자'는 의미를 담았다.

📍 제주시 구좌읍 문주란로5길 34-2
📞 0507-1412-1087 🕙 토·일 08:00~13:00
📷 @unjeradobooks

🏠 소심한책방

제주 동쪽 종달리의 한적한 골목에서 만날 수 있는 작은 서점이다. 소심한책방은 이름에서 느껴지듯 책방의 모습도, 주인 두 사람도 꽤 소심하고 느린 성격이라고 소개한다. 아담하고 따뜻한 공간에 다양한 책들과 소품이 진열돼 있다. 일반 서점에서 찾기 힘든 독립출판 서적들을 접할 수 있다. 제주의 감성이 녹아든 기념품도 판매한다. 서점 한쪽에는 차를 마실 수 있는 작은 공간이 있다. 북콘서트나 전시회 같은 작은 행사도 종종 열린다.

📍 제주시 구좌읍 종달동길 36-10
📞 070-8147-0848 🕙 10:00~18:00(비정기적 휴무)
📷 @sosimbook

갤러리책방 섬타임즈

애월읍 소길리에 있는 섬타임즈는 유명 화가의 그림과 책을 함께 판매하는 개성 만점의 갤러리책방이다. 인문학자, 소설가, 화가, 출판사 대표 등이 뽑은 '인생의 책'이 코너마다 배치돼 있어 흥미롭다. 뉴욕현대미술관(MoMA), 영국왕립미술아카데미 등에서 수입한 화가의 그림 포스터와 에코백, 엽서, 스티커 등 다양한 소품도 판매한다. 전문 사진작가가 소길리 포토 스폿을 30분 동안 함께 돌며 사진을 촬영·인화해주는 포토 패키지 '섬모먼츠' 서비스도 운영한다.

- 제주시 애월읍 소길1길 15
- 0507-1331-3219
- 13:00~18:00(일~화요일 휴무)
- @sometimes_jeju

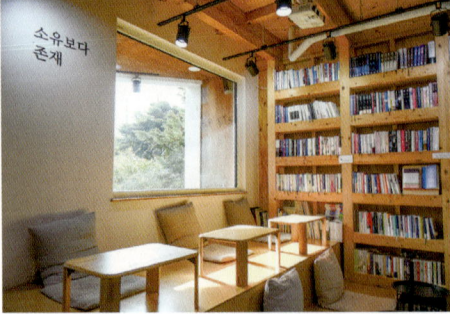

제주살롱

구좌읍 송당리에 있는 제주살롱은 해외 고전과 예술 등 인문학 관련 책을 판매한다. 인문예술 큐레이션 공간으로 북카페와 서점이 함께 있으며 인문서를 좋아하는 이들의 사랑방 역할을 톡톡히 한다. 조용히 책을 읽을 수 있는 공간을 조성하고 싶어 서점 옆에는 아예 북스테이(여성 1인 연박 전용)도 마련했다. 제주살롱에서는 특히 인문예술 교류를 활발히 하고 있는데, 예술 관련 전문가나 관련서를 쓴 작가를 초청해 강연하는 '예술살롱'을 연다. 비정기 휴무일은 인스타그램에서 공지한다.

- 제주시 구좌읍 송당2길 7-1
- 070-8860-7504
- 11:00~18:00(수·목요일 휴무)
- @jejusalon

🏠 북살롱이마고

서귀포시 표선면에 있는 북살롱이마고는 노출콘크리트 건물에 폐목재 등을 재활용해 공간을 꾸몄다. 18년간 인문서 전문 '도서출판 이마고'를 운영한 책방 주인의 이력이 고스란히 드러나는 서가에서 인문, 예술, 디자인 분야의 책들을 판매한다. 직수입 영어 그림동화책 코너나, 책방 주인의 관심사인 생태적인 삶과 안전한 먹거리 등에 관련된 책과 잡지들도 있다. 서가 안쪽에는 도서출판 이마고에서 출판했던 서적 2,000여 권이 비매품으로 꽂혀 있어 자유롭게 읽어 볼 수 있다.

지역 문화 공간을 표방하는 책방답게 저자의 북토크나 강연회 등이 수시로 열린다. '북&쿡 디톡스'라는 콘셉트로 매월 다양한 클래스가 열리기도 한다. 책을 읽고 강좌도 들으며 디톡스하는 북스테이 '뒹굴뒹굴 제주'도 인기 프로그램이다. 2인 이상 12인까지 신청할 수 있다. 된장과 귤 와인, 주스를 만드는 쿠킹클래스나 다큐멘터리 상영회도 수시로 열린다.

📍 서귀포시 표선면 세화강왓로 78
📞 064-787-3282 🕚 11:00~18:00 (수요일 휴무)
📷 @imago_jejuarchive

술술 넘어가는 여행

(4)

"술은 내가 마시는데/취하긴 바다가 취하고" 이생진의 시 「술에 취한 바다」 속 한 구절처럼 제주에서는 바다를 바라보며 한 잔의 술을 마실 수 있어 더 즐겁다. 제주 지역 술부터 해외의 다양한 와인과 맥주, 그에 어울리는 식료품까지 맛볼 수 있다. 인생의 참맛이 모여 있는 주류점을 찾는 것 또한 여행의 재미가 아닐까.

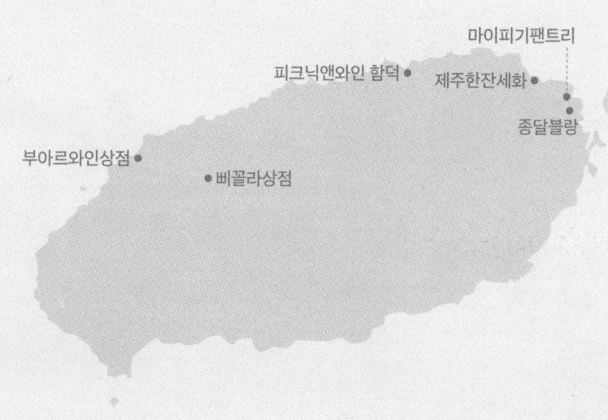

마이피기팬트리

제주에서 이국의 식료품을 사고 싶다면 마이피기팬트리로 가면 된다. 외국의 시골 마을 식료품점을 닮은 매장에선 잼, 시리얼, 올리브오일, 발사믹식초, 파스타, 파스타 소스, 와인 등을 판매한다. 비건, 유기농 제품도 많다. 풍미가 깊은 튜브형 잼과 마요네즈가 인기 있다. 스페인 브랜드인 폴 바살 접시와 장듀보 라귀올 커트러리도 있다. 조용한 시골 마을 옛집을 개조한 작은 가게의 외관이 예뻐 인증사진을 찍기 위해 찾아오기도 한다. 휴무일은 인스타그램을 통해 공지한다.

📍 제주시 구좌읍 하도13길 6 📞 0507-1375-2062
🕐 11:00~17:30(비정기적 휴무) 📷 @my_piggy_pantry

🏠 제주한잔세화

제주술생산자협동조합과 사회적기업 파란공장이 함께 만든 제주 전통주 공동 브랜드다. 메밀, 백도라지, 키위, 커피, 좁쌀, 쌀, 감귤, 동백꽃, 섬오가피, 야관문을 테마로 한 20여 종의 제주 전통주를 손님들 취향에 맞게 추천해 준다. 매장 안의 바와 돌담을 두른 공간의 테이블에서 전통주를 마셔 볼 수 있다. 술잔, 오프너 등의 굿즈도 판매한다. 제주 전통주 역사와 문화를 소개하는 양조장 투어도 할 수 있다. 전통주 미니어처 5종 세트 시음, 술빚기 발효 체험 프로그램도 운영한다.

- 📍 제주시 구좌읍 세평항로 44
- 📞 0507-1394-5583
- 🕐 11:00~20:00 (수요일 휴무)
- 📷 @jeju.hanjan

🏠 종달블랑

시골 마을 종달리에 있는 종달블랑은 주택을 개조해 만든 와인숍이다. 유럽의 가정집 같은 매장에는 수많은 와인과 곁들일 수 있는 치즈, 과자, 올리브, 핑거푸드 등이 있다. 와인병마다 특성, 맛, 보디감 등을 설명한 테이스팅 노트를 붙여 놓았다. 와인을 잘 몰라도 좋은 와인을 고를 수 있다. 창가에는 예쁜 빈티지 잔들과 앤티크 식기류를 아기자기하게 진열해 놓고 판매도 한다.

- 📍 제주시 구좌읍 종달논길 60 안쪽 건물
- 📞 010-4272-0988
- 🕐 13:00~19:00
- 📷 @jongdal_blanc

 삐꼴라상점

원래 이탈리안 레스토랑이었지만 지금은 매장 앞 야외 잔디밭에서 와인을 판매한다. 유럽의 시골 마켓처럼 아담하고 이국적인 분위기 때문에 사람들의 발길이 잦다. 국내에 수입되지 않는 내추럴 와인을 구매할 수 있다는 게 매력적이다. 내추럴 와인 300종 외 200종은 리스트로 마련돼 있다. 소믈리에 출신의 주인장이 취향에 맞는 와인을 추천해 준다.

⦿ 제주시 애월읍 하소로 769-58 바동 102호
📞 0507-1396-9844
🕛 12:30~18:00(화요일 휴무)
◉ @piccola.store

🏠 부아르와인상점

곽지해수욕장 인근 일주서로 대로변에 있는 하얀 벽돌 단독 주택 건물이다. 내부를 꽉 채운 220종의 레드 와인, 150종의 화이트 와인, 60종의 스파클링 와인과 샴페인, 100종의 내추럴 와인 등 다양한 와인이 총망라돼 있다. 각종 치즈와 스낵, 안주류도 구매할 수 있다. 해박한 와인 지식을 지닌 사장님이 와인 시음과 함께 추천도 해 준다. 와인 바도 있어 저렴하게 구입한 와인을 매장에서 바로 마실 수 있다. 회원 가입하면 3% 적립도 해 준다.

⦿ 제주시 애월읍 일주서로 5939
📞 064-799-1342
🕛 13:00~21:00(수요일 휴무)
◉ @voirwine_official

피크닉앤와인 함덕

함덕해수욕장 근처 노란 대문이 예쁜 와인 그로서리숍이다. 제주의 아름다운 자연 속에서 피크닉을 즐길 수 있도록 품질 좋은 피크닉 용품도 대여해 준다. 알록달록 아기자기하게 꾸민 작은 공간에서 다양한 종류의 와인을 판매한다. 버터 맥주, 크렘브륄레 향이 나는 블랑제리뵈르 소주 등 독특한 주류들이 알차게 들어차 있다. 치즈, 올리브, 마요네즈, 잼, 스낵류도 주인장이 직접 셀렉해 선보인다.

와인 병마다 달아 놓은 추천사도 재미있다. 칸영화제에서 배우 윤여정이 마셔 유명해진 와인, 유명 셀럽들이 마셨다는 와인도 이름표를 붙여 놓았다. 취향을 얘기하면 친절한 사장님이 성심껏 추천해 주고 초콜릿이나 스낵 등 서비스도 챙겨 준다. 구좌읍 월정리 바다 앞에 월정점도 있다.

- 제주시 조천읍 함덕16길 24-1
- 0507-1377-5199
- 11:00~20:30(동절기 목요일 휴무)
- @picnicnwine

Special Curation

브루어리 투어

제주에는 맥주를 마시면서 만들어지는 과정까지 체험할 수 있는 양조장이 있다. 자신들만의 특별한 노하우를 지닌 양조장에서 만든 신선하고 맛있는 수제 맥주를 즐겨 보자.

맥파이브루어리

제주 중산간 마을 안, 버려진 감귤 창고를 개조해 만든 양조장은 수제 맥주 팬들의 성지이자 맥파이 브랜드의 심장이다. 맥파이는 제주 브루어리에서 전량 생산해 서울 이태원과 제주 탑동 펍에서도 판매한다. 열대 과일 향과 감귤류의 풍미가 입안을 맴돌다 쌉쌀한 끝맛을 내는 맥파이 페일에일을 비롯해 포터, IPA, 쾰쉬 같은 코어 클래식이 대표 맥주다. 제철 재료로 만든 시즈널 맥주도 매력이 있다. 맥주와 궁합이 좋은 피자, 치킨, 감자튀김도 맛있다. 양조장 마당의 운치 있는 나무 테이블에 앉아 시원한 수제 맥주 한 잔을 들이켜면 낭만이 따로 없다.
양조의 전 과정을 살펴볼 수 있는 투어는 주말 오후 1시, 2시, 4시, 5시, 6시 및 평일(수~금) 오후 6시에 있고 네이버 예약 시스템을 이용해야 한다. 공석이 있는 경우 당일 현장 예약도 가능하다. 탭룸과 야외 테이블은 반려동물 입장도 가능하다.

- 📍 제주시 동회천1길 23 ☎ 0507-1383-0227
- 🕒 수~금 12:00~20:00, 토·일 12:00~21:00
  (월·화 및 매월 첫째 수요일 휴무)
- 🍺 투어 15,000원(샘플 맥주 포함) ※오후 6시 타임 25,000원
- 🌐 https://www.magpiebrewing.com

제주맥주

합성향료를 사용하지 않고 자연 재료로 맛을 낸 에일 맥주를 만드는 곳이다. 제주맥주는 뉴욕 브루클린 브루어리의 노하우와 기술을 전수받아 제주에서 최고의 설비로 맥주를 만든다. 제주 라거, 제주 위트에일, 제주 펠롱에일, 제주 거멍에일 4가지 종류의 맥주도 시음해 볼 수 있다.
매시 정각마다 진행하는 양조장 투어 프로그램도 있다. 비어 도슨트의 안내에 따라 2층 양조장에서 분쇄, 단화, 여과, 가열, 침전, 냉각, 발효, 숙성 등 맥주가 만들어지는 과정을 둘러보고, 투어를 마치면 3층 양조장 펍에서 신선한 맥주를 시음한다.
3층 양조장 펍에서는 통유리 창을 통해 맥주가 캔으로 포장되고 컨베이어 벨트로 이동하는 과정을 볼 수 있다. 양조장 펍과 브랜드숍은 무료입장할 수 있고, 양조장 투어는 홈페이지를 통해 사전 예약해야 한다. 제주맥주 로고가 박힌 다양한 굿즈도 구매할 수 있다.

- 제주시 한림읍 금능농공길 62-11
- 064-798-9872　12:30~19:30
- 투어 19,000원　jejubeer.co.kr/brewery

사우스바운더

밤이면 더 고요한 제주에서 늦은 시간까지 화려한 불을 밝히는 브로잉컴퍼니 사우스바운더는 '우리나라 최남단 양조장'이다. 직접 만든 크래프트 비어와 특급호텔 출신 셰프의 고급스러운 요리를 맛볼 수 있는 펍도 운영한다. 맥주와 칵테일 등 다양한 메뉴가 있다. 스타우트의 깊은 향을 동그란 전구 모양 버블 안에 가두어 맛과 재미를 더한 버블 비어가 대표 메뉴다. 버터밀크에 촉촉하게 절여 만든 미국 남부 스타일의 버터밀크치킨, 고수를 듬뿍 곁들인 매콤한 치킨고수닭, 직접 만든 도우에 해산물, 베이컨, 루꼴라, 달걀, 크리미한 소스가 토핑된 사우스바운더 피자가 인기 있다.

- 서귀포시 예래로 31
- 0507-1392-7536
- 16:30~01:00 ※주문 마감 00:30
- @southbounderbrewery

나의 작은 소품 기행

(5)

제주만의 개성과 감성이 담긴 소품 가게는 여행자들이 방문하는 필수 코스가 되었다. 주인의 취향으로 꾸며진 공간에서 해외에서 직접 들여왔거나 사연이 담긴 독특한 소품을 보며 소소한 즐거움을 느낄 수 있는 숍을 소개한다.

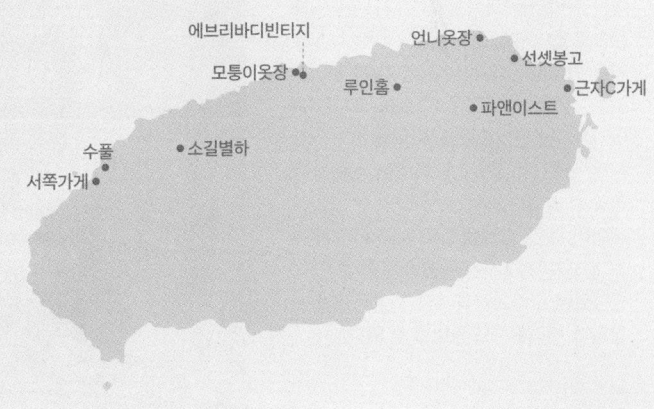

소길별하

<효리네 민박> 속 이효리, 이상순 부부가 살던 집을 개조한 공간으로 지역 자원과 창작자의 스토리가 담긴 브랜드를 발굴해 선보인다. '별하'는 '별처럼 높고 빛나는 사람이 되어라'라는 순우리말로 이곳을 찾는 사람과 공간을 채우는 모든 것이 별처럼 빛나길 바라는 마음을 담았다고 한다. 대문으로 들어서 넓은 정원을 지나면 나무로 지은 익숙한 건물이 나온다. TV로 보았던 건물 내부는 그 모습 그대로를 유지한 채 아기자기한 편집숍으로 꾸며 놓았다. 액세서리, 그릇, 차, 향수, 등 다양한 소품을 구매할 수 있다.
네이버 예약 시스템으로 예약해야 하며, 최대 6명까지 1시간 동안 이용할 수 있다. 입장료에 주차요금과 1인 1잔 음료가 포함된다. 반려동물도 동반할 수 있다.

- 제주시 애월읍 소길남길 34-37
- 0507-1430-4838
- 예약제 10:20~17:30
  (브레이크타임 11:20~12:40, 일요일 휴무)
- 8,000원(달마다 다름) www.ilowa.kr/bh

모퉁이옷장

청록색 외벽에 예쁜 창이 나 있는 건물이 눈에 띈다. 모퉁이옷장은 한 사람이 겨우 다닐 만한 좁은 공간을 2층으로 나누어 기막히게 활용했다. 의류, 모자, 가방, 지갑, 액세서리 등 정해진 것 없이 귀엽고, 예쁘고, 멋진 제품들만 모아 놓았다. 품질 좋은 빈티지 제품을 합리적인 가격에 판매한다. 〈효리네 민박〉에도 등장했으며 이효리, 정소민 등 연예인들도 자주 찾는 빈티지숍이다.

- 제주시 중앙로12길 40
- 010-3527-7384
- 11:00~19:00

선셋봉고

바닷가 마을 안 돌담 사이로 푸른 바다가 아름답게 보이는 빈티지숍이다. 마당 안에 들어서면 제주에서 흔히 볼 수 있는 안거리와 밖거리 두 채의 집이 있다. 마당 정면의 집으로 들어가면 구석구석에서 1980년대 레트로 분위기가 물씬 풍긴다. 작은 공간에 빈티지 소품, 구제 의류, 핸드메이드 가방, 주얼리, 잡화 등이 진열돼 있다. 인도와 네팔 등을 여행하며 음악 작업을 했던 뮤지션 사장님이 선곡한 재즈 음악이 흐르고 중고 LP, 추억이 담긴 테이프, CD 같은 오래된 음반을 판매하기도 한다. 맵시 나는 구제 옷과 소품들이 많아 빈손으로 나오기 어려울지 모른다.

- 제주시 구좌읍 대수길 28
- 0507-1353-2039
- 하절기 12:00~18:00, 동절기 12:00~17:00 (월·화요일 휴무)
- @sunsetbongo

수풀

일상에 행복을 더해 줄 수 있는 인테리어 소품을 판매한다. 수풀만의 색깔이 담긴 수제품과 국내외에서 활동하는 작가들이 만든 그릇, 의류, 양말, 향수, 인센스 스틱과 홀더 등의 미술작품 같은 제품으로 입소문이 났다. 심플하고 세련되고 독특한 물건들이 매장에 깔끔하게 진열돼 있다. 마을 대로변 건물 2층에 있어 눈에 잘 띄지 않는다. '제주서부신협 한림지점'을 검색하면 쉽게 찾을 수 있다.

- 제주시 한림읍 명랑로 8 2층
- 0507-1302-7204
- 11:00~18:00(매월 1일 휴무)
- supul.co.kr

파앤이스트

인도 북부에서 낡은 구제 원단을 덧대어 만든 칸타 담요, 가방 같은 리사이클링 제품을 판매한다. 독특한 문양의 손수건, 리넨도 눈에 띈다. 황동으로 만든 동물 모양의 북마크 클립, 유리를 소재로 한 핸드메이드 제품 등 이국적인 물건들을 만날 수 있다. 소품 대부분이 인도에서 제작된다. 인도에서 먼 동쪽 제주, 제주 동쪽 송당리에 멋진 이름을 가진 곳, 'FAR&EAST'.

- 제주시 구좌읍 중산간동로 2269
- 064-782-1370
- 11:00~18:00
- @farandeast

서쪽가게

더 이상 지구가 아프지 않았으면 좋겠다는 바람을 담아 오래전 만들어진 낡고, 투박하고, 손때 묻은 물건들을 수집해 판매하는 인테리어 소품점이다. 마을에 우뚝 솟은 3층 목조 건물에 빈티지 의류, 주얼리, 문구류, 그릇, 조명, 향수, 인센스, 캔들 등 어쩌면 세상에 단 하나뿐인 물건일지도 모르는 감각적인 소품들이 채워져 있다. 밴드 오디션에 나가기도 했고, 제주에서 라디오 방송도 진행했던 대표의 취향이 총망라돼 있다. 골동품 같은 물건들로 장식한 공간 자체도 매력적이라 1층부터 3층까지 구석구석 눈을 뗄 수가 없다.

- 제주시 한림읍 한림로 372-7
- 064-796-8178
- 11:00~19:00
- @west.ore.jeju

언니옷장

월정리 작은 마을에 있는 외관부터 빈티지한 옷 가게다. 직접 제작한 소녀 취향의 러블리한 원피스와 20세기 중반 미국의 아메리칸 캐주얼이 일본의 복고풍과 결합하며 재해석된 '아메카지' 스타일 의류가 많다. 유럽 앤티크 찻잔, 촛대 등 빈티지 그릇과 소품도 테이블마다 빈틈없이 채워져 있다. 무심하게 툭 걸쳐 놓은 패브릭마저 사랑스러운 공간이다.

- 제주시 구좌읍 월정1길 70-2
- 0507-1439-0827
- 하절기 11:00~19:00, 동절기 11:00~18:00 (화요일 휴무)
- @jeju_sisters.closet

근자C가게

조용한 종달리 마을 길 언덕에 있는 인테리어 소품숍이다. 초록색 대문이 눈에 띄는 이곳은 낡고 오래된 느낌과 매장 안에 낮게 깔린 조명이 감성적인 분위기를 더한다. 창문으로 초록빛 지미봉이 가득 담긴다. 은은한 레몬그라스 향이 퍼지는 매장 안에는 앤티크 트레이, 촛대, 가위, 북마커, 현무암 모양의 향초 등을 전시하듯 펼쳐 놓았다. 근사한 소품숍을 구경하고 싶다면 근자C가게로 가면 된다.

- 제주시 구좌읍 종달1길 48-6
- 010-4133-2653
- 11:30~18:00 (비정기적 휴무)
- @geunza_c_shop

🏠 에브리바디빈티지

〈효리네 민박〉에서 이효리와 아이유가 방문해 더 유명해진 구제 의류숍이다. 건물 입구에서 선글라스를 쓴 하루방 그라피티가 가장 먼저 반긴다. 2층 매장으로 올라가면 핫플레이스를 인증하듯 이곳을 다녀간 유명 연예인들의 사인이 계단 한쪽 벽면을 가득 채웠다. 칼하트, 바버, 리바이스, 폴로 등 다양한 브랜드 제품의 빈티지 의류를 저렴하게 구매할 수 있다. 빈티지숍 체인으로 제주에만 4개의 지점이 있으며 주얼리와 앤티크 소품을 판매하는 '에브리바디빈티지우먼'은 3층에 자리한다.

📍 제주시 관덕로8길 31 2층
📞 064-723-0907   🕐 11:00~20:00
📷 @everybody.vintage

🏠 루인홈

중산간 마을 좁은 길을 구불구불 들어가면 언덕에 아담한 건물이 있다. 작은 매장 창밖으로 멀리 보이는 바다가 인상적이다. 매장에는 부부가 함께 만든 핸드메이드 가죽제품과 모던하고 깔끔한 해외 수입 리빙 소품, 인센스, 캔들, 의류 등을 판매한다. 홈 카페에 어울릴 만한 제품들이 많고 가격도 합리적인 편이다. 반려동물 동반도 가능하다.

📍 제주시 조천읍 중산간동로 804-64
📞 070-7938-6322
🕐 12:00~18:00(월·화요일 휴무)
📷 @rooinhome

체험&전시 테마파크 ⑥

제주에는 다양한 테마파크가 있다. 자연 그대로의 모습을 오롯이 감상하거나 화려한 빛이 쏟아지는 미디어아트 세계 속으로 빨려 들어가기도 한다. 우아한 자태로 서 있는 오름 주변 철길을 달리는가 하면 줄 하나에 몸을 맡겨 대자연 위를 날아 볼 수도 있다. 여행의 피로를 풀 온천욕까지 오감을 만족시키는 모든 것을 즐겨 보자.

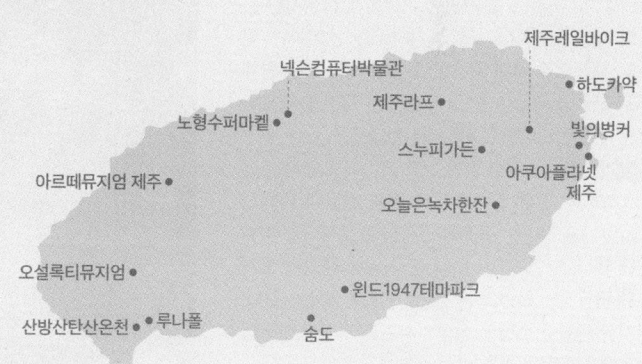

제주레일바이크

마을 공동 목장을 테마파크로 조성했다. 3개의 분화구를 가진 아름다운 용눈이오름과 오름의 여왕으로 불리는 다랑쉬오름 주변을 철로 자전거로 순환한다. 자동으로 운행되는 4㎞의 굴곡진 긴 코스를 따라 우도와 성산일출봉, 수산풍력단지도 조망할 수 있다. 한 바퀴 도는 데 35분 정도 걸린다. 코스 마지막에 내리막길이 있어 스릴도 느낄 수 있다. 선로를 따라 펼쳐지는 제주의 대자연과 푸른 초원에서 한가로이 풀을 뜯고 있는 소 떼의 목가적인 풍경까지, 상쾌한 바람을 맞으며 힐링할 수 있는 곳이다. 비가 와도 정상 운행한다.

- 제주시 구좌읍 용눈이오름로 641
- 064-783-0033
- 하절기 09:00~17:30, 동절기 09:00~17:00
- 2~4인승 30,000~48,000원
  ※인터넷 예약 시 할인
- www.jejurailpark.com

빛의벙커

성산읍 고성리의 옛 국가기관 통신 시설이었던 벙커를 미디어아트 전시관으로 새롭게 탄생시킨 문화 재생 공간이다. 프랑스 내에서만 운영하던 '빛의 시리즈'를 국내 최초로 도입해 개관, 2년 만에 100만 명 이상이 찾았다. 현재는 제주를 대표하는 예술 랜드마크로 자리매김했다.
빛의벙커는 축구장 절반 정도 크기에 해당하는 약 3,000㎡ 면적이다. 외부의 빛과 소음이 완벽히 차단된 공간에는 곳곳에 고화질 프로젝터가 설치돼 있다. 벽면, 기둥, 바닥 등 사방에 명화가 투사돼 역동적인 화면과 음악으로 몰입감을 선사한다. 서양 명화로 구성된 상설전시관과 기획전시관 등 2개의 공간이 있다.

- 서귀포시 성산읍 서성일로 1168번길 89-17
- 1522-2653   10:00~18:20 ※입장 마감 17:30
- 성인 18,000원, 청소년 13,000원, 어린이 10,000원
- www.deslumieres.co.kr/bunker

🏠 오설록티뮤지엄

국내 최초 차박물관이다. 1970년대 불모지를 개간해 만든 다원에 들어섰다. 세계적인 디자인 건축 전문사이트 '디자인붐'이 세계 10대 미술관으로 선정할 만큼 멋진 외관을 갖췄다. 연간 150만 명의 관람객이 찾는 명소로 한국 전통차 문화를 이해하고 체험하는 학습 공간이자 전시 문화 공간이다. 내부에는 삼국시대부터 조선시대에 만들어진 다구들이 전시된 '차 문화실'을 비롯해 중국, 일본, 유럽 등에서 쓰였던 찻잔을 전시하는 '세계의 찻잔', 전문가가 즉석에서 직접 차를 덖는 과정을 시연하는 '덖음차 공간' 등이 있다.

박물관 옆에는 차 문화 체험 공간 티스톤이 있으며 체험 프로그램도 운영한다. 티뮤지엄 가든 투어 후 오설록의 녹차를 우려서 마셔 보는 티클래스다(예약제, 1인당 3만 원).

📍 서귀포시 안덕면 신화역사로 15
📞 064-794-5312   🕘 09:00~18:00
🌐 www.osulloc.com/kr/ko/museum/teastone

숨도

과거 석부작박물관이었던 숨도는 화산섬 제주의 자연을 20여 년 동안 가꾸어 전시해 놓은 생태정원이다. 제주에 널린 현무암은 구멍으로 물이 고여 이끼가 쌓이고 식물이 뿌리를 내리면서 생명이 숨 쉬는 돌로 탄생했다. 이들을 정성껏 다듬어 3만여 평 부지에 작품처럼 전시해 놓았다.

입구로 들어서면 노랗고 큼직한 열매가 주렁주렁 달린 귤나무들이 길을 안내한다. 실내 전시장에서는 다년생 식물과 야생초, 돌로 만든 석부작 작품 2만 점을 만날 수 있다. 야생화가 피어나는 산책로를 따라가면 야외 정원에서 3만여 개의 분재 작품도 볼 수 있다. 르네상스 홀에서는 1만 5,000장의 LP와 하이엔드 스피커 제조사인 골드문트의 '아폴로그 애니버서리'가 음악애호가들을 사로잡는다.

- 서귀포시 일주동로 8941
- 064-739-5588
- 08:00~18:00
- 성인 6,000원, 청소년 4,000원, 경로·어린이 3,000원
- www.seokbujak.com

🏠 제주라프

제주의 유일한 짚와이어 체험 시설이다. 제주라프 짚와이어는 4개 코스로, 길이가 약 700m에 달한다. 코스마다 거리와 난도가 다르다. 첫 번째 코스는 삼나무숲을, 두 번째 코스는 녹차밭을 횡단한다. 세 번째 코스는 연못 위를 날아간다. 아찔함과 긴장감이 최고조에 달한다. 200m가 훌쩍 넘는 네 번째 코스는 아름다운 갈대밭 위를 가로지른다. 4개 코스 중 가장 길고 짜릿하다.

짚와이어 외에도 다양한 체험이 있다. 화려한 색감이 눈에 띄는 건물에서 다양한 작가들의 작품을 감상하거나 여행의 피로를 풀어줄 족욕도 즐길 수 있다. 2층에 있는 영국 패션 브랜드 닥터마틴 갤러리의 몽환적인 네온 조명에 어우러진 신발 전시도 볼만하다.

제주투어패스 혹은 네이버 예약 서비스 이용 시 할인된 금액으로 이용 가능하다.

- 📍 제주시 조천읍 선교로 115-1
- 📞 064-784-9030 🕘 09:00~18:00 ※입장 마감 17:30
- 💰 짚와이어 35,000원, 짚와이어+족욕 45,000원
- 🏠 www.jejulaf.com

하도카약

수심이 얕고 물이 맑은, 잔잔한 파도가 밀려오며 풍경 또한 아름다운 하도해수욕장에서 해양 레저를 즐길 수 있는 곳이다. 제주에서 최초로 카약 체험업을 시작한 하도카약 대표는 제주 해안을 완주하고, 제주에서 서울까지 1,000㎞ 구간을 카약 횡단한 베테랑이다.

바다 위를 질주하는 스피드보트, 보드 위에 서서 노를 저으며 파도를 즐기는 패들보드, 자유롭게 포인트를 이동하며 보팅과 낚시를 즐기는 피싱카약, 바닷속을 훤히 들여다보며 유유히 떠다니는 투명카약, 바닷속 생물들을 직접 만날 수 있는 스노클링, 갯바위 구멍치기 낚시 등 제주 푸른 바다에서 낭만과 여유와 스릴을 즐겨 보자.

- 제주시 구좌읍 해맞이해안로 1950
- 0507-1310-4466
- 08:00~일몰 시
- 시간과 종목에 따라 17,000~45,000원
- www.jejukayak.com

윈드1947테마파크

한라산 남쪽 이국적인 풍경이 펼쳐지는 9만 9,173㎡(3만 평) 규모에 자리한 카트 체험장이다. 한라산 높이 1,947m와 같은 1,947m 코스로 국내 최장 길이다. 1인승과 2인승 카트가 있다. 야자수, 귤밭, 수국길, 동백길 등 코스마다 달라지는 풍경 속에서 온몸으로 바람을 맞으며 스피드를 즐기고 짜릿함을 느낄 수 있다. 비가 오는 날에는 우비를 입고 레이싱할 수 있다. 테마파크 내에 사격장과 비비탄·레이저 서바이벌 체험장도 있어 온 가족이 함께 다양한 체험이 가능하다.

- 서귀포시 토평공단로 78-27
- 064-733-3500
- 5~9월 10:00~19:00, 10~4월 10:00~18:00 ※30분 전 탑승 마감
- 1인승 기준 거리에 따라 25,000~35,000원
- sklec.com

아쿠아플라넷 제주

섭지코지에 자리한 아쿠아플라넷 제주는 연면적 2만 5,600㎡, 수조용적량 1만 800t으로 아시아 최대 해양 테마파크다. 전시 중인 생물만 500여 종 4만 8,000마리나 된다. 돌고래, 대형 상어, 자이언트그루퍼를 비롯해 바닷속에 사는 온갖 생물들이 한자리에 모여 있다.

지하 1층~지상 2층 구조로 된 수족관에서 가장 눈에 띄는 것은 지하 1층 메인 수조다. 가로 23m, 높이 8.5m나 되는 수조 앞에 서면 아이맥스관에서 해양 영화를 보는 것 같다. 제주의 바다를 담은 아쿠아플라넷 수조에서 바다코끼리를 비롯해 쥐가오리, 매가오리 등 50여 종의 대형 해양생물이 황홀하게 유영한다.

관람객들이 가장 좋아하는 곳은 언더 오션 아레나다. '바다의 할리우드'로 불리는 이곳은 아쿠아리움의 인기스타가 모두 모였다. 육중한 몸으로 날렵하게 움직이는 바다코끼리를 비롯해 재간둥이 오타리아 물개, 관람객과 눈을 맞추며 장난치는 큰돌고래 여섯 마리의 인기는 한류스타 못지않다.

1,500석을 보유한 오션 아레나에서는 하루 4회 다이빙 버라이어티 쇼 공연도 이어진다. 물범, 펭귄, 수달 같은 해양동물의 습성에 대해 배울 수 있는 생태설명회도 하루 2회씩 진행된다.

- 서귀포시 성산읍 섭지코지로 95
- 1833-7001
- 09:30~19:00 ※입장 마감 18:30
- 성인 42,400원, 경로·청소년 40,600원, 어린이 38,500원
- www.aquaplanet.co.kr/jeju

아르떼뮤지엄 제주

과거 스피커 제조 공장으로 사용됐던 공간을 업사이클링해 빛과 소리로 연출한 10개의 미디어아트 전시관과 1개의 티 바(Tea Bar)로 운영한다. 몽환적이고도 화려한 빛이 쏟아지는 뮤지엄은 꽃(FLOWER), 해변(BEACH), 달(MOON), 정글(JUNGLE), 고래(WHALE), 폭포(WATERFALL) 등 '섬'에서 경험할 수 있는 테마의 미디어아트로 공간을 꾸몄다. 쉴 새 없이 피어나는 꽃밭에 파묻히는가 하면 마치 발을 적실 듯 파도가 밀려오기도 한다. 달빛을 머금은 달 토끼와 춤추는 거대한 고래도 만나 볼 수 있다. 쏟아지는 폭포수 앞에 서면 웅장함이 느껴진다. 고흐, 고갱 같은 세계적인 작가의 미술작품도 감상할 수 있고 내가 그린 동물 그림이 살아나 정글을 걸어 다니는 신기한 체험도 재미있다. 각 전시관은 자유로운 동선으로 원하는 테마를 관람하면 된다.

제주시 애월읍 어림비로478 1899-5008 10:00~20:00 ※입장 마감 19:00
성인 17,000원, 청소년 13,000원, 어린이 10,000원, 경로 8,000원 artemuseum.com

🏠 루나폴

세계 최대 규모(39만 6,000㎡)의 야간형 디지털 테마파크다. '예로부터 사람들은 달에 소원을 빌었고, 소원이 가득 쌓여 무거워진 달이 제주에 떨어졌다'는 스토리를 기반으로 밤길을 산책하며 즐길 수 있는 곳이다.
루나폴은 통영의 디피랑, 평창올림픽 개·폐막식, BTS 홀로그램 스테이지를 제작한 '닷밀'의 실감형 미디어아트다. 소프라노 조수미의 노래와 함께 디지털 미디어 쇼가 시작되고 본격적인 루나폴 세계로 들어가게 된다. 루나 아우라를 시작으로 높이 25m의 초대형 달 앞에서 사진을 찍을 수 있는 루나 빌리지, 루나 샤인, 루나 하트, 루나 피스, 루나 레인 순서로 관람한다. 산책로는 수많은 조명과 안개, 미디어아트로 꾸며져 있다. 제주의 자연 구석구석에서 펼쳐지는 불빛의 향연은 신비하고 황홀하다. 낮에 운영하는 루나 피크닉(포레스트 갤러리)에서는 런던 내셔널갤러리의 소장품을 만나볼 수 있다.

📍 서귀포시 안덕면 일주서로 1836
📞 064-794-9680
🕐 20:30~24:00(시기에 따라 다름) ※입장 마감 23:00
💰 성인 22,000원, 청소년 20,000원, 어린이 17,000원
📷 @lunafall_jeju

공간 _ 제주의 (멋)

노형수퍼마켙

공항 근처 노형동 대로변에 검은색 외관 건물이 눈에 띈다. 노형수퍼마켙은 옛 서커스장을 리모델링한 6층 25m 높이로, 국내 미디어아트 전시장 중 가장 큰 규모다. 시공간을 초월한 문이 열리면서 신비로운 세계로 넘어간다는 스토리를 담은 테마파크로, '1981년 노형수퍼마켙이 갑자기 온통 흑백으로 변했다. 잊힌 문, The Forgotten Door가 열리면서 색이 빨려 들어가듯 사라져 갔다'는 설정이다.

첫 번째 코스인 노형수퍼마켙 안에 들어가면 시계, 전화기, 달력 등 일상의 물건이 모두 흑백으로 돼 있어 레트로 느낌이 난다. 안개에 싸인 문을 넘어서면 흑백의 세계와 완전히 다른 화려하고 신비로운 세계가 펼쳐진다. 제주의 자연에서 영감을 받아 물, 바람, 꽃, 별 이미지를 빛과 색을 통해 감각적으로 보여 준다. 거대한 스크린에서 세상에 숨어 있는 모든 색이 쏟아져 나온다.

- 제주시 노형로 89
- 064-713-1888
- 09:30~19:00 ※입장 마감 18:00
- 성인 15,000원, 청소년 13,000원, 어린이 10,000원, 경로 8,000원
- nohyung-supermarket.com

산방산탄산온천

제주 최초의 대중 온천이자, 국내에서 보기 힘든 탄산온천이다. 타 온천과 비교해 유리탄산과 중탄산이온, 나트륨 등 몸에 이로운 주요 성분의 농도가 5배 이상 짙다. 실내 온천은 미온천, 열탕, 온탕, 냉탕이 있다. 원수탕, 냉탕을 제외한 온천탕들은 열에 의해 탄산 성분이 증발해 기포가 눈에 보이지 않지만, 미네랄 등 건강한 성분은 그대로 남아 있다. 산방산과 단산이 한눈에 보이는 야외 노천탕은 땅콩탕이라 불리는 땅콩 모양의 냉탕, 마라도·가파도를 닮은 커플탕, 돌담 온천탕 등이 있다.
산방산탄산온천은 '구명수'라 부르기도 하는데 '사람을 구한 물'이란 뜻이다. 이곳에서 솟아오른 물을 마시고 병을 고쳤다는 전설이 있다. 따뜻한 온천욕으로 여행의 피로를 풀어 보자.

- 서귀포시 안덕면 사계북로 41번길 192
- 064-792-8300
- 실내 온천 06:00~23:00, 야외 노천탕 10:00~22:00
- 성인 13,000원, 어린이 6,000원, 노천탕 5,000원
- www.tansanhot.com

넥슨컴퓨터박물관

아시아 최초의 컴퓨터박물관이다. 전 세계 6대밖에 없는 애플 최초의 컴퓨터 '애플1'과 최초의 마우스 '엥겔바트 마우스', PC라는 이름을 처음 사용한 'IBM PC 5150' 등을 볼 수 있다. 박물관의 콘텐츠를 생생하게 체험할 수 있는 다양한 프로그램도 운영한다. 도슨트 프로그램을 통해 전시 기획 의도와 소장품에 대한 폭넓은 정보를 제공한다. 관람객들이 직접 장난감을 만들어 보거나 보이지 않는 신호를 따라 퀘스트를 풀어 나가는 프로그램도 있다.
1층 야외 숲에는 아이들을 위한 놀이터가 있다. 지하 1층에는 키보드 와플, 마우스 빵과 같은 독특한 음식을 판매하는 레스토랑과 기념품을 판매하는 아이템숍이 자리한다. 박물관 홈페이지에서 방문 시간을 예약해야 한다.

- 제주시 1100로 3198-8
- 064-745-1994
- 10:00~18:00(월요일 및 매해 3월 휴관) ※매표 마감 17:30
- 성인 8,000원, 청소년 7,000원, 어린이 6,000원, 경로 4,000원
- computermuseum.nexon.com

스누피가든

찰스 M. 슐츠가 50년간 신문에 연재한 네 칸 만화 '피너츠'가 큰 인기를 끌면서 주인공 찰리 브라운보다 더 유명해진 스누피. 이를 모티브로 실내 가든 하우스와 야외 가든으로 꾸민 테마파크다. 가든 하우스에는 관계, 일상, 사색과 휴식, 행복, 상상이라는 주제로 5개의 테마 홀과 3개의 중정을 만들었다. 야구를 좋아하는 찰리 브라운과 동생, 친구, 반려견 스누피 등 다양한 캐릭터들의 에피소드와 스토리를 따라가며 곳곳의 포토존에서 재미있는 사진을 남길 수 있다. 2만 5,000평의 야외 가든은 11개의 피너츠 테마 정원과 수목 테마 어트랙션으로 구성된다. 야자수, 비자나무, 삼나무, 하귤, 동백, 고사리 등 제주의 식물과 익살스러운 표정의 캐릭터들이 자연스럽게 어우러진다. "일단 오늘 오후는 쉬자"라는 스누피의 대사처럼 정원 곳곳에서 만나는 피너츠 친구들과 산책하고 휴식하며 제주의 자연을 오롯이 느낄 수 있다. 어린이를 위한 테마파크 같지만 어른들도 기대 이상으로 좋아한다. 피너츠 스토어에서 판매하는 다양한 캐릭터 굿즈도 인기다.

- 제주시 구좌읍 금백조로 930
- 064-903-1111
- 4~9월 09:00~19:00, 10~3월 09:00~18:00
  ※1시간 전 입장 마감
- 성인 18,000원(경로 20% 할인), 청소년 15,000원, 어린이 12,000원
- www.snoopygarden.com

🏠 오늘은녹차한잔

제주 옛 모습이 고스란히 남아 있는 성읍의 녹차밭이다. 물 빠짐이 좋은 화산회토, 차 재배에 최적인 온화한 기후, 맑고 청량한 지하수로 찻잎을 키운다. 이곳 건물 뒤편에 한라산을 배경으로 드넓은 녹차밭이 펼쳐진다. 사계절 언제나 아름답지만 겨울의 눈 덮인 한라산 앞에 펼쳐진 너른 녹차밭은 녹차 산지로 유명한 일본 시즈오카의 후지산과 녹차밭 풍경과도 닮았다. 사잇길로 걸어가면 차밭 한가운데에 SNS 사진 명소로 유명한 동굴이 있다. 녹차밭 앞 '오늘은카트레이싱'에서 시원한 바람을 맞으며 카트도 탈 수 있다.

카페 '오늘은'에서 커다란 통창으로 푸른 녹차밭과 오름, 한라산을 바라보며 따뜻한 녹차 한 잔을 마셔도 좋다. 말차아이스크림과 녹차로 만든 디저트도 맛볼 수 있다. 유기농 녹차 족욕 체험으로 여행의 피로도 풀어 보자. 족욕 체험은 네이버 예약을 통해 가능하다. 1층 쇼핑 매장에서는 세작과 다기 세트, 녹차 오일 등을 판매한다.

📍 서귀포시 표선면 중산간동로 4772
📞 064-787-6888
🕐 카페 09:00~17:30, 족욕(예약제) 10:00~17:00
🌐 www.onulun.com

맛좋은 시장에 혼저 옵서예

시장은 언제나 활기가 넘친다. 우렁찬 상인들의 목소리에는 정겨움이 묻어난다. 세상인심이 각박해도 덤이 있어 따뜻하다. 낮에 열리는 전통 시장은 제주인들의 삶의 터전이다. 화려한 불을 밝힌 야시장은 여행자의 핫플레이스가 됐다. 먹거리, 즐길 거리 가득한 제주 삶의 현장으로 찾아가 보자.

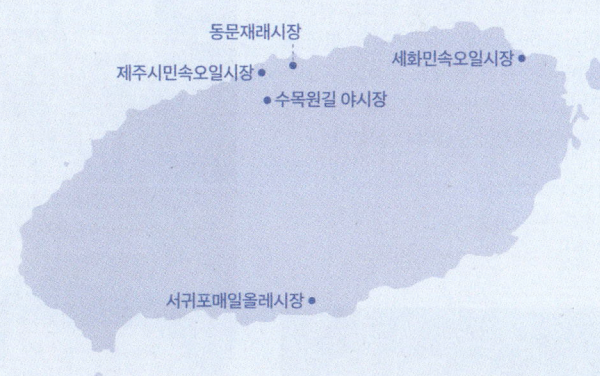

🏠 동문재래시장

제주 감귤, 흑돼지, 갈치, 고등어, 오메기떡, 제주 기념품 등 제주에서 나는 명물들을 만나려면 동문시장으로 가자. 340여 개의 점포가 모여 있는 제주 상인들의 삶의 터전이자 여행자들이 반드시 들르는 관광명소이기도 하다. 전통 먹거리 식당, 회를 포장 판매하는 횟집, 불 쇼도 구경할 수 있는 퓨전 음식 거리에서 제주 음식을 다양하게 맛볼 수 있어 시장 구경이 더 즐겁다.

- 📍 제주시 관덕로14길 20
- 📞 064-752-3001
- 🕐 08:00~21:00

제주시민속오일시장

조선 말 보부상들의 상거래 장소가 시초가 돼 1905년 개장한 제주 전통 시장이다. 매월 2일, 7일 열리는 5일장으로 점포수가 1,000여 개나 된다. 제주에서 규모가 가장 크다. 청정 제주에서 생산된 신선한 과일, 채소, 해산물, 육류 등을 저렴하게 살 수 있어 현지인도 즐겨 찾는다. 오일장 특유의 흥겨운 분위기는 먹자골목에서 나온다. 떡볶이, 도넛, 호떡을 파는 분식집이나 갈치조림 전문인 백반집 앞에는 언제나 긴 줄로 북새통을 이룬다. 메밀가루에 무로 양념한 소를 넣어 만든 제주 전통 음식 빙떡과 옛날 과자도 맛볼 수 있다.

- 제주시 오일장서길 26
- 064-743-5985
- 매월 2·7·12·17·22·27일 08:00~18:00

수목원길 야시장

수목원테마파크에 푸드트럭 18대, 소상공인 부스 30여 팀이 있는 야시장이다. 다양한 푸드트럭뿐만 아니라 팔찌, 머리띠, 구제 의류 등의 소품을 파는 플리마켓도 만날 수 있다. 야시장에서 가장 유명한 음식은 '064'의 고인돌고기. 팔뚝 크기의 칠면조 다리인데, 훈제 칠면조를 한 번 더 튀겨 겉은 바삭하고 속은 부드럽다. 수목원테마파크 안에 있는 LED공원도 이색적이다. 화려한 조명으로 장식된 하르방, 나무, 조형물들이 놓여 있다. 포토존으로도 인기다.

- 제주시 은수길 69
- 064-742-3700
- 6~9월 18:00~23:00, 10~5월 18:00~22:00
- www.sumokwonpark.com

세화민속오일시장

매월 5일, 10일 단위로 열리는 오일장이다. 151개 점포에서 과일, 채소, 생선, 의류, 잡화 등을 판매한다. 제주 정취가 물씬 풍기는 동쪽 작은 마을 세화리 해안도로에 있어 아름다운 바다도 보고 정겨운 시장 구경도 할 수 있다. 어린 시절 추억이 새록새록 떠오르는 장난감과 소품도 팔고 김밥, 떡볶이, 멸치국수, 파전 등 소박한 시장 음식을 맛볼 수 있다. 점심시간이 지나면 일찍 장을 마감한다. 시장 구석구석을 돌아보려면 서둘러 방문하는 게 좋다.

- 제주시 구좌읍 세화리 1500-44
- 매월 5·10·15·20·25·30일 08:00~14:00

서귀포매일올레시장

서귀포시에서 가장 규모가 큰 상설시장으로 60여 년의 역사를 지녔다. 200여 개 점포와 140여 개 노점이 있다. 시장 내부 전 구간에 비가림 시설이 설치돼 있어 비가 와도 편안하게 시장을 둘러볼 수 있다. 올레 6코스에 시장이 포함돼 올레길을 여행하며 많이 찾는다. 포장 회, 꽁치김밥, 오메기떡, 모닥치기, 치킨 등 먹거리가 많다. 시장 가운데에 긴 벤치가 있어 간식을 사서 먹거나 쉬어가기 좋다. 우정회센타, 제일떡집, 마농치킨, 새로나분식이 맛집으로 소문났다. 500여 대를 주차할 수 있는 공영주차장이 바로 옆에 있다.

- 서귀포시 서귀동 340
- 0507-1353-1949
- 하절기 07:00~21:00, 동절기 07:00~20:00

PART 3

음식

제주의

맛

제주를 담은 밥상 ①

제주에서 유명한 돼지나 해녀가 직접 채취하고 어부가 바다에서 건져 올린 신선한 해산물을 재료로 만든 음식에는 제주만의 정서가 담겨 있다. 투박해 보여도 속내는 부드러운 제주 사람을 닮아서일까. 제주 밥상이 정겹게 느껴진다. 고기국수, 갈칫국, 각재기국 등의 전통 음식은 이곳, 제주에서 먹어야 제맛이 난다.

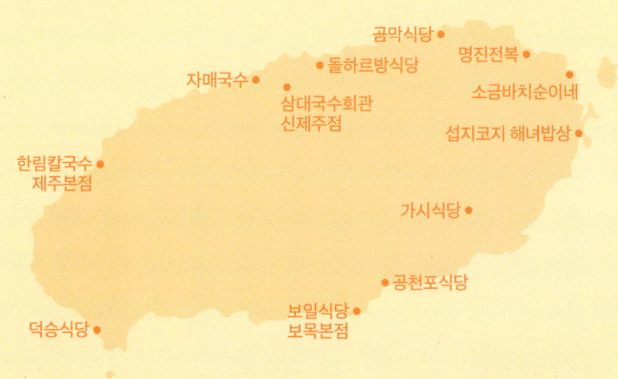

보일식당 보목본점

보목포구 바로 앞에 있는 갈치요리 전문점이다. 갈치조림·구이, 갈칫국, 성게국, 자리·한치물회 같은 제주다운 음식들이 여기에 다 있다. 제주도민들에게도 입소문 난 맛집이다. 살이 실한 갈치와 큼직한 무를 썰어 넣어 빨갛게 양념한 갈치조림은 비주얼만으로도 침샘을 자극한다. 은갈치에 배춧잎, 단호박, 매운 고추를 넣어 맑게 끓인 제주도 전통 음식 갈칫국도 맛볼 수 있다. 국물이 비린 맛 없이 칼칼하고 깔끔하다. 제주도식 된장을 푼 물회와 고추장을 푼 물회도 있다. 기본 반찬으로 나오는 고등어구이도 윤기 있고, 자리젓갈도 진한 맛이 난다.

- 서귀포시 보목포로 45
- 064-732-0840
- 10:00~21:00
- 갈치조림(소) 40,000원, 갈칫국 15,000원

섭지코지 해녀밥상

오랜 세월 물질한 해녀 사장님이 직접 채취한 해산물을 맛볼 수 있는 곳이다. 전복, 소라, 성게, 문어, 해삼, 멍게, 군소, 성게미역국, 옥돔구이로 한상차림이 나온다. 바다 향 가득한 싱싱한 각종 해산물은 오독오독, 쫄깃쫄깃, 야들야들 제맛을 낸다. 성게알을 듬뿍 넣은 진한 성게미역국은 최고라 손꼽을 만하다. 돌담을 두른 옛집, 해녀가 차린 밥상에서 제주 바다를 통째로 맛본 기분이 든다. 테이블이 많지 않으니 예약하는 게 좋다.

- 서귀포시 성산읍 신양로122번길 60-6
- 064-782-4705
- 10:00~19:30(매월 첫째·셋째 일요일 휴무) ※주문 마감 18:00
- 1인 30,000원(2인 이상 주문)

삼대국수회관 신제주점

고기국수는 진한 돼지 사골 육수에 국수를 말고 도톰한 돼지고기 수육을 고명으로 올린 제주 토속 음식 중 하나다. 제주 곳곳에 고기국수를 파는 식당이 많지만 삼대국수회관 고기국수는 뽀얗고 깊은 맛을 내는 국물이 일품이다. 돼지 잡내가 나지 않아 깔끔하다. 탱글탱글한 면발에 얹은 제주산 수육도 푸짐하다. 제주도민이 많이 찾는 맛집으로 돼지족발인 쫀득한 아강발도 별미다. 살이 부들부들한 잔치집고기도 있다.
고기국수 말고도 비빔국수, 멸치국수, 콩국수 등 취향에 맞는 국수를 맛볼 수 있다. 제주공항 근처에 있어 제주를 드나들 때 찾아가기 편하다.

- 제주시 신대로20길 32
- 064-747-9493
- 09:00~21:00(수요일 휴무)
- 고기국수 9,000원, 아강발 15,000원

소금바치순이네

'소금바치'는 종달리의 옛 이름으로 예전 이곳에 소금밭이 있었다. 소금밭 자리 해안도로에 있는 문어요리 맛집이다. 갈치조림, 고등어구이, 해물 뚝배기, 보말죽 같은 제주 식당에서 흔히 볼 수 있는 메뉴도 있지만 대표 음식은 돌문어볶음이다. 살이 두툼한 문어와 홍합을 매운 양념으로 볶아 소면과 푸짐하게 올린 어린 깻잎과 함께 비벼 먹는다. 불 향을 입혀 더 감칠맛 나는 양념에 쫄깃한 문어의 식감까지 누구나 좋아할 맛이다.

- 제주시 구좌읍 해맞이해안로 2196
- 064-784-1230
- 09:30~19:00(15:00~16:30 브레이크타임, 매월 첫째·셋째 목요일 휴무)
- 돌문어볶음(소/대) 30,000/40,000원

자매국수

고기국수 전문점이다. 국수문화거리에서 작고 아담하게 운영하다 지금의 자리로 크게 옮겨 왔다. 메뉴에는 고기국수, 비빔국수, 돔베고기가 있다. 치자로 만든 노란색 면이 식욕을 돋운다. 고명으로 얹은 돼지고기는 돔베고기 수육을 올려 쫄깃하고 담백하다. 비빔국수 양념은 첫맛은 새콤, 중간맛은 달콤, 끝맛은 매콤하다. 곁들여 나온 고기에 면을 돌돌 말아도 맛있다. 제주공항과 가깝다.

- 제주시 항골남길 46
- 064-746-2222
- 09:00~18:00(14:30~16:10 브레이크타임, 수요일 휴무) ※주문 마감 17:50
- 고기국수 9,000원, 돔베고기(소) 18,000원

돌하르방식당

이곳 주인장은 한국전쟁에 참전해 중사로 제대한 후 1987년부터 제주도에서 식당을 운영하고 있다. 가게 곳곳에 주인장의 사연이 깃든 훈장과 신문 기사를 볼 수 있다. 각재기국은 전갱이와 배추를 넣어 끓인 제주 전통 음식이다. 제주에 각재기국을 파는 곳은 많지만 이 집만큼 재료 본연의 맛을 살리는 곳은 드물다. 맑은 물에 된장을 풀고 배춧잎을 숭덩숭덩 잘라 파, 마늘, 양파를 넣고 끓일 뿐인데 신기하게도 생선 비린 맛이 전혀 없다. 배추는 달고 국물은 칼칼하다. 전갱이도 탄력 있고 촉촉하면서도 고소하다. 〈수요미식회〉에 출연한 맛집이다.

- 제주시 신산로11길 53
- 064-752-7580
- 10:00~15:00(일요일 휴무) ※주문 마감 14:50
- 각재기국 10,000원, 고등어구이 15,000원

가시식당

40년 전통의 두루치기, 순댓국 전문점이다. 빨간 양념을 한 제주산 돼지고기에 콩나물, 파채를 얹어 불판에서 지글지글 볶아 먹는 두루치기는 장수 메뉴다. 고기에 자작하게 맛이 배어들면 멜젓이나 쌈장에 찍어 쌈을 싸 먹는다.
가시식당의 몸국은 제주 향토 음식 중 하나다. 돼지고기나 부속을 삶은 육수에 모자반을 넣고 김치, 미역귀, 메밀가루를 풀어 넣어 끓인 걸쭉한 국이다. 찹쌀이 아닌 멥쌀로 만든 순대도 맛있다. 제주시에 2호점도 있다.

◎ 서귀포시 표선면 가시로565번길 24
◎ 064-787-1035
◎ 08:30~20:00(15:00~17:00 브레이크타임, 매월 둘째·넷째 일요일 휴무) ※주문 마감 18:30
◎ 두루치기 10,000원, 몸국 10,000원

공천포식당

남원읍 작은 포구에 있는 물회 맛집이다. 한치, 전복, 소라, 해삼, 자리에 깻잎과 김 가루를 넣고 된장과 고춧가루를 넣어 맛을 낸 제주식 물회가 유명하다. 통창으로 난 푸른 바다를 바라보며 꼬들꼬들 해산물이 씹히는 시원한 물회 한 그릇을 맛보면 제주를 다 가진 기분이 든다. 물회 외에도 윤기가 줄줄 흘러 살이 촉촉한 고등어구이도 맛있다. 이름난 맛집이라 웨이팅이 있다.

◎ 서귀포시 남원읍 공천포로 89   ◎ 064-767-2425
◎ 10:00~19:30(목요일 휴무)   ◎ 전복물회 15,000원, 고등어구이 13,000원

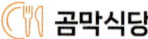 곰막식당

바닷가 작은 마을 동복리에 있는 이곳은 맛과 가성비를 다 잡은 '찐' 맛집이다. 곰막은 동복리의 옛 이름이다. 일품 메뉴는 회국수. 신선한 회와 국수에 양배추, 상추, 깻잎 등 채소를 토핑해 새콤달콤한 고추장 양념장과 비벼 먹는 비빔국수다. 전복 내장을 갈아 큼직한 전복을 듬뿍 넣은 전복죽과 흔히 맛볼 수 없는 바다 향 가득한 성게국수도 일품이다. 특유의 비린 맛이 있는 고등어회도 바로 잡아 올린 듯 싱싱하다. 50년 넘게 동복에서 살고 있는 토박이 사장님의 요리 솜씨가 더해져 여행객의 입맛을 사로잡는다.

- 제주시 구좌읍 구좌해안로 64
- 064-727-5111
- 09:30~21:00(15:00~16:00 브레이크타임, 화요일 휴무) ※주문 마감 20:00
- 회국수 12,000원, 성게국수 13,000원

명진전복

아름다운 구좌해변 해안도로에서 전복 요리로 소문난 맛집이다. 항상 웨이팅이 있는 곳이지만 음식점 바로 앞에 펼쳐진 바닷가에서 바람을 맞으며 풍경을 바라보고 있노라면 지루할 새가 없다. 전복돌솥밥과 전복구이가 가장 인기 있다. 전복 내장을 갈아 단호박과 은행을 넣어 돌솥으로 지은 밥 위에 전복살을 꽃 모양처럼 펼쳐 놓는다. 비주얼만 보아도 군침이 돈다. 돌판에 구운 전복구이도 일품이다. 고소한 버터 향과 바다 향이 입안 가득 퍼진다. 고등어구이는 기본 반찬이며 다른 반찬들도 정갈하다.

- 제주시 구좌읍 해맞이해안로 1282
- 064-782-9944
- 09:30~21:30(화요일 휴무) ※주문 마감 20:30
- 전복돌솥밥 15,000원, 전복구이 30,000원

한림칼국수 제주본점

제주 앞바다에서 나는 싱싱한 해산물에 직접 반죽하고 뽑은 면으로 칼국수를 만든다. 반죽을 저온 숙성해 면이 촉촉하고 쫄깃하다. 첨가제를 넣지 않아 건강한 맛이 난다. 인기 메뉴는 보말칼국수. 미네랄이 풍부한 보말과 매생이를 듬뿍 넣어 바다 향이 입안 가득 퍼진다. 공깃밥은 무료다. 소박한 식단에 인심도 좋다. 영양보말죽과 매생이바당전도 맛있다. 웨이팅하는 경우가 많은 편. 입구에 있는 키오스크로 주문하고 기다려야 한다. 재료 소진 시 일찍 마감한다.

- 제주시 한림읍 한림해안로 139
- 070-8900-3339
- 07:00~15:00 (일요일 휴무)
- 보말칼국수 10,000원

덕승식당

덕승식당은 외관만 보면 흔하디흔한 밥집이지만 매콤하면서 단맛이 감도는 갈치조림은 이 집을 특별하게 만든다. 반짝거리는 은빛 비늘에 두툼하게 살이 오른 갈치는 쉽게 발라진다. 숟가락으로 몇 번만 긁어도 뽀얀 속살이 우수수 떨어지는데 당일바리 제주 생갈치만의 매력이다. 제주 은갈치는 겨울이 되면 그 맛이 최고조에 이른다. 된장을 푼 객주리(쥐치) 매운탕의 깔끔한 끝맛이나 옥돔 조림의 풍성한 질감도 일품이다. 재료를 이해하고 존중했을 때 나오는 맛이다.

- 서귀포시 대정읍 하모항구로 66
- 064-794-0177
- 10:00~20:40
  (15:30~16:30 브레이크타임, 화요일 휴무)
- 갈치조림 15,000원, 객주리탕 15,000원

지금 여기! 핫플레이스 맛집 ②

제주 전통 음식을 재해석하거나 제주에서 나는 신선한 재료로 퓨전 음식을 선보이는 맛집들이 제주 곳곳에 들어섰다. 이들을 따라 미식 여행을 떠나는 사람들도 많아졌다. SNS로 소문나면서 예약은 기본, 긴 줄을 감수하고라도 찾아가고 싶은 핫플레이스 맛집을 소개한다.

BISTRO낭

'비스트로'는 불어로 '레스토랑', '작은 바' 등을 뜻하고 '낭'은 '나무'의 제주어다. 이름처럼 요리와 목공을 좋아하는 사장님이 운영하는 이탈리안 레스토랑이다. 주인장의 철학은 곳곳에서 묻어난다. 제철 식재료를 이용해 진심을 담아 요리한 스테이크, 파스타, 리소토, 샐러드와 제주산 유기농 재료로 만든 디저트는 수준급이다. 유럽 식당 같은 고풍스러운 분위기에서 빈티지 식기에 예쁘게 담아내 맛을 한층 살린다. 해박한 지식으로 추천하는 와인과 세심한 서비스도 좋다. 양송이 크림소스를 베이스로 한 스테이크다이앤, 제주산 돌문어를 올린 돌문어알리오올리오, 홈메이드 케이크 등 어느 하나 빼놓을 수 없을 만큼 맛있다. 예약제로만 운영하니 방문 전 캐치테이블 앱 또는 전화 예약은 필수다. 휴무일은 네이버나 인스타그램을 통해 확인할 수 있다.

📍 서귀포시 안덕면 화순로 154-25
📞 0507-1419-2933
🕐 예약제 11:00~21:00(15:30~16:30 브레이크타임)
　※주문 마감 14:30, 20:00
💰 스테이크다이앤 49,000원,
　돌문어알리오올리오 24,000원
📷 @philip___lee

88버거

'88 BURGER'라고 쓰인 간판이 이국적인 수제버거 전문점이다. 매일 아침 제주산 흑돼지 패티를 직접 만들어 버거의 신선한 맛을 유지한다. 대표 메뉴인 88버거는 육즙 가득한 수제 패티, 치즈, 베이컨, 토마토, 양파, 피클을 차곡차곡 쌓아 올리고 데리야키 소스로 단·짠·단·짠한 맛을 냈다. 팔팔한 재료를 쓰러질 듯 높게 올린 두툼한 버거는 한입에 베어 물기 힘들 정도다. 한 끼 식사로도 손색없고, 일단 맛이 좋다.

📍 서귀포시 동문로 63　📞 064-733-8488
🕐 10:00~21:00(목요일 휴무)　💰 88버거 10,800원

🍽 만월당

제주 동쪽에서 핫한 월정리 맛집으로 소문난 카페이자 음식점이다. 월정리해수욕장 뒤편 마을 안쪽에 있으며 매장의 감성적인 분위기도 인기에 한몫한다. 전복리소토, 성게크림파스타, 매운돌문어파스타 등 제주에서 나는 해산물로 만든 이탈리안 음식이 이색적이다. 테이블마다 태블릿이 있어 바로 주문하고 결제하는 시스템이다. 대형견을 제외한 반려견은 케이지에 넣어 입장하고, 애견존에서 식사하면 된다.

- 📍 제주시 구좌읍 월정1길 56
- 📞 064-784-5911
- 🕐 11:00~20:00(15:00~17:00 브레이크타임)
  ※주문 마감 15:00, 19:00
- 💰 전복리소토 19,500원,
  매운돌문어파스타 19,500원
- 📷 @manwoldanginjeju

🍽 소규모식탁

소규모식탁은 소영, 규형 부부가 어머니(母)와 함께하는 퓨전 한식당이다. 흰색 벽에 우드톤을 배치해 정갈하면서도 깔끔한 인테리어가 돋보인다. 재미있게도 식당 이름은 규모가 작음을 의미하는 게 아니라 세 사람의 앞 글자를 따서 지었다고 한다. 메뉴도 세 사람의 취향을 적극 반영해 구성했다. 소정식은 레몬딜드레싱 그릭샐러드와 말린 토마토, 바질페스토가 들어간 오픈샌드위치 메뉴다. 토마토샐러드, 무화과, 단호박 수프, 딜의 조합이 환상적이다. 규정식은 구운 채소를 곁들인 키마커리다. 꾸덕꾸덕하게 다짐육을 넣고 그 위에 구운 채소를 올렸다. 구운 채소의 맛이 달큰하다. 커리는 비비지 않고 살포시 떠서 먹어야 맛있다. 모정식은 제주 고사리 돼지고기 두루치기 정식이다. 반찬도 정갈하고 깔끔하다. 이름 그대로 어머니의 정성이 가득 담겨 있다.

- 📍 서귀포시 안덕면 서광남로115번길 12
- 📞 0507-1392-0844
- 🕐 11:00~15:00(월·화요일 휴무)
  ※주문 마감 14:40
- 💰 소정식 16,000원, 규정식 14,000원

한라산아래첫마을 제주민속촌점

기와지붕이 멋스러운 문을 들어서면 커다란 통창과 높은 층고가 시원한 느낌을 준다. 마을 주민이 재배한 메밀로 직접 제분하고 제면한 100% 메밀면을 내놓는다. 면 요리 외에 김밥, 만두, 전 등 모든 메뉴에 메밀을 재료로 쓴다. 가장 인기 있는 음식은 제주메밀비비작작면. '비비작작'은 어린아이가 천진난만하게 낙서하는 모양을 이르는 제주어. 제주 무나물, 잘게 찢은 고기, 들깨, 들기름, 한우 수육, 단정하게 돌돌 말은 달걀지단으로 토핑해 놋그릇에 담아낸 메밀면은 이름처럼 그림을 그린 듯하다. 비주얼은 화려해도 맛은 담백하고 수수하다.

- 서귀포시 표선면 민속해안로 631-46
- 064-787-8899
- 10:30~19:00(15:00~16:00 브레이크타임, 화요일 휴무) ※주문 마감 18:30
- 제주메밀비비작작면 12,000원

몬스터살롱

곽지과물해변 근처에 있다. 외관에 애니메이션 〈네모바지 스폰지밥〉의 캐릭터가 그려져 있어 통통 튄다. 가게 내부로 들어서면 LED 네온사인이 눈길을 끈다. 좌식 테이블도 마련돼 있다. 몬스터살롱의 인기 메뉴는 몬스터제주한우버거다. 육즙이 팡팡 터지는 한우 패티와 볶은 양파, 치즈, 베이컨, 토마토가 바비큐 소스와 어우러져 한입 베어 물면 고소한 맛이 올라온다. 제주흑돼지폴드포크버거는 훈연한 흑돼지 바비큐 패티에 해시브라운, 스위스 치즈 등을 넣었다. 쫄깃하고 달콤한 추로스는 즉석에서 만들어 준다. 시나몬의 풍미가 좋다.

- 제주시 애월읍 일주서로 6017
- 0507-1414-5310
- 10:00~19:00 ※주문 마감 18:30
- 몬스터제주한우버거 9,800원, 추로스 3,000원

금능샌드

파니니 테이크아웃 전문점으로 건강과 맛을 생각한 샌드위치를 맛볼 수 있다. 인기 메뉴는 현무암샌드와 콰트로치즈파니니. 일반적인 파니니의 빵은 건조하고 뻣뻣한 경우가 많은데 금능샌드는 빵마저도 바삭하고 맛있다. 무엇보다 재료를 아끼지 않았고, 어우러짐도 좋다. 고소하고 담백하고 짭조름하다. 할라피뇨와 핫소스는 포장 시 미리 말하면 같이 챙겨 준다. 매장 한쪽에 다양한 와인도 판매하고 있다. 매장 내에는 테이블이 없다. 바로 앞 바닷가에서 바람을 맞으며 파니니를 즐기면 근사한 레스토랑이 따로 없다.

- 제주시 한림읍 금능길 89 1층
- 0507-1347-8072
- 10:00~18:00(화요일 휴무)
- 콰트로치즈파니니 10,500원, 현무암샌드 7,500원

도토리키친 본점

청귤소바는 제주도민만 안다는 '청귤'을 주재료로 쓴다. 식당 주인이 일본 여행에서 맛본 스다치(영귤)소바에서 영감을 얻어 제주 청귤을 넣은 소바를 개발했다고 한다. 청귤소바는 48시간 숙성한 수제 쓰유에 찰진 식감의 메밀면을 말아 넣고 청귤 슬라이스, 제주 무, 고추냉이를 토핑으로 올려 먹는다. 메밀면을 청귤 슬라이스로 싸 먹으면 더 상큼하다. 메인 식재료 청귤은 풋귤이라고도 불린다. 비타민A, 비타민C가 풍부하고 지방 흡수 억제 효능이 있어 다이어트 음식으로도 좋다. 청귤소바 외에 톳유부초밥, 롤카베츠(겨울 한정), 소바롤 등 제주의 식자재를 바탕으로 일식에 접목한 메뉴도 맛있다. 재료 소진 시 조기 마감한다.

- 제주시 북성로 59 1층 📞 064-782-1021
- 10:30~16:30 ※주문 마감 16:00
- 청귤소바 9,500원, 톳유부초밥(3개) 7,000원
- @dotoree_jeju

말고기연구소

제주에서만 먹을 수 있는 독특한 음식을 찾는다면 말고기연구소로 가 보자. 카페 같은 깔끔한 흰색 외관의 테이크아웃 전문점으로, 제주산 말고기를 재료로 만든 초밥과 소시지를 맛볼 수 있다. 인기 메뉴인 말육회부각초밥은 밥 위에 바삭한 부각과 부드러운 말고기 육회를 얹고 갈아 놓은 무와 쪽파로 고명을 올렸다. 고추냉이를 조금 발라 먹으면 육고기 특유의 냄새 없이 깔끔하고 담백하다. 말육즙소시지구이는 사장님이 236번 연구한 끝에 완성한 불포화지방산 수제 소시지라고. 따끈할 때 한입 베어 물면 입안에서 육즙이 팡팡 터진다.

- 제주시 북성로 43 1층
- 📞 0507-1308-8251
- 10:00~17:00(14:00~15:00 브레이크타임) ※주문 마감 16:50
- 말육회부각초밥 9,500원, 말육즙소시지구이 9,900원

제주그리미

제주의 식재료로 정성을 담은 가정식 백반집이다. 입구에서부터 식욕을 자극하는 아기자기한 인테리어가 눈길을 끈다. 양식요리 셰프였던 주인이 제주로 내려와 어머니의 손맛이 느껴지는 정갈한 한식을 선보인다. 메인 반찬 하나와 작은 종지에 5개의 찬이 나오는데 메뉴마다 조금씩 다르다. 백반은 새로울 게 없지만 반찬 하나까지 감탄을 금할 수 없다. 참돔은 잘 구워져 식감이 부드럽다. 매콤하면서도 쫄깃한 흑돼지는 불맛이 가득하다. 한우떡갈비도 육즙이 가득해 잘 차려진 요리를 먹는 느낌이 든다. 함께 나온 계란말이도 촉촉하고 부드러운 맛이어서 자꾸만 손이 간다. 수저와 국그릇이 나무로 돼 있어 감성적인 느낌도 놓치지 않았다. 재료 소진 시 조기 마감하며 휴무일은 네이버와 인스타그램에 공지한다.

- 제주시 조천읍 중산간동로 1364 1층
- 070-8900-0768
- 09:00~15:00 ※주문 마감 14:10
- 참돔구이정식 15,000원, 제주흑돼지제육정식 15,000원
- @grimi.jipbab_jeju

음식 _ 제주의 (맛)

애월리순메밀막국수

애월항 근처의 토속적 분위기가 나는 메밀막국수 전문점이다. 당일 직접 제분한 100% 순메밀로 국수를 뽑는다. 순메밀은 질고 투박해 정성이 떨어져 주문이 들어오면 반죽을 시작한다. 구수하고 담백한 면발의 물막국수는 육수가 새콤달콤하고 시원하다. 김가루와 들깨가루가 가득 덮인 들기름막국수는 고소하고 달큰하다. 비비지 않고 그대로 먹다가 반 정도 남으면 육수를 부어 색다른 맛을 즐길 수 있다. 간이 슴슴한 평양냉면도 있다.

- 제주시 애월읍 애월해안로 11
- 064-799-4589
- 09:40~20:00 ※주문 마감 19:40
- 물막국수 10,000원,
  들기름막국수 10,000원

협재칼국수

제주에서 고기국수 식당만큼 흔한 것이 칼국숫집이지만 협재칼국수는 맛만으로 순위를 가름할 때 다섯 손가락 안에 꼽힐 정도로 명성이 높다. 보말칼국수도 맛있지만 이곳의 대표 메뉴는 해물칼국수다. 전복과 홍합, 새우, 조개 등을 듬뿍 넣어 바다 향이 물씬 풍긴다. 살이 통통하게 오른 문어숙회를 올려놓아 비주얼이 압도적이다. 문어를 한 마리 통째로 익혀서 무침 야채와 함께 내놓는 문어한마리도 별미다. 칼국수와 짝꿍인 김치는 익은 것과 안 익은 것 두 종류를 내놓는다. 취향에 따라 골라 먹을 수 있다. 휴무일은 네이버나 인스타그램을 통해 공지한다.

- 제주시 한림읍 협재로 3
- 0507-1335-8107
- 09:00~20:00(16:00~17:00 브레이크타임, 비정기적 휴무)
  ※주문 마감 19:30
- 해물칼국수 16,000원, 문어한마리 35,000원
- @hj_kalguksu

스시애월

한 타임에 세 팀만 받아 초밥 오마카세를 즐길 수 있는 곳이다. 가게는 작고 단출하지만 맛은 일류 초밥집을 능가한다. 오마카세는 사시미부터 시작한다. 계절에 따라 방어나 광어 등 다양한 생선을 내놓는다. 사시미에서 초밥으로 넘어갈 때 간장 종지에 초생강을 담아 준다. 초생강에 적신 간장을 초밥에 붓질하듯 발라 먹으면 된다. 스시애월의 하이라이트는 도로초밥으로, 참치 뱃살이 입에서 달큰하게 녹는다. 도로덮밥, 샐러드, 온소바, 새우튀김까지 그야말로 아낌없이 나온다. 이미 소문난 맛집이라 미리미리 전화로 예약해야 한다. 휴무일은 네이버와 인스타그램을 통해 공지한다. 노키즈존이다.

- 제주시 애월읍 장전로 57
- 064-799-2008
- 예약제 11:00~20:00 (16:00~17:00 브레이크타임, 수요일 휴무)
- 사시미&도로초밥 세트 42,000원
- @sushi_aewol

옥만이네 제주금능협재점

정박한 고깃배들이 운치 있는 한림항 앞에 자리한다. 가게 옆 골목은 한림매일시장과 이어진다. 제주 맛집으로 소문난 옥만이네 대표 음식은 해물갈비찜이다. 홍합, 전복, 새우 같은 신선한 해산물과 부드러운 갈비가 수북하게 담긴 냄비 위에 커다란 돌문어 한 마리가 화룡점정, 꽃처럼 활짝 다리를 펼치고 있다. 매콤하고 달짝지근한 양념은 졸일수록 맛있다. 구운 고등어가 기본 반찬으로 나오고, 계란프라이도 셀프로 만들어 먹을 수 있다.

- 제주시 한림읍 한림해안로 160
- 0507-1411-0736
- 08:00~22:00
- 해물갈비찜(2인) 65,000원, 해물맑은탕 15,000원
- @okman2ne

제주에서 만나는 이국의 맛

제주에서는 전통 음식뿐 아니라 세계 각국의 다양한 음식을 맛볼 수 있다. 현지에서 음식을 맛보고 연구한 요리사들이 수준 높은 솜씨를 자랑한다. 일본, 홍콩, 미국, 이탈리아, 멕시코, 태국, 인도 등 음식 맛 있기로 손꼽히는 나라의 특별한 음식을 맛보고 싶다면 제주로 오라. 맛의 천국이 기다리고 있다.

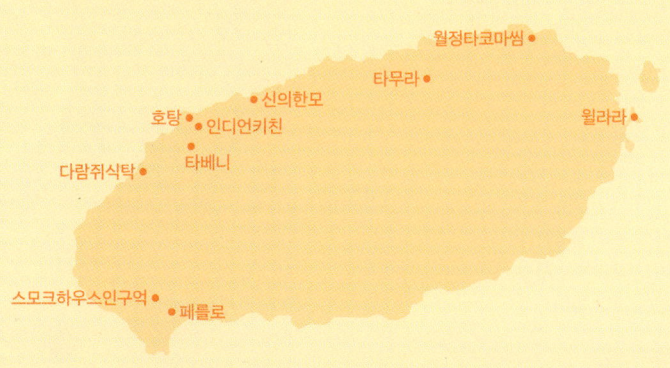

다람쥐식탁

다람쥐식탁은 일본 가정식 식당의 분위기가 그대로 느껴진다. 곳곳에 자리한 그림과 잡지, 장식품이 아기자기해 마치 디자인 소품숍에 온 것 같다. 메뉴는 다람쥐정식이라는 뜻의 다람쥐쇼쿠지와 가볍고 부드러운 베이컨크림파스타, 토마토 향과 가지의 달콤함이 있는 미트토마토카레, 속이 편안한 시금치두부카레, 치킨크림카레가 있다. 2~4인 세트를 시키면 좀 더 저렴하다. 사이드 메뉴로 나오는 새우감자고로케, 타코야끼도 별미다. 노키즈존으로 운영되며 가게 내부가 크지 않아 주말이나 피크 타임에 방문할 계획이라면 전화를 해보는 것이 좋다.

📍 제주시 한림읍 명월성로 10
📞 0507-1416-0444
🕐 10:00~19:00(수요일 휴무)
　※주문 마감 18:30
₩ 다람쥐쇼쿠지 16,000원,
　치킨크림카레 12,000원

호탕

애월에서 정통 홍콩 완탕면을 맛볼 수 있는 곳이다. 발끝까지 온기로 채워 주는 따끈한 국물과 입에 착 감기는 쫄깃한 면, 새우의 탱글한 식감이 느껴지는 완자를 삼키면 홍콩에 온 듯한 착각이 든다. 진한 국물에 고기가 듬뿍 들어간 뜨끈한 양지탕면이 인기가 높다. 매콤한 것이 당기면 양지홍탕면과 새우완자홍탕면을 시키면 된다. 볶은 돼지고기와 가지의 조합이 일품인 가지덮밥은 매콤하면서도 불맛이 느껴져 수저를 놓지 못한다. 매일 다른 재료를 튀겨 내는 오늘의 튀김도 함께 곁들여 먹기 좋다. 깔끔한 오픈식 부엌과 바 형태의 좌석을 갖추고 있어 혼밥하기에도 딱 좋은 공간이다.

- 제주시 애월읍 애월로8길 8
- 0507-1497-2929
- 10:30~18:00(일·월요일 휴무) ※주문 마감 17:30
- 양지탕면 11,000원, 양지홍탕면 11,000원

윌라라

외국 해변에 있을 법한 외관의 윌라라는 호주에서 만난 두 청년이 뜻을 모아 만든 생선튀김집이다. 가게는 작고 아담하지만 그리스 해변이 연상되는 화이트와 블루로 내부 벽을 칠해 산뜻하다. 창가에 길게 놓인 노란색 테이블은 감각적이다. 〈식객 허영만의 백반기행〉에 소개될 만큼 성산일출봉의 유명한 맛집이다. 상어와 달고기를 튀긴 윌라라콤보, 달고기피시앤칩스가 인기 있다. 주문과 동시에 신선한 생선을 가마솥에 튀겨 낸다. 바삭한 튀김옷 안에서 부드럽게 부서지는 생선살은 담백하고 고소하다. 주문이 밀려 있는 경우가 많으니 미리 전화로 예약하는 게 좋다.

- 서귀포시 성산읍 성산중앙로 33 0507-1404-5120
- 12:00~18:00 ※4인 초과 및 16:00 이후 포장만 가능 윌라라콤보 29,000원, 달고기피시앤칩스 16,000원

스모크하우스인구억

대정읍에 있는 수제버거집이다. 예전의 마늘 창고를 리모델링한 건물이 돋보이는데, 돌담집 외벽을 화려한 색감의 그라피티로 장식해 동서양의 조화로운 멋을 풍긴다. 미국인들의 소울푸드인 버거 맛을 잘 살려서인지 근처 국제학교의 외국인들이 많이 찾는다. 125g 패티 두 장과 치즈가 듬뿍 들어가는 더블쿼터파운드버거는 소고기의 식감과 풍미가 일품이다. 10시간 훈연한 돼지고기 바비큐와 양배추 코울슬로를 넣어 만든 풀드포크샌드위치도 인기 있다. 사이드 메뉴인 할라피뇨를 얹은 칠리 감자튀김과 맥파이 생맥주도 맛있다. 미국의 맛과 감성을 그대로 느낄 수 있는 힙한 공간이다.

- 서귀포시 대정읍 보성구억로 223
- 0507-1480-8218
- 11:30~21:00(15:00~17:00 브레이크타임, 월요일 휴무) ※주문 마감 14:30, 20:30
- 더블쿼터파운드버거 10,000원, 풀드포크샌드위치 9,000원

월정타코마씸

월정리해수욕장 앞에 있는 타코 전문점이다. 내부는 멕시코 분위기가 물씬 풍기는 소품들로 장식돼 있다. 테이블이 두세 개 정도 놓여 있는 작고 아담한 가게다. 제주산 흑돼지로 만든 타코가 가장 인기 있다. 비건들을 위한 아보카도, 치즈, 토마토 등을 넣은 채식타코도 있다. 핫도그와 감자튀김 등 테이크아웃으로 먹기 편한 음식들이라 해변에 앉아 아름다운 바다를 바라보며 맥주 한 잔 곁들여도 좋다.

- 제주시 구좌읍 해맞이해안로 474
- 064-782-0726
- 10:30~20:00
  ※주문 마감 19:30
- 흑돼지타코 10,000원, 채식타코 11,000원

페를로

제주 서쪽 덕수리 귤밭에 벽돌로 세운 건물이 이국적인 레스토랑이다. 청라국제도시에서 유명한 '비스트로 페르레이'에 이어 제주에도 문을 열었다. 조개와 닭 베이스에 당근, 마늘, 양파 등 신선한 제철 재료로 정성 들여 육수를 낸 정통 이탈리안 요리가 일품이다. 제주 식재료인 보말 소스에 스페인식으로 구운 쫄깃한 돌문어와 장인이 만든 감태를 올린 바다 향 가득한 문어보말파스타, 모슬포항 해녀 조합에서 공수해 오는 신선한 성게알을 가득 품은 성게어란파스타가 인기 있다.

- 서귀포시 안덕면 덕수회관로74번길 33
- 0507-1396-9501
- 11:00~20:50
  (15:30~17:30 브레이크타임)
  ※주문 마감 14:30, 19:50
- 문어보말파스타 24,000원, 성게어란파스타 24,000원

타무라

제주에서 태국 음식이 생각난다면 중산간 마을 조천에 있는 타무라로 가자. 돌담처럼 쌓아 올린 1층 외벽과 빨간 페인트로 칠한 2층 외관이 돋보이는 건물이다. 건축 디자이너가 직접 디자인한 내부는 곳곳에 제주 식물로 장식하고 은은한 촛불을 켜 놓아 이국적이고 로맨틱하다. 가수 아이유가 다녀가 유명해졌다지만 태국 음식을 재해석해 만든 요리가 수준 높다. 불맛을 입힌 매콤한 팟타이, 생양배추에 돼지고기 바비큐를 싸서 소스를 발라 먹는 커무양이 맛있다. 새콤하면서도 칼칼한 맛이 나는 샐러드 솜땀은 어느 음식과도 잘 어울린다.

- 제주시 조천읍 중산간동로 670 1층
- 0507-1302-9460
- 11:00~21:00(15:00~17:00 브레이크타임, 수·목요일 휴무) ※주문 마감 20:00
- 팟타이 13,000원, 커무양 16,000원

신의한모

사장님이 90년 전통의 일본 모리토구 두부점에서 두부 제조 기술을 전수받아 제주에 설립한 가게다. 가게 이름은 언젠가는 신의 솜씨로 만든 것 같은 절묘한 맛의 두부를 만들고 싶다는 바람을 담았다. 두부를 활용한 일식 바탕의 다양한 퓨전 요리를 선보인다. 그중 아게다시도후가 인기 있다. 오보로두부를 튀겨 소스와 함께 주는데 튀김옷에 소스가 스며들어 아랫부분은 쫄깃하고 말랑하다. 각종 두부와 탕, 단품 요리, 후식까지 갖춘 세트 메뉴로 시키면 다양한 두부 요리를 즐길 수 있다. 커피 같은 기본 후식 외에 두유를 응용한 아이스크림 같은 디저트도 인기다.

- 제주시 애월읍 하귀14길 11-1
- 064-712-9642
- 11:30~21:00 ※주문 마감 19:50
- 2인 세트 65,000원, 아게다시도후(3개) 14,000원

🍴 타베니

여러모로 일본의 소도시 맛집 같다. 가게 외관부터 그렇다. 실내는 그리 넓지 않지만 정갈하게 꾸며져 있다. 오픈 주방이어서 음식 만드는 모습을 직접 볼 수 있다. 타베니의 주력 메뉴는 카레정식. 자극적이지 않고 부드럽고 고소한 카레 국물에 돈가스 두 점과 새우튀김, 고추튀김이 들어간다. 카레는 밥에도 튀김에도 잘 어울린다. 돈가스는 촉촉하고 부드럽게 씹히는 맛이 일품이다. 치즈를 정성스럽게 눌러 담은 치즈돈가스도 인기가 높다. 유명 돈가스집의 치즈돈가스와 견주어도 손색이 없을 만큼 녹진한 맛이다. 재료 소진 시 조기 마감한다.

📍 제주시 애월읍 납읍리 2340-2
📞 010-3126-6624
🕐 11:30~20:00(15:00~17:00 브레이크타임, 일·월요일 휴무)
💰 카레정식 13,000원, 치즈돈가스 13,000원

🍴 인디언키친

잘 가꾼 근사한 정원을 지나 적갈색 벽돌 건물 안에 들어서면 코끝에 오묘한 향신료 냄새가 맴돈다. 실내는 인도 본토의 음식점처럼 색색이 화려하게 꾸몄다. 인디언키친은 인도 음식 전문점이지만 주인과 요리사 모두 네팔 사람이다. 인기 메뉴는 양갈비. 인도 전통 향신료에 재운 양고기를 탄두리에 구워 내는데 한번 맛보면 양고기에 대한 편견이 모두 사라진다. 탄두리치킨은 살짝 매콤하면서 식감이 좋다. 인디언키친은 물 대신 토마토와 양파 소스를 사용한 전통적인 인도커리를 내놓는다. 특히 새우커리는 남녀노소 모두에게 인기가 높다. 진하고 고소한 커리와 쫀득한 난의 조합은 최고의 풍미를 자랑한다.

📍 제주시 애월읍 애원로 191
📞 0507-1390-5859
🕐 11:30~21:00 ※주문 마감 20:00
💰 양갈비 45,000원, 탄두리치킨 22,000원

현지인이 즐겨 찾는 맛집 ④

현지인이 인정한 맛집이 '찐' 맛집이다. 사람들이 몰릴까 봐 소문내고 싶지 않아도 추천하는 데는 변함없이 그 자리에서 한결같은 맛을 내기 때문일 것이다. 싱싱한 재료가 듬뿍 들어간 제주다운 음식에 저렴한 가격까지, 맛과 가성비를 모두 잡은 맛집을 소개한다.

맛나식당

아침 일찍 찾아가지 않으면 맛보기 힘든 유명 맛집이다. 메뉴는 갈치조림과 고등어조림뿐이다. 소박하고 작은 식당에 늘 사람들로 붐비는 데는 이유가 있다. 근처 성산포에서 잡은 싱싱한 갈치와 고등어에 달큰한 제주 무를 깔고 칼칼한 양념으로 조린다. 신선한 재료에서 나온 진한 국물이 일품이다. 국물에 밥을 비벼 생선살을 발라 얹어 먹으면 별미가 따로 없다.

- 서귀포시 성산읍 동류암로 41
- 064-782-4771
- 08:30~14:00(수·일요일 휴무)
- 갈치조림 13,000원, 고등어조림 11,000원

월정해녀식당 구좌김녕세화본점

카페와 음식점들이 늘어선 월정해변에 있다. 통갈치조림과 구이, 전복해물뚝배기, 오분작뚝배기, 딱새우회, 전복죽, 성게미역국, 물회 등 제주를 대표하는 음식을 다양하게 맛볼 수 있는 곳이다. 어느 음식 하나 빠지지 않고 두루두루 맛있다. 기본 반찬으로 나오는 간장게장이 별미다. 따로 팔아도 손색없는 맛이라 계속 리필하게 된다.

- 제주시 구좌읍 해맞이해안로 434 0507-1343-6644
- 08:00~21:00 통갈치조림(중) 96,000원, 전복해물뚝배기 16,000원

한고집

함덕해수욕장 근처에 있는 작은 식당이다. 제주에서 통갈치구이는 제법 비싼 편인데, 이곳에서 가성비 좋은 갈치구이를 맛볼 수 있다. 지역 맛집으로 소문난 이유이기도 하다. 조림을 먹을지 구이를 먹을지 고민할 필요도 없다. 은갈치조림, 통갈치구이, 옥돔구이가 세트로 나오는 한고집 세트를 주문하면 된다. 단품인 제주갈치조림도 감칠맛 있다. 옥돔구이, 고등어구이는 추가할 수 있다.

- 제주시 조천읍 조함해안로 488-5
- 0507-1337-5561
- 09:30~21:00(14:30~17:00 브레이크타임, 수요일 휴무) ※주문 마감 20:00
- 한고집 세트(2~4인) 45,000~68,000원

가스름식당

'가스름'은 가시리마을의 옛 이름이라고 한다. 가시식당, 나목도식당과 더불어 표선 가시리에서 두루치기 맛집으로 알려진 곳이다. 고추장 양념의 제주산 돼지고기를 볶아 주다 콩나물을 듬뿍 얹는다. 자극적이지 않고 간이 잘 맞아 파절이와 함께 먹으면 질 좋은 제주 돼지의 맛을 제대로 느낄 수 있다. 제주식 순대는 함경도식 순대와 달리 선지와 메밀이 주재료인 피순대다. 선지가 많아 입안에서 퍽퍽하게 씹히지만 감칠맛이 남다르다. 모자반에 돼지부속물을 넣어 삶은 몸순댓국도 맛있다.

- 서귀포시 표선면 가시로565번길 19
- 064-787-1163
- 09:00~20:30(매월 둘째·넷째 목요일 휴무) ※주문 마감 19:00
- 두루치기 10,000원, 몸순댓국 10,000원

고집돌우럭 함덕점

해녀인 김승년 씨가 서귀포 위미리 어촌계와 독점 계약을 통해 가장 신선한 자연산 해산물을 공급받는다. 우럭조림과 해녀낭푼밥, 돔베고기, 옥돔구이, 보말미역국 등 제주의 정취를 느낄 수 있는 한상차림으로 유명한 맛집이다. 밥 위에 매콤하고 달콤한 양념이 어우러진 우럭조림과 두부, 시래기를 올려 크게 한입 먹으면 별미가 따로 없다. 제주공항점, 중문점, 함덕점 3곳이 있으며, 제주 고씨 가족이 직접 운영하고 있다. 재료 소진 시 조기 마감한다.

- 제주시 조천읍 신북로 491-9
- 0507-1353-6061
- 10:00~21:30(15:00~17:00 브레이크타임)
  ※주문 마감 14:50, 20:20
- 런치 세트 24,000~35,000원
- @gozip_jeju

순옥이네명가

전복물회 명가인 15년 경력의 순옥이네는 제주 해녀들이 직접 운영하는 가게로 유명하다. 물회뿐 아니라 해물의 묵직하면서도 개운한 맛을 찾는 이들로 늘 북적인다. 직접 따온 전복, 성게, 오분작 등 자연산 해산물 요리가 있다. 독특한 된장 소스에 소라, 해삼을 넣은 전복물회는 담백하면서도 시원해 국물 한 방울도 남길 수가 없다. 이 집의 또 다른 별미는 성게미역국이다. 부드러운 성게알은 사장님이 매일 아침 물질해 잡는다. 오분자기를 비롯해 각종 해산물이 들어간 전복뚝배기는 제주도 토속의 맛을 느낄 수 있다.

- 제주시 도공로 8
- 064-743-4813
- 09:00~21:00(15:30~17:00 브레이크타임, 매월 둘째·넷째 화요일 휴무) ※주문 마감 20:30
- 전복물회 16,000원, 성게미역국 11,000원

금자매식당

돌솥 정식이 맛있는 집이다. 전복돌솥밥과 명란, 문어, 새우가 들어간 명문새돌솥밥, 곤드레돌솥밥 등 다양한 메뉴를 먹을 수 있다. 주메뉴가 돌솥밥이어서 비벼 먹기 편하도록 테이블에 버터와 간장을 두었다. 돌솥밥에 버터를 넣고 비비면 풍미가 한층 깊어진다. 양념게장, 두부, 볶은 김치, 계란장아찌 등 별다를 것 없는 반찬인데 손맛이 좋아 정갈하면서도 맛있다. 식당 이름의 '금자매'는 사람 이름이 아닌 반려견 금순·금동이에서 따왔다고. 웨이팅이 있고 2인 이상만 입장이 가능하다.

- 제주시 한경면 용고로 154 1층 📞 064-773-9991
- 10:30~19:30(16:00~17:00 브레이크타임, 수요일 휴무)
  ※주문 마감 14:50, 18:30
- 전복돌솥밥정식 22,000원, 명문새돌솥밥정식 22,000원

오전열한시

퓨전 한식을 만드는 곳이다. 층고가 높은 실내는 노출 콘크리트에 소품을 감각적으로 배치해 트렌디한 느낌을 물씬 풍긴다. 메뉴는 3가지로 전복볶음밥, 간장새우밥, 동치미국수+수육뿐이다. 전복볶음밥은 튼실한 전복과 딱새우가 올려져 있다. 땅콩소스를 곁들여 먹는데 맛이 조화롭고 달콤하다. 3일간 숙성한 간장새우를 곁들인 간장새우밥에 고추냉이를 살짝 넣으면 알싸하면서도 감칠맛이 난다. 육쌈동치미는 시원한 동치미국수에 돔베고기를 싸서 먹는다. 칼칼한 동치미와 고기의 궁합이 일품이다. TV 프로그램 〈배틀트립〉에도 소개된 적 있다. 웨이팅이 다소 길다.

- 서귀포시 상예로 248
- 0507-1307-5576
- 11:00~17:00(수요일 휴무)
- 전복볶음밥 18,000원, 간장새우밥 15,000원

아일랜드오아시스

마을의 과일을 고르는 선과장을 이국적인 스타일로 개조한 독특한 멋의 레스토랑이다. 돌담이 보이는 통창으로 햇빛이 스며들어 고즈넉한 분위기를 더한다. 일본 프렌치 파인다이닝과 이탈리아, 스페인, 미국에서 다양한 음식을 접한 셰프가 제주의 식재료를 사용해 퓨전 음식을 선보인다. 자체 숙성 창고에서 드라이 에이징한 한우로 구운 스테이크는 가격이 합리적이다. 제주게우버터라이스는 제주산 전복 내장과 버터를 듬뿍 넣어 볶은 밥 위에 도톰한 가리비와 전복살을 토핑하고, 톳으로 테를 두른 리소토다. 고소한 버터 향과 바다 향이 입안에 가득 퍼진다. 가볍게 먹을 수 있는 한우베이컨체더버거도 인기 있다. 스테이크에 빠질 수 없는 와인은 매장에 디스플레이된 것을 골라도 좋고 콜키지 프리라 가져와도 된다. 반려견 동반도 가능하다.

- 제주시 한경면 홍수암로 555
- 0507-1355-5960
- 11:00~21:00(16:00~17:00 브레이크타임)
  ※주문 마감 20:15
- 제주게우버터라이스 23,000원, 한우베이컨체더버거 13,500원
- @island_oasis__

이춘옥원조고등어쌈밥 제주애월본점

공항 근처 서쪽 바닷가 앞에 1999년부터 긴 세월을 이어 온 맛집이 있다. 통창 가득 펼쳐진 푸른 바다를 마주하며 근사한 식사를 할 수 있는 곳이다. 묵은지 한 포기를 수북이 얹은 고등어찜은 솥단지째 나온다. 생선 비린 맛을 깔끔하게 잡아 주는 데는 신김치가 진리다. 푹 쪄진 김치를 밥에 얹어 먹으면 밥도둑이 따로 없다. 통통한 고등어 살을 발라 쌈에 싸 먹어도 맛있다. 바다가 보이는 창가 자리는 2인만 가능하고 예약은 필수다.

- 제주시 애월읍 일주서로 7213
- 0507-1402-9914
- 09:30~21:00(16:00~17:00 브레이크타임, 화요일 휴무) ※주문 마감 20:00
- 고등어묵은지찜(2인) 36,000원
- @gossam__

진미네식당

제주 시내 노형동에 있는 백반 맛집이다. 진미정식은 강된장, 고등어구이, 돔베고기, 계란말이와 깔끔한 반찬으로 한 상을 가득 채운다. 노릇노릇 기름이 좔좔 흐르는 고등어구이며, 밥에 비벼도 맛있는 강된장은 부들부들한 돔베고기 쌈에 넣어도 감칠맛이 난다. 채소가 들어간 계란말이도 두툼하다. 집밥이 그리울 때 찾아가면 만족할 만하다. 재료 소진 시 조기 마감한다. 2023년 6월 기준 임시 휴무 중이며 방문 전 영업 재개 여부를 확인하자.

- 제주시 수덕5길 42
- 0507-1326-1349
- 11:00~19:00(15:30~17:00 브레이크타임, 일요일 휴무) ※주문 마감 18:30
- 진미정식 12,000원
- @jeju_jinmi

스타 셰프 in 제주

〈수요미식회〉, 〈냉장고를 부탁해〉 등 TV 요리 토크쇼에 나와 인기를 끈 대한민국 최고의 셰프들이 제주로 내려와 아름다운 풍경 속에서 맛의 향연을 펼친다. 스타 셰프들이 벌이는 음식 배틀의 현장으로 찾아가 보자.

초이당

쭉 뻗은 야자수가 늘어선 이국적인 남원 바닷가에 노란 간판이 눈에 띄는 대형 카페다. 최현석 셰프의 청담동 파인다이닝 쵸이닷 출신 파티시에가 베이커리와 디저트를 만든다. 소금빵, 우도땅콩크루아상과 당근케이크와 한라봉무스가 어우러진 초이탐라봉이 인기 있다. 3일 전 예약해야 하는 애프터눈 티 세트는 고급스러운 디저트를 모아 놓았다. 넓은 카페 천장에는 최현석 셰프가 구상한 커다란 고래 조형물이 걸려 있다. 고래가 되고자 하는 멸치들의 꿈을 형상화한 것으로 초심을 잃지 않겠다는 셰프의 다짐이 담겼다고 한다.

- 서귀포시 남원읍 남태해안로 259
- 064-764-8142
- 10:30~19:00(화요일 휴무)
  ※주문 마감 18:30
- 소금빵 3,000원,
  우도땅콩크루아상 6,900원

우동카덴

정호영 셰프가 운영하는 서울 연희동 우동카덴이 제주 중산간 조천에도 문을 열었다. 서울과 제주를 오가며 직접 요리하는 셰프의 열정 때문인지 제주 우동카덴도 연희동만큼 웨이팅이 긴 유명 맛집이 됐다. 이곳은 일본 다카마쓰 우동 맛을 그대로 재현한다. 대표 메뉴는 시원하게 즐길 수 있는 붓카케우동이다. 1차 숙성한 밀가루 반죽을 발로 밟아 주고 2차 숙성을 거쳐 면발이 탱글탱글하다. 다양한 우동과 튀김 메뉴가 있지만 흑돼지우동과 은갈치튀김은 제주에서만 맛볼 수 있는 별미다. 방문 전날 저녁 6시부터 테이블링 앱에서 예약할 수 있다.

- 제주시 조천읍 교래3길 23
- 064-784-6262
- 10:00~19:00(15:00~16:00 브레이크타임, 화·수요일 휴무)
- 붓카케우동 11,000원, 은갈치튀김 34,000원

친밀제주

제주 동쪽 중산간에 있는 버거 전문점이다. 프랑스 요리 전문가 오세득 셰프가 직접 요리하고 운영한다. 숲길에 돌을 쌓아올린 외관은 자연의 일부처럼 보인다. 입구에 서 있는 키 큰 나무도 그림 같다. 넓은 매장 안 통창으로는 아름다운 정원이 펼쳐진다.
새우버거가 다양한 샐러드와 조합된 세트 메뉴들과 한우를 넣은 오마주비프웰링턴버거 세트가 있다. 새우버거는 새우살이 넉넉하고 한우버거는 고기가 겹겹이 들어가 패티가 두툼하다. 한 끼 식사로도 손색없다. 입구에 있는 키오스크로 주문하면 된다.

- 제주시 조천읍 남조로 1781
- 0507-1394-0387
- 11:00~20:00(브레이크타임 15:00~17:00, 수요일 휴무) ※주문 마감 19:30
- 오마주비프웰링턴버거 세트 19,500원

송훈파크

송훈 셰프가 애월 숲에 만든 송훈파크는 크라운돼지 제주점과 제주빵집, 목장이 있는 공원 같은 곳이다. 서울에서도 유명한 크라운돼지는 제주 흑돼지구이 맛집이다. 유전체 선발 기술로 제주 재래돼지 혈통을 계승한 흑돼지라 맛이 특별하다. 2022 제주푸드앤와인페스티벌에서 2022-2023 고메스푼맛집으로 선정되기도 했다. '셰프의 선택' 세트를 주문하면 오겹살, 목살, 돈마호크, 쫄데기살 등 다양한 부위를 맛볼 수 있다. 초벌한 고기를 작은 배달통에 넣어 오는 게 재미있다. 직원이 정성껏 구워 주며 맛있게 먹는 방법도 설명해 준다. 잘 익은 고기는 육즙이 살아 있고 식감이 쫄깃하다. 부위별로 고추냉이, 유자소스, 소금, 갈치속젓을 찍어 조금씩 다른 맛을 즐길 수 있다. 크라운물비빔면도 매콤하면서 새콤달콤 맛있다. 베이커리 카페, 제주빵집도 들러 보자. 사방으로 통창이 난 넓은 매장 한쪽에 물이 흐르는 듯한 곡선으로 돌담을 쌓고 그 위에 빵을 진열해 놓았다. 매장 안에 꾸며 놓은 정원도 독특하다. 크림폭탄, 한라산슈크림, 타르트, 소금빵 등 종류도 다양하다. 운동장 같은 잔디밭이 펼쳐진 야외 테이블에서 쭉쭉 뻗은 나무와 숲을 바라보는 것도 운치 있다.

📍 제주시 애월읍 상가목장길 84
📞 070-4042-5090

제주빵집
- 09:00~20:30
- 소금빵 3,500원, 한라봉차 6,500원

크라운돼지 제주점
- 12:00~21:00
- 셰프의 선택 A
  (오겹살, 목살, 돈마호크)
  59,000원

상춘재

청와대에서 외빈이나 주요 손님을 접견했던 곳인 '상춘재'를 식당 이름으로 내세운 건 이곳 주인이 전 대통령을 세 사람이나 모신 청와대 출신 요리사이기 때문이다. 대표 메뉴는 비빔밥이다. 싱싱한 해산물이 들어간 것으로 유명한데 통영멍게비빔밥과 꼬막비빔밥이 인기 있다. 성게비빔밥에는 생멍게가 아니라 멍게젓이 들어간다. 5월부터 즐길 수 있는 계절 메뉴다. 샐러드와 조림, 두부, 미역무침, 나물 반찬 등의 밑반찬은 정갈하면서도 재료의 맛이 그대로 살아 있다. 곁들임 음식인 고등어구이는 화덕에 잘 구워져 겉은 바삭하고 속은 부드러우면서도 감칠맛이 난다. 식당 주인은 매일 새벽 3시 반에 일어나 음식을 준비한다고. 청와대에서 귀빈을 대접하던 그 마음 그대로 비빔밥을 정성스럽게 담는다.

📍 제주시 중앙로 598 📞 064-725-1557
🕙 10:00~16:00(월요일 및 매월 마지막 주 화요일 휴무)
　※주문 마감 15:55
💰 통영멍게비빔밥 14,000원, 고등어구이 15,000원

제주 횟집 열전

어디를 둘러봐도 푸른 바다가 펼쳐지는 섬, 제주 바다에서 잡아 올린 싱싱한 해산물을 맛볼 차례다. 제주 횟집에서는 바다를 통째로 들여 놓은 듯 고등어, 참돔, 벤자리, 구문쟁이, 다금바리 등 제철에 나는 싱싱한 자연산 회와 해산물이 한 상 가득 펼쳐진다. 바다를 품은 횟집에서 제주를 마음껏 즐겨 보자.

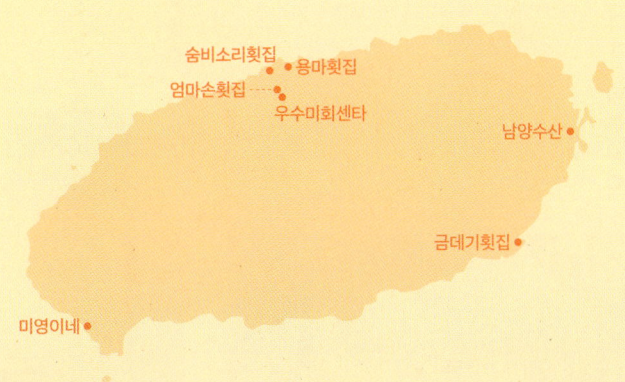

🍴 엄마손횟집

주택을 개조한 정겨운 분위기의 횟집이다. 자연산 돌돔으로 유명하다. 당일 잡은 자연산 생선만 내놓고 기본 반찬도 예약 인원에 맞춰 매일 아침 준비한다. 대가리와 꼬리까지 온전한 모습의 생선회가 나온다. 약간 그로테스크하게 보이지만 생선뼈 위로 두툼하게 썰어 낸 회는 쫄깃하고 담백한 맛이 일품이다. 몇 시간 숙성을 거치기 때문에 단맛도 극대화된다. 반찬 하나하나도 모두 정갈하고 깔끔하다. 뽀얗고 개운한 국물의 지리탕으로 마무리한다.
회 맛으로 승부하는 곳이라 예약이 늘 꽉 차 있다. 제주에 가기 전 미리 전화로 예약하자. 식사 당일이 되면 그날 준비되는 생선의 품종을 얘기해 준다. 식당 한쪽에는 주인이 꾸며 놓은 음악실이 있으며 가수 뺨치는 주인장의 노래도 들을 수 있다.

📍 제주시 연동3길 35
📞 0507-1309-0317
🕐 19:00~23:00
💰 참돔 130,000원

🍴 숨비소리횟집

제주공항 근처 도두동에는 횟집들이 촘촘히 늘어서 있다. 숨비소리횟집은 그들과 조금 떨어진 바닷가 바로 앞에 자리한다. 도민들에게 더 유명한 맛집이다. 창가에 펼쳐진 바다를 바라보며 바다 음식을 즐길 수 있다. 참돔, 다금바리 등 활어회가 신선하고 쫄깃하다. 회덮밥, 갈치조림, 갈치구이도 있다. 기본 반찬인 해삼, 멍게, 소라, 전복, 갈치회, 옥돔구이, 간장게장, 전복내장볶음밥 등이 코스 요리처럼 한 상 가득 나온다. 메인 음식 못지않게 싱싱하고 훌륭하다. 예약하지 않으면 자리 잡기 어렵다.

📍 제주시 서해안로 283
📞 064-742-8988
🕐 11:00~22:00
💰 참돔회 130,000원

🍴 우수미회센타

신제주 주택가 골목에 있어 지역 주민들만 알음 알음 찾아간 맛집이었다. 백종원 대표가 방문하고 회 맛에 반하면서 전국적으로 알려졌다. 지금은 예약 없이는 찾아가기 어려운 식당이 됐다. 시그니처 메뉴는 막회(모둠회)와 가시째 썰어서 즐기는 세꼬시. 탱글탱글 단단하고 육질이 살아 있는 도다리회는 봄과 여름, 전어는 가을이 제철이다. 졸복회는 미나리와 함께 유자 폰즈 소스에 찍어 먹으면 달콤하면서 고소하다. 이곳의 장점 중 하나는 딱 손이 가고 먹을 만한 부요리와 반찬들만 내놓는 것이다. 직접 담근 간장게장은 그것만으로도 훌륭한 일품요리다. 회국수가 기본으로 나오고, 미역과 생선 대가리가 들어간 시원하고 맑은 지리로 깔끔하게 식사를 마무리한다.

📍 제주시 연화로2길 24-1
📞 064-745-3848
🕐 16:00~22:00(수요일 휴무)
₩ 막회 60,000~80,000원,
　도다리 세꼬시 60,000~80,000원

🍴 용마횟집

제주공항 근처 풍경이 빼어난 해안도로에 있다. 석양이 물드는 바다와 그 위로 날아가는 비행기가 그림처럼 보이는 풍경 맛집이다. 고등어회, 갈치회, 대하, 전복, 고동, 석굴, 문어, 낙지 등 해산물로만 한 상을 가득 채운 쓰키다시는 카메라에 다 담기 어려울 정도다. 싱싱함은 기본이다. 어종에 따라 가격이 다르지만 가성비 좋은 자연산회를 주문하면 황돔, 벤자리, 구문쟁이, 갓돔, 벵에돔 등 제철 생선을 3가지 종류로 맛볼 수 있다. 자연산 회의 쫄깃함과 단맛이 일품이다. 마지막 코스로 채소를 곁들인 우럭탕수, 돔베고기, 매운탕까지 푸짐하게 나온다. 전복죽, 물회 등의 단품 메뉴도 인기 있다.

📍 제주시 서해안로 660 2층
📞 0507-1312-2376
🕐 12:00~21:00(15:00~17:00 브레이크타임,
　월요일 휴무) ※주문 마감 19:30
₩ 자연산고급회(소~대) 100,000~160,000원

🍴 금데기횟집

표선해수욕장 근처 횟집 중 가장 바다 가까이에 있다. 바다는 언제나 아름답지만 붉은 석양이 내리는 저녁이면 풍경에 반하고 맛에 반하는 횟집이다. 벵에돔, 참돔, 갓돔, 다금바리, 능성어의 싱싱함은 기본이고, 쌈밥부터 시작해 전복, 문어, 갈치회, 낙지 등으로 이어지는 밑반찬의 향연이 펼쳐진다. 여기에 더해 빙떡, 소불고기, 옥돔구이, 꽁치김밥, 긴 접시에 모둠초밥까지 나온다. 이곳 횟집을 찾을 때는 배 속을 가볍게 하는 게 좋을 듯하다.

📍 서귀포시 표선면 표선당포로 19-5　📞 064-787-1575
🕐 10:00~22:00(14:30~16:30 브레이크타임) ※주문 마감 21:00　💰 금데기 스페셜(1인) 80,000원

🍴 남양수산

성산의 주택가에 있는 참돔, 활고등어, 도다리 전문 횟집이다. 외관은 작고 허름해 보여도 오픈 시간부터 줄을 서야 하는 소문난 맛집이다. 참돔이 가장 인기 있다. 쌈 채소 외에 곁들여 나오는 반찬은 없다. 오로지 회에 집중한다. 생선살은 결이 살아 윤기가 흐른다. 꼬들꼬들한 식감에 단맛이 난다. 이 집에서 따로 키운 게 아닐까 싶을 정도로 '인생 참돔'을 맛볼 수 있다. 가격이 저렴하고 양이 많아 가성비도 좋다. 회가 남으면 야채 밥을 시켜 비벼 먹어도 맛있다. 곰국같이 뽀얀 지리탕은 깊은 맛이 난다. 포장도 가능하다. 휴무일은 네이버와 인스타그램에서 공지한다.

📍 서귀포시 성산읍 고성동서로56번길 11
📞 064-782-6618
🕐 14:00~21:00(비정기적 휴무) ※주문 마감 20:00
💰 활고등어 50,000원, 참돔(소~대) 60,000~80,000원
📷 @jeju_namyang

🍴 미영이네

고등어회 일번지로 명성이 높다. 제주도에서 고등어회를 다루는 곳은 수도 없이 많지만 미영이네 고등어회는 생선살의 찰기가 남다르고 쫀득한 식감이 일품이다. 고등어회를 미나리무침과 함께 김에 싸 먹는 방법까지 친절하게 설명해 준다. 미나리 외에도 김, 양념 밥, 양념 채소 등 한 점 한 점 다른 방식으로 먹는 재미도 있다. 고등어탕도 맛이 오묘하다. 감칠맛이 압도적이라 질리지 않는다. 매년 겨울(11~2월)에는 제철 생선인 방어회를 즐길 수 있다. 여름에는 객주리조림과 물회를 찾는 사람들도 많다. 캐치테이블 예약 시스템이며 대기가 길어 조금 일찍 방문하는 것이 좋다.

📍 서귀포시 대정읍 하모항구로 42
📞 064-792-0077
🕐 11:30~22:00(수요일 휴무) ※주문 마감 20:30
💰 고등어회(소/대) 60,000/85,000원

제주 흑돼지 맛집 베스트

제주 먹거리 중 가장 유명한 것을 꼽으라면 단연 흑돼지다. 제주를 찾는 사람들이 한 번은 꼭 먹고 간다는 흑돼지구이는 제주 음식의 대명사가 됐다. 곳곳에 흑돼지구이 식당이 넘쳐나지만 씹을수록 육즙이 흘러넘치고 쫄깃한 맛이 일품인 흑돼지 맛집 베스트를 소개한다.

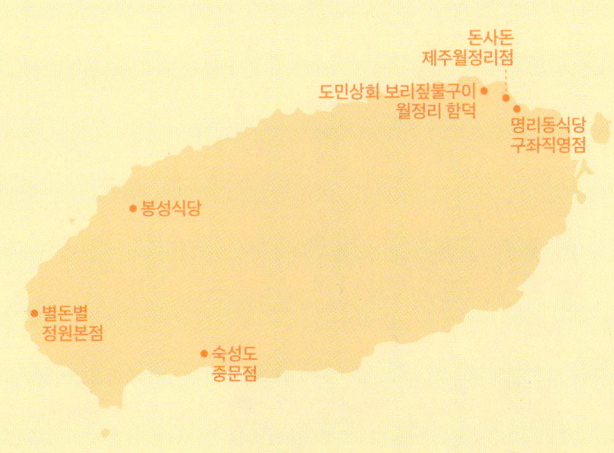

숙성도 중문점

제주도 돼지고기 음식점 중 군계일학이다. 상호 그대로 드라이 에이징한 흑돼지를 구이로 내는 집이다. 가게 한쪽 냉장실에서 갈비뼈에 붙은 등심과 앞다릿살을 숙성시켜 쓴다. 숙성한 돼지고기는 육즙이 기막히다. 두툼하게 썰어 낸 고기를 불판에 올려 살짝 구워 지긋이 베어 물면 진하고 고소한 육즙이 입안을 흔든다. 고기는 부드럽고 고소하다. 뼈등심, 뼈목살 등이 대표 메뉴다. 명란젓, 고사리 장아찌, 멜젓, 고추냉이, 백김치구이 등을 곁들이면 한없이 먹을 수 있다. 기본으로 나오는 김치찌개뿐만 아니라 갈치속젓볶음밥 등 식사도 좋다.

- 서귀포시 일주서로 966
- 064-739-5213
- 12:00~22:00(14:30~16:00 브레이크타임)
  ※주문 마감 21:15
- 960숙성흑뼈등심(350g) 38,000원,
  720숙성삼겹살 22,000원

도민상회 보리짚불구이 월정리 함덕

월정리해변에 있는 흑돼지 보리짚불구이 전문점이다. 통창 너머 아름다운 바다를 보며 흑돼지구이를 먹는 호사를 누릴 수 있다. 선홍빛을 띤 두툼한 덩어리의 흑돼지를 무게 단위 근으로 판매한다. 짚불로 초벌구이한 고기를 참숯 위에서 직원이 직접 구워 준다. 전문가의 손길이 닿은 흑돼지구이는 육즙이 그대로 살아 있고 쫄깃하다. 파채나 깻잎장아찌, 무쌈에 싸 고추냉이나 갈치속젓을 찍어 먹어도 맛있다. 두툼한 돼지고기가 들어간 김치찌개나 김치말이국수를 곁들여도 좋다. 반려견 동반도 가능하다.

- 제주시 구좌읍 행원로1길 32-3
- 0507-1429-3407 11:00~23:00
- 흑돼지근고기(600g) 72,000원,
  김치말이국수 7,000원

돈사돈 제주월정리점

돈사돈은 근고기구이 전문점으로 유명하다. 도축장에서 바로 나오는 신선한 제주 흑돼지를 써 육질이 좋다. 목살과 오겹살은 육즙이 풍부하다. 연탄을 사용해 특유의 불 향이 골고루 입혀진다. 고기를 직접 구울 필요도 없다. 직원들이 친절하게 구워 먹기 좋을 때 접시에 담아 주고, 먹는 방법까지 설명해 준다. 돼지고기와 찰떡궁합인 멜젓에 찍어 먹으면 고소한 맛이 배가된다. 식사의 끝에 김치찌개까지 맛보면 입안이 깔끔하게 정리된다. 인기가 많은 집이지만 예약 시스템이 없어 평일 낮에도 줄이 길다.

- 제주시 구좌읍 한동북1길 29-3
- 064-784-9289
- 13:00~22:00(수요일 휴무)
- 흑돼지(600/800g) 66,000/88,000원

명리동식당 구좌직영점

제주 동쪽 월정리에서 하도리 방향으로 달리다 보면 언덕 위 노란 건물에 명리동식당이라는 빨간 글자가 눈에 띈다. 도민들이 추천하는 흑돼지 맛집이다. 목살과 삼겹살을 손질하고 남은 자투리고기가 유명하다. 사장님이 생고기를 직접 숙성시켜 질이 좋다. 초벌구이한 고기를 사장님과 직원들이 직접 연탄불에 구워 준다. 통창 밖 잔디 깔린 정원과 연결돼 야외에서 먹는 느낌도 난다. 육즙이 살아 있는 고기를 멜젓에 찍어 먹으면 감칠맛이 난다. 돼지고기를 숭덩숭덩 썰어 넣은 김치전골도 맛있다. 제주 서쪽 한경면에 본점이 있고, 애월점도 있다.

- 제주시 구좌읍 일주동로 3010-17
- 0507-1424-2269
- 11:30~21:30(수요일 휴무)
  ※주문 마감 21:00
- 흑돼지삼겹(200g) 20,000원, 자투리고기(200g) 15,000원

봉성식당

애월 봉성리 조용한 마을 안에 있는 흑돼지 전문점이다. 현지인들이 좋아하고 제주를 찾은 연예인들도 많이 다녀간 맛집이다. 흑돼지와 백돼지를 근고기로 판매한다. 불판 위에 흑돼지와 제주산 고사리, 묵은지를 함께 올려 구워 준다. 이 삼합은 최상의 조합이다. 초록빛 굵은 고사리의 식감이 고기 육질 못지않다. 고사리는 추가로 주문할 수 있다. 고기를 먹고 나면 새콤하고 시원한 열무국수로 입가심을 해 보자. 언제 고기를 먹었나 싶다.

- 제주시 애월읍 봉성로 66
- 0507-1434-0068
- 11:00~22:00(15:00~16:30 브레이크타임, 매월 둘째·넷째 화요일 휴무)
  ※주문 마감 21:00
- 흑돼지오겹살(600g) 65,000원, 열무국수 7,000원

별돈별 정원본점

서쪽 하늘의 지는 노을을 바라보며 야자수가 아름다운 정원에서 고기를 구워 먹을 수 있는 로맨틱한 맛집이다. 제주산 흑돼지와 와인 1병이 나오는 세트가 인기 있다. 정원에 놓인 둥근 철판 위에서 연기를 피우며 고기를 구우면 바비큐 파티나 캠핑하는 느낌도 든다. 직원이 고기를 맛있게 먹는 법을 하나하나 설명하며 구워 준다. 고기 맛도 풍경에 밀리지 않는다. 스테이크처럼 부드럽고 육즙이 풍부한 고기와 와인이 은은하게 잘 어울린다.

- 제주시 한경면 고산로8길 21-15
- 064-772-5895
- 12:00~22:00(수요일 휴무)
- 돈별 세트(흑돼지+와인) 81,000원
- @byuldonbyul

뜨끈한 국 한 사발 ⑦

다른 지역 사람들에게는 낯선 제주 전통 음식 몸국, 제주에서 지천으로 나는 고사리와 돼지고기를 재료로 만든 고사리육개장에는 독특한 풍미가 배어 있다. 깊은 국물맛을 내는 뜨끈한 국 한 사발을 먹고 나면 여행의 피로가 사르르 녹는 듯하다. 해장국집이 이른 아침부터 문전성시를 이루는 이유일 것이다.

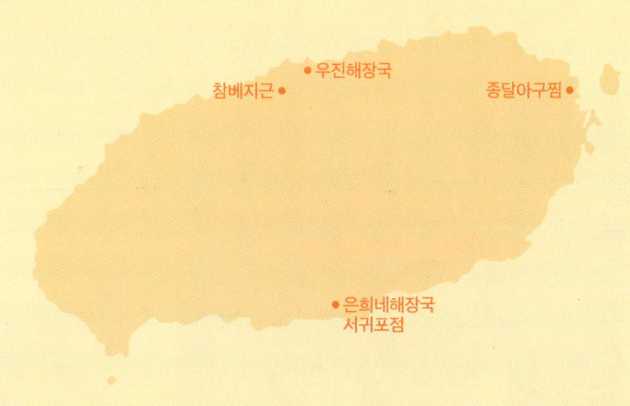

종달아구찜

조용한 시골 종달리의 아귀찜 맛집이다. 찜도 맛있지만 아귀지리탕도 일품이다. 해장국으로 이만한 게 없다. 시원하고 칼칼한 맑은국에 아귀살이 탱글탱글 부드럽게 씹힌다. 반찬도 정갈하고 맛있다. 아귀찜과 갈비를 동시에 맛볼 수 있는 아갈찜도 인기 있다. 고기 맛이 좋고, 아삭하게 씹히는 콩나물과 향긋한 미나리가 감칠맛을 낸다.

- 제주시 구좌읍 종달논길 48
- 064-782-1398
- 12:00~21:00(15:00~16:00 브레이크타임, 화요일 휴무)
- 아귀지리탕 10,000원, 아갈찜(소) 40,000원

우진해장국

〈수요미식회〉에 나와 더욱 유명해진 고사리육개장. 해뜨기 전부터 자정까지 항상 사람이 붐벼 번호표를 받고 기다려야만 입장할 수 있다. 60여 개 좌석의 식당 뒤편에는 대형 솥들이 쉴 새 없이 김을 뿜어낸다. 4월이면 제주도 지천에 자라는 고사리와 돼지고기를 형태를 알아볼 수 없을 정도로 푹 끓여 해장국을 만든다. 진한 국물맛과 죽 같은 식감은 그 옛날 배곯던 시절의 제주를 기억하고 있다.

- 제주시 서사로 11
- 064-757-3393
- 06:00~22:00
- 고사리육개장 10,000원

은희네해장국 서귀포점

은희네해장국은 제주도 내에서 깊은 맛이 나는 해장국으로 정평 나 있다. 메뉴는 소고기해장국 하나로, 따로 주문할 필요 없이 자리에 앉으면 해장국이 나온다. 구수하고 개운한 사골 국물에 선지와 양, 콩나물, 시래기, 당면이 푸짐하게 들어가 있다. 사골 국물이 어떤 해장국집보다 진한 것은 24시간 이상 푹 끓여냈기 때문이다. 해장국은 고추기름이 들어가 얼큰하면서도 개운하다.

- 서귀포시 516로 84
- 064-767-0039
- 07:00~15:00 (목요일 휴무)
- 소고기해장국 10,000원

참베지근

공항 근처 노형동에 있는 제주 향토 음식점이다. 몸국은 제주에서 손님을 대접하거나 경조사 때 먹던 귀한 음식이었다. 약재와 채소로 돼지뼈 잡내를 제거한 진한 육수에 제주산 생돼지고기, 몸(모자반), 배추, 무, 메밀가루를 넣어 걸쭉하고 담백한 맛이 난다. 돼지고기와 몸이 씹히는 식감도 좋다. '베지근하다'는 고기 등을 푹 끓인 국물이 구미가 당길 정도로 깊은 맛을 낼 때 쓰는 제주어다. 고기국수 국물보다 진하고 죽처럼 부드러워 한 그릇 먹고 나면 '베지근하다'라는 말이 절로 나온다. 고사리육개장, 돼지고기뭇국도 있다. 식당 안은 쾌적하고 깔끔하다. 놋그릇에 담긴 국과 반찬이 쟁반에 정갈하게 한상차림으로 나온다.

- 제주시 남녕로 7
- 064-749-3700
- 07:30~15:00 (토·일요일 휴무) ※ 주문 마감 14:30
- 몸국 9,000원, 돼지고기뭇국 9,000원

줄 서서 먹는 제주 김밥

평범한 김밥도 제주에서는 특별한 음식이 된다. 전복, 새우, 톳, 고사리 같은 제주에서 나는 재료가 들어가 제주에서만 맛볼 수 있는 독특한 김밥을 선보인다. 간편해서 더 좋은 김밥 한 줄 싸 들고 제주의 아름다운 풍경 속으로 소풍을 떠나 보자.

제주김만복 본점

김밥이라고 다 같은 김밥이 아니다. 김만복김밥은 제주 김밥의 대명사라고 해도 과언이 아닐 만큼 유명하다. 〈갑자기 히어로즈〉, 〈효리네 민박〉, 〈밤도깨비〉 등 다수의 TV 프로그램에도 나와 이름을 알렸다. 제주김만복의 시그니처인 전복김밥은 전복 내장을 잘 섞은 밥과 계란지단이 만나 고소하고 달콤한 맛을 낸다. 전복김밥 외에도 새콤달콤한 소스와 오징어가 절묘한 조화를 이룬 오징어무침비빔면도 맛있다. 전복이 통째로 올라간 통전복주먹밥과 미역국도 인기다. 곁들임 메뉴인 오징어초무침과 간장새우전복장도 가성비가 뛰어나다.

- 제주시 오라로 41 📞 064-759-8582
- 수~금 08:00~20:30, 토~화 08:00~19:00
- 만복이네김밥 8,500원, 오징어무침비빔면 9,500원

제주시새우리

'새우리'는 '제주시에 있는 작은 새우 마을'을 뜻한다. 제주시 원도심에 있다. 간편하게 포장해 먹을 수 있는 김밥과 컵밥 전문점이다. 다양한 방법으로 조리된 새우 요리를 맛볼 수 있다. 딱새우김밥은 치자가루를 버무린 밥에 새우로 만든 패티가 들어가 입맛을 당긴다. 새우살을 튀기고 할라피뇨와 마요네즈를 섞어 만든 소스를 발라 고소한 맛이 일품이다. 자극적이지 않아 부담 없이 먹을 수 있는 간장새우컵밥도 인기 메뉴다. 재료가 소진되면 일찍 문을 닫는다. 휴무일은 인스타그램을 통해 공지한다.

- 제주시 무근성7길 24 📞 064-900-2527
- 09:00~19:30
- 딱새우김밥 7,500원, 간장새우컵밥 8,500원
- @sewooori_jeju

도르르김밥

한림 도로변에서 간판이 크게 보이는 포장만 가능한 김밥집이다. 햄, 맛살 등 일반 김밥 재료가 아닌 고사리, 당근, 무청 시래기, 매운 고추 등 자연 재료가 많이 들어간다. 당일 생산한 영양란을 공수해 사용하고 새벽 3시부터 신선한 재료를 준비한다. 유부, 달걀, 당근을 넣은 도르르김밥, 고사리김밥, 시래기김밥, 매콤오뎅김밥, 소고기김밥, 참치가득김밥 등 메뉴도 다양하다. 매콤한 맛을 원하면 모든 메뉴에 땡초를 추가하면 된다. 포장 김밥이라 근처 해변에서 소풍을 즐기거나 차로 이동하면서 먹기에 좋다. 재료 소진이나 주문이 밀려 웨이팅이 있으니 방문 1~2시간 전 전화로 예약하자.

- 제주시 한림읍 일주서로 5903-6 1층
- 0507-1371-1337
- 07:00~14:00(화요일 휴무) ※주문 마감 13:50
- 도르르김밥 3,500원, 시래기김밥 4,500원

해녀김밥 본점

에메랄드빛 바다가 아름다운 함덕해변 가까이에 있다. 소노호텔&리조트 후문 맞은편 건물 3층에 위치한다. 제주산 재료를 넣은 해녀김밥, 딱새우김밥이 인기 있다. 오징어먹물로 물들인 까만 밥에 매콤한 양념을 한 톳이 들어가 칼칼하고 개운하다. 자꾸 손이 가는 맛이다. 딱새우김밥은 노란색과 핑크색 비주얼로 식욕을 돋운다. 전복해물라면, 성게미역국, 오징어튀김도 있다. 포장해서 바닷가로 나가 먹어도 운치 있다. 재료 소진 시 조기 마감한다.

- 제주시 조천읍 함덕로 40 3층
- 0507-1342-3005
- 09:00~17:00(목요일 휴무)
- 해녀김밥 7,500원, 딱새우김밥 8,000원

빵의 전설, 빵지순례

빵을 사랑하는 사람들에게 제주는 파라다이스다. 화려한 장식을 한 대형 베이커리 카페부터 시골 마을의 아기자기한 감성이 담긴 작은 빵집까지 섬 구석구석에서 빵 굽는 냄새가 솔솔 풍긴다. 맛있는 빵을 찾아 순례하듯 다니는 사람들에게 여기, 빵집 명소를 소개한다.

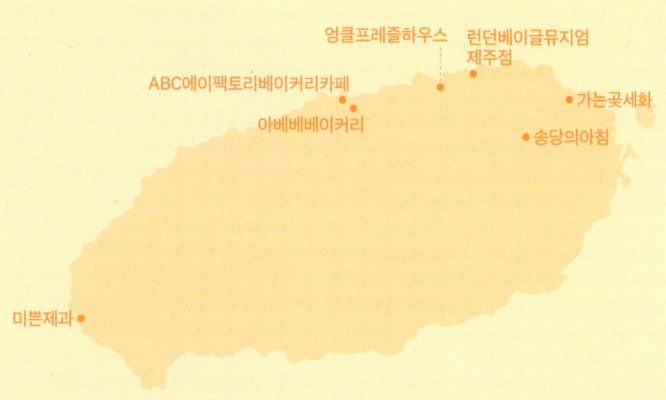

가는곶세화

창가 바 테이블에서 마을 풍경을 바라볼 수 있는 아늑한 빵집이다. 긴 나무 테이블에 단정하게 진열해 놓은 빵이 먹음직스러워 보인다. '조금 늦지만 모두에게 편안한 빵'을 추구하는 가는곶세화의 빵은 저온 발효해 깊은 풍미를 느낄 수 있다. 천연 발효종을 사용하고, 반죽 시간을 최소화해 글루텐 형성을 낮추었다고 한다. 특히 시오빵(소금빵)은 담백하면서도 짭조름해서 금세 동이 난다. 초콜릿, 무화과가 들어간 피낭시에는 겉은 바삭하고 속은 부드럽다. 고소한 맛이 일품이다. 쑥보늬밤빵, 브리오슈시나몬롤, 잠봉뵈르, 구운제주감자빵 등 맛있는 빵이 가득하다. 저녁 7시부터는 위스키와 와인을 즐길 수 있는 '위스키세화'로 변신한다.

- 제주시 구좌읍 세화14길 3
- 064-782-9006 09:30~19:00
- 시오빵 2,500원, 쑥보늬밤빵 3,600원

ABC에이팩토리베이커리카페

현지인들이 좋아하는 빵 맛집이다. 어떤 빵을 골라도 후회하지 않을 정도로 빵의 품질이 높다. 인기 메뉴는 소금빵이다. 짭짤하면서도 부드럽고 버터 향이 일품인 기본기에 충실한 맛이다. 버터스콘은 겉은 바삭, 속은 촉촉하다. 빵오쇼콜라는 초콜릿이 진하고 달콤하다. 파티시에들이 빵을 굽는 모습을 직접 볼 수 있다. 시간대마다 다른 빵이 나오기 때문에 미리 알고 가는 것이 좋다.

- 제주시 탑동로 11
- 064-720-8223
- 평일 08:30~17:00, 주말 08:30~18:00
  (화·수요일 휴무)
- 소금빵 2,800원, 버터스콘 3,500원
- @abc_bakery_jeju

 송당의아침

오렌지빛 기와지붕과 식빵 모양의 창문이 예쁜 송당리 빵집이다. 아담하고 깔끔한 공간에서 우도 땅콩, 한라봉, 제주 말차 등을 재료로 직접 굽는다. 모든 빵은 맥선 유기농 밀가루로 반죽하고, 하루 동안 저온 숙성시켜 구워 낸다. 유기농 말차가루를 넣은 반죽에 팥과 말차 크림이 가득 들어간 제주말차단팥식빵, 고소하고 부드러운 우도 땅콩 크림이 입안에서 살살 녹는 제주우도땅콩식빵, 한라봉을 그대로 잘라 넣어 향긋한 제주눈내린한라봉식빵이 인기 있다. 빵집 안에는 빵과 커피를 즐길 수 있는 작은 공간도 있다. 인기 많은 빵은 금세 품절된다. 원하는 빵이 있다면 오전 9시 이후 전화 예약도 가능하다.

📍 제주시 구좌읍 중산간동로 2254　📞 064-782-1373　🕘 09:00~18:00(목요일 휴무)
₩ 제주말차단팥식빵 6,300원, 제주우도땅콩식빵 5,500원　@songdang_morning

아베베베이커리

크림 도너츠 전문점으로 제주 로컬 음식을 재해석한 베이커리다. 가볍게 간식으로 먹기 좋은, 맛있는 빵을 만든다. 20여 종이 넘는 다양한 도너츠와 크림빵을 판매한다. 인기 메뉴는 제주오메기떡소보로도너츠, 우도땅콩크림도너츠다. 가장 기본적이고 클래식한 크림빵이 당긴다면 영실목장순수우유크림빵이 좋다. 고소하고 부드러운 우유 크림이 한가득 들어 있다. 청귤, 딸기, 사과 등 계절 과일 맛을 품은 도너츠도 판매한다. 매장 내부에 시식 공간은 없고 포장 판매만 한다.

- 제주시 동문로6길 4 동문시장 12번 게이트 옆
- 0507-1414-0750
- 10:00~21:00 ※주문 마감 20:30
- 도너츠류 2,900~3,300원, 크림빵류 3,300~3,800원
- @bakery_abebe

엉클프레즐하우스

쪽빛 바다가 아름다운 함덕해변 근처의 옛 주택을 개조한 프레즐 맛집이다. 2동의 건물도 예쁘지만 돌담 안, 키 큰 나무 아래 테이블이 놓인 마당이 운치 있다. 제주 감성과 유럽 감성이 오묘하게 조화를 이룬 건물과 마당은 곳곳이 포토존이다. 하트 모양으로 꼬아 먹음직스럽게 구운 프레즐은 겉은 바삭하고 속은 쫀득하다. 플레인, 시나몬, 블랙올리브치즈, 초코 등 종류도 다양하다.

- 제주시 조천읍 함덕27길 18-2
- 0507-1356-9424
- 10:00~20:00(월요일 휴무)
- 플레인 3,800원
- @uncle_pretzel_house

미쁜제과

대정 앞바다에서 들판 너머로 보이는, 빵집이라기에는 규모가 제법 큰 한옥집이다. 건물이 멋스러워 언제나 사람들로 붐빈다. 프랑스 유기농 밀가루를 사용해 매일 다양한 종류의 빵을 직접 굽는다. 겉은 바삭하고 속은 촉촉한 소금빵이 인기 있다. 스리랑카 딤불라 지역 다원의 홍차를 사용해 떫지 않으면서도 짙은 향을 내는 오리지널밀크티가 인상적이다. 매장 안에는 한옥 느낌을 그대로 살린 좌식 테이블도 있다. 전통 창살 문양의 창 너머로 넓은 정원과 바다가 내다보인다. 곳곳에 뻗어 있는 이국적인 야자수와 한옥이 묘한 조화를 이룬다.

- 서귀포시 대정읍 도원남로 16
- 070-8822-9212
- 09:00~20:00 ※주문 마감 19:30
- 오리지널밀크티 8,000원, 소금빵 3,000원
- @mippeun_jeju

런던베이글뮤지엄 제주점

요즘 서울에서 가장 핫한 빵집 런던베이글뮤지엄이 제주 동쪽 바다마을 동복리에 문을 열었다. 붉은 벽돌 건물 외관에서 유럽 느낌이 물씬 난다. 매장 입구에는 베이글 굽는 냄새가 솔솔 풍긴다. 제주도민은 물론 여행자들까지 몰려와 웨이팅이 필수가 된 매장 안에 들어가면 먹음직스러운 다양한 종류의 베이글이 진열돼 있다.

모든 베이글이 인기 있지만 감자치즈베이글, 참깨로 덮인 베이글에 꾸덕꾸덕한 크림치즈가 듬뿍 들어간 브릭레인샌드위치, 참깨베이글에 햄과 버터가 들어간 잠봉버터샌드위치가 대표 메뉴다. 따로 마련된 바다가 보이는 매장에서 베이글과 수프, 음료를 먹고 마실 수 있다. 제주점의 마스코트인 말 인형 '포그리'를 비롯해 런던베이글뮤지엄의 로고가 들어간 연필, 엽서, 에코백 등 굿즈도 판매한다. 매장 앞 캐치테이블로 대기 등록해야 하며, 주차장은 건물 길 건너편에 있다.

- 제주시 구좌읍 동복로 85 제2동
- 08:00~18:00
- 감자치즈베이글 5,500원, 브릭레인샌드위치 6,800원

밤의 제주에서 한잔

(10)

"떠나요 둘이서 모든 걸 훌훌 버리고 제주도 푸른 밤 그 별 아래…"
바다의 속삭임이 좋은 제주도 푸른 밤. 바닷가에서 별 헤던 제주의 밤은 이제 더 이상 심심하지 않다. 이국적인 펍과 감성에 젖게 만드는 술집에서 깊고 푸른 밤에 취해 보자. 제주의 밤은 낮보다 아름답다.

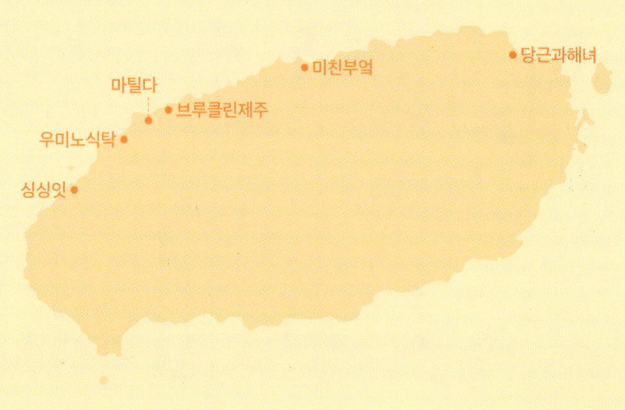

🍴 마틸다

아날로그적 감성을 제대로 느낄 수 있는 LP 바다. 가게에 들어서면 빽빽하게 꽂혀 있는 LP판과 대형 스피커가 눈길을 끈다. 칵테일, 다양한 종류의 맥주가 있다. 와인은 보틀(병)로만 판매한다. 치즈, 살라미, 크래커, 과일, 마른안주 등을 곁들이면 좋다. 듣고 싶은 음악 한 곡을 종이에 써서 디제잉 부스에 전달하면 신청곡을 차례로 틀어 준다. 2000년대 이후 발매된 국내 가요와 클래식, 트로트, 클럽 음악 신청은 안 받는다. 올드 팝과 재즈를 주로 들려준다. 음악을 좋아하는 사람은 물론 연인과 이색적인 데이트를 즐기기 좋은 장소다.

📍 제주시 애월읍 고내1길 33
📞 064-799-3629
🕒 18:00~01:00(화요일 휴무)
　※주문 마감 00:30
🍺 맥주 5,500원~, 칵테일 10,000원~
📷 @matilda.jeju

싱싱잇

깜깜한 제주의 밤을 뜨겁게 불태우고 싶다면 협재해수욕장 근처의 힙하고 핫한 싱싱잇에 가 보자. 50년 넘은 커다란 감귤 창고를 개조한 건물은 이색적인 낭만이 느껴진다. 낡은 창고 안 비스트로 펍에서는 신세계가 펼쳐진다. 'Sing Sing Eat'이라는 이름처럼 신나는 클럽 음악과 디제잉 비트에 맞춰 바비큐, 소시지, 파스타 등의 음식을 즐길 수 있다. 자체 개발 소스로 이틀간 숙성한 제주 흑돼지를 숯불에 구워 낸 바비큐는 단·짠·단·짠한 맛에 쫄깃하다. 대한민국 1호 육가공 마이스터가 만든 수제 소시지에 양파, 파프리카를 곁들인 그릴 요리도 맛있다. 칵테일, 맥주, 와인, 보드카, 위스키, 논알콜 음료 등과 함께 즐길 수 있다. 매장 안에서 향기롭게 풍기는 싱싱잇 자체 브랜드의 디퓨저, 룸 스프레이 등도 구입할 수 있다.

- 제주시 한림읍 한림로 281 ☎ 0507-1354-4841 일~목 18:30~03:00, 금·토 18:30~04:00
- 흑돼지바비큐 25,000원, 수제그릴소시지 18,000원 @singsingeat

브루클린제주

마치 외국의 라운지 펍에 온 듯한 분위기를 즐길 수 있는 이색적인 펍이다. 웰컴 드링크로 데킬라가 나온다. 칵테일, 빈티지 맥주, 논알콜 칵테일, 소프트드링크, 커피까지 다양한 음료가 있다. 특히 맥주가 맛있다. 내부 벽면에는 감각적인 영상이 펼쳐진다. 하우스나 힙합 음악이 공간 가득 울린다. 제철 과일과 치즈, 샤르퀴트리, 무화과 등을 맛볼 수 있는 젬스토랑콤보와 바삭하게 구운 닭껍질을 만두피로 한 치킨스킨뱅뱅이 인기 있다. 수제 토마토소스와 고소한 제주 유정란이 조화를 이룬 에그인헬 등 이색적인 음식도 있다. 예능프로그램 <환승연애> 촬영지로 알려지면서 손님이 더 늘었다.

- 제주시 애월읍 신엄연대길 30
- ☎ 064-799-1242
- 19:00~02:00
- 브루클린라거 10,000원, 치킨스킨뱅뱅 21,000원
- @brooklyn_jeju

미친부엌

퓨전 음식으로 창의적인 메뉴와 맛을 선보인다. 젊은이들을 사로잡은 경쾌한 분위기로 인기가 높다. 가게 이름은 미쳤다는 뜻이 아니라 맛 미(味)와 친할 친(親)의 한자 음이다. 한마디로 맛에 자신 있다는 것이다. 잘 숙성된 선어회는 깔끔하고, 치킨가라아게는 풍미와 식감이 빼어나다. 크림짬뽕은 매콤함과 부드러움이 잘 어우러진다. 고등어초회는 담백하고 깔끔하면서도 비리지 않다. 표고와 가지만두 튀김도 인기 메뉴다. 여럿이 함께 즐길 수도 있지만 혼술하기에도 더없이 좋은 곳이다. 홀로 다양한 음식을 즐기고 싶다면 고독한 미식가 세트를 시키면 된다. 연인이라면 애주가 세트가 좋다.

- 제주시 탑동로 15
- 064-721-6382
- 17:30~24:00(월요일 휴무)
  ※주문 마감 23:00
- 고등어초회 30,000원, 애주가 세트 76,000원
- @mechinkitchen

우미노식탁

제주 바다, 맛있는 음식, 한 잔의 술. 삼박자를 고루 갖춘 감성 술집 우미노식탁은 곽지해수욕장 근처에 있다. 컨테이너를 개조한 듯한 건물에 야외 테라스가 있어 감성적인 분위기를 더한다. 딱새우 세트와 사시미 세트가 있고 간단한 1·2인용 사시미도 있어 나 홀로 여행자가 혼술하기 좋다. 딱새우 사시미, 아보카도, 간장젤리를 김에 싸서 먹는 딱새우아보카도간장젤리와 가지에 다진 소고기를 넣고 튀겨 소스와 곁들이는 데미그라스나스후라이가 인기 있다. 맥주, 와인, 하이볼 등 주종도 다양하다. 주인장이 키우는 새침하지 않은 고양이도 있다. 반려동물 동반도 환영한다.

- 제주시 애월읍 금성5길 42-24
- 0507-1330-1243
- 17:00~24:00(수요일 휴무) ※주문 마감 23:00
- 딱새우아보카도간장젤리 38,000원,
  데미그라스나스후라이 18,000원
- @uminosigtag

당근과해녀

당근이 맛있기로 유명한 구좌읍에 있는 칵테일 바다. 밤이 되면 더 고요한 평대해변에서 화려한 불을 밝힌다. 실내에는 멕시코 출신의 유명 화가 프리다 칼로가 그려진 그림과 소품으로 중남미 느낌을 냈다. 지역 특색을 살린 당근 칵테일은 술의 도수가 낮고 당근의 단맛이 많이 나 이색적이면서도 인기 있다. 귀엽게 장식된 당근과 스트레이트 6잔이 나무 쟁반에 나온다. 해녀에게 공수받은 돌문어에 푸실리 파스타 면을 차게 곁들인 중남미식 샐러드, 돌문어세비체와 잘 어울린다. 와인과 맥주도 있다. 휴무일은 인스타그램에서 확인하자.

- 제주시 구좌읍 평대5길 48-1
- 0507-1427-3042
- 19:00~24:00
- 당근데킬라(당킬라) 30,000원, 돌문어세비체 27,000원
- @carrot_haenyeo

제주에서 즐기는 이색 식당 ⑪

거친 바람처럼 굴곡진 역사를 헤치며 살아온 제주 원주민의 이야기는 바다와 땅에서 나온다. 물질하는 해녀의 애환이 담긴 공연과 전통 음식을 선보이는 해녀의 부엌, 재료의 원산지를 내가 사는 마을이라고 자신 있게 소개하는 할머니의 식당. 제주에서 바람과 돌만큼 많은 여자가 정성으로 일군 이색적인 곳을 소개한다.

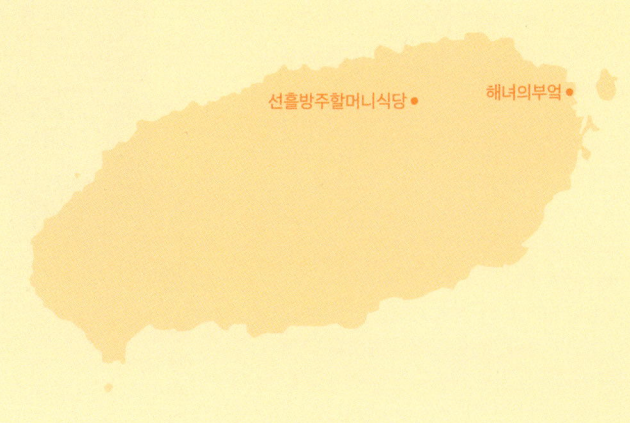

선흘방주할머니식당 •   • 해녀의부엌

해녀의부엌

구좌읍 종달리 어촌계에 소속된 해녀와 한국예술종합학교 출신 청년 예술인이 함께 운영한다. 생선을 경매하는 활선어 위판장이던 곳을 개조해 다이닝 공간으로 만들었다. 버려진 창고에 극장을 만들고, 진짜 해녀와 예술인들이 해녀들의 삶을 극화해 연기한다. 공연을 보며 식사를 즐길 수 있는 곳이다.
'이어도 사나'라는 제주 민요가 구슬프게 울려 퍼지는 공연은 바다로 나간 남편을 잃은 해녀 금덕이가 친한 동료이자 언니인 미자와 함께 물질하며 강인하게 살아가는 이야기를 담고 있다. 공연이 끝나면 해녀들이 직접 채취한 해산물로 차린 밥상을 맛볼 수 있다. 신에게 제사를 지낼 때 올리는 상웨떡, 엄마가 된 해녀가 먹었던 조배기미역국, 갈치조림, 톳흑임자죽, 군소무침, 뿔소라꼬지, 우뭇가사리무침 같은 제주 전통 음식이 맛깔스럽다. 해녀의부엌은 목·금·토·일 4일 동안 점심·저녁 두 차례 공연한다. 네이버와 홈페이지를 통해 예약 가능하다.

- 제주시 구좌읍 해맞이해안로 2265
- 0507-1385-1828
- 목~일 12:00/17:30
- 1인 59,000원
- haenyeokitchen.com

선흘방주할머니식당

중산간 마을 선흘에 있다. 곰취, 삼채, 오이, 검은콩, 단호박 등을 제주 땅에서 직접 기르고 수확해 재료 본연의 맛을 살려 음식을 만든다. 삼채곰취만두는 어디서도 맛볼 수 없는 별미다. 해저 용암 해수로 간수를 해 직접 만든 두부와 돼지고기, 삼채 등을 넣어 만든 만두소를 만두피 대신 곰취로 감싼다. 고사리, 무생채, 달걀지단에 들기름을 듬뿍 넣고 비빈 고사리비빔밥은 고소하면서도 재료 맛이 그대로 살아 있다. 이 집의 대표 메뉴는 아들이 직접 농사지은 검은콩을 삶아 갈아 만든 검정콩국수다. 노란빛이 고운 굵은 면발은 밀가루에 단호박을 갈아 넣어 반죽했다고 한다.

- 제주시 조천읍 선교로 212 · 064-783-1253
- 10:00~19:00(14:20~15:00 브레이크타임, 일요일 휴무) ※주문 마감 18:20, 동절기 1시간 단축 영업
- 검정콩국수 10,000원, 삼채곰취만두 12,000원

PART 4

휴식

제주에

쉼

풍경이 아름다운 카페 ①

카페는 감성 여행의 일번지다. 아름다운 풍경 한가운데 들어선 카페 창가에서는 쪽빛 바다의 하얀 포말이 부서지고, 대자연이 펼쳐진다. 풍경만 바라보아도 저절로 힐링이 되는 공간에서 그윽한 향이 풍기는 커피 한 잔으로 여유를 느껴 보자.

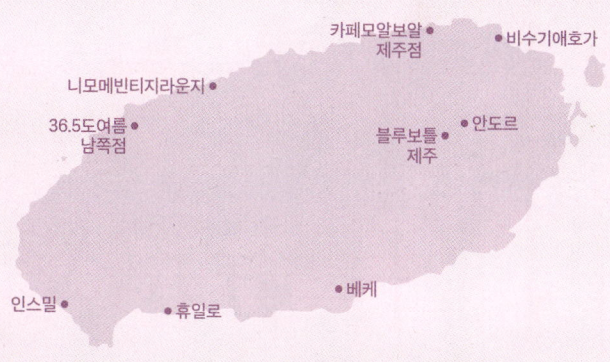

☕ 블루보틀 제주

커피업계의 애플이라 불리는 블루보틀은 2002년 캘리포니아주 오클랜드의 클라리넷 연주자이자 커피 애호가인 제임스 프리먼이 설립한 미국 스페셜티 커피 체인점이다. 로스팅한 지 48시간 이내의 스페셜티 원두만을 제공해 커피 맛이 좋다. 미국과 일본, 홍콩에서도 인기를 얻어 서울 성수동에 1호점을 열고 현재 국내 10개의 매장을 직영 운영한다. 서울과 제주에만 매장이 있다.

블루보틀 제주 카페는 구좌읍 송당리에 2021년 7월 개점했다. 제주 돌담 앞에서 파란 병 로고가 먼저 맞이한다. 커피 한 잔 내리는 데 5분 이상 걸리는 '슬로 커피'는 느린 제주와 잘 어울린다. 매장 안 통창으로 바라보는 풍경도 아름답지만, 나란히 줄을 선 나무들 너머 오름과 억새가 정원 풍경이 되어 주는 야외가 멋스럽다. 매장 안에서 로고가 박힌 다양한 굿즈도 판매한다.

📍 제주시 구좌읍 번영로 2133-30 📞 1533-6906
🕘 09:00~19:00(악천후 시 단축 영업 또는 임시 휴무)
💲 싱글오리진(드립) 6,500원

안도르

사진 명소로 유명한 송당무끈모루 앞에 있다. 송당무끈모루는 숲 프레임 사이로 멀리 보이는 오름과 삼나무숲을 배경으로 인생 사진을 찍을 수 있는 곳이다. 이곳을 찾는 사람들이 카페도 함께 찾는다. 콘크리트 외벽의 대형 카페에서 통창 너머 펼쳐지는 숲을 감상하기 좋다. 한라봉과 똑같은 모양을 한 한라봉무스케이크, 연유크림이 듬뿍 올려진 크루아상 등 다양한 베이커리와 돌땅크라테(땅콩크림라테) 등 비주얼 좋은 음료가 있다.

- 제주시 구좌읍 비자림로 1647
- 0507-1468-5536
- 10:00~20:00 ※주문 마감 19:30
- 돌땅크라테 8,500원,
  한라봉무스케이크 9,500원
- @andor_jeju_official

36.5도여름 남쪽점

지베르니에 있는 모네의 정원에서 영감을 받아 꾸민 카페다. 정원에 연못이 있어 유명한데 7·8월에는 연꽃으로 가득하다. 주택을 개조한 건물 입구에 '까아페'라고 쓴 입간판부터 빈티지로 꾸민 실내까지 아날로그 감성이 흠뻑 배어 있다. 제주 감귤로 맛을 낸 크로플, 프랑스산 고급 버터로 구워 낸 브라우니가 맛있다. 커피 맛도 좋은데 가격도 합리적이다. 감귤생맥주와 칵테일, 식사나 술안주로 좋은 나폴리탄스파게티, 닭강정 등도 판매한다. 카페 이름은 영화감독인 주인장의 시나리오 제목에서 따온 것이다. 안타깝게도 영화화되지는 못했다고 한다.

- 제주시 애월읍 애납로 165 064-799-1010
- 11:00~21:00(월요일 휴무)
- 아메리카노 3,900원,
  브라우니(소/대) 3,500/6,500원
- @365csummer_in_jeju

니모메빈티지라운지

'니모메'는 제주어로 '너의 마음에'라는 뜻이다. 바다를 바라보며 느긋하게 휴식을 즐길 수 있는 카페다. 야외 정자도 있고, 드넓은 정원이 있어 천천히 산책하기 좋다. 카페 내부는 주인의 빈티지스러운 취향이 고스란히 묻어 있다. 1층에는 컬러풀하고 아기자기하면서 이국적인 분위기가 물씬 풍기는 다양한 소품들이 곳곳에 전시돼 있다. 통창으로 바다를 바라보면서 커피를 마실 수도 있다. 그러나 니모메빈티지라운지의 진짜 매력은 지하층에 있다. 카페 주인의 애정이 담긴 컬렉션 아이템들과 앤티크 소품들이 빽빽하게 자리한다. 빈티지 카메라와 카세트, 라디오, 잡지까지 마치 타임 슬립을 해 40년 전 과거로 돌아간 느낌이다. 반려동물은 실내에선 케이지에, 외부에서는 자유롭게 뛰어놀 수 있다.

- 제주시 일주서로 7335-8
- 064-742-3008
- 10:00~20:00 ※주문 마감 19:30
- 니모메브런치 17,000원, 카멜비엔나 7,000원
- @nimome_jeju

인스밀

대정 앞바다가 마당처럼 펼쳐진 카페다. 입구부터 야자수가 늘어서 있고 짚으로 엮은 지붕이 독특해 마치 외국 휴양지 카페에 놀러 온 느낌이 든다. 넓은 내부는 심플하게 꾸몄다. 야외 정원으로 나가면 키 큰 야자수와 다양한 식물들이 숲을 이뤄 이국적이다. 여기저기 둘러봐도 모두 포토존이다. 제주 곡물을 사용한 미숫가루 같은 보리개역, 바닐라아이스크림에 튀긴 보리와 고물 떡이 토핑된 보리아이스크림이 인기 있다. 보리로 만든 스콘이나 디저트도 있다. 반려동물도 동반할 수 있다.

- 서귀포시 대정읍 일과대수로27번길 22
- 0507-1352-5611
- 11:30~18:30 ※주문 마감 18:00
- 보리개역 6,000원, 보리아이스크림 7,000원
- insmill.com

☕ 비수기애호가

구좌읍 한동리 바닷가 2층 하얀 건물의 카페 겸 와인 바다. 매장 내부 삼면이 모두 바다로 난 통창이다. 한쪽 벽면에는 판매하는 와인과 독일 빈티지 램프, 찻잔, 식기 등 아기자기한 소품을 진열해 놓았다. 유명한 구좌 당근으로 만든 당근케이크와 신선한 당근주스, 땅콩크림라테가 인기 있다. 싱글오리진 원두 부르잉 커피는 수제 커피 드리퍼 스테인리스 주전자에 담겨 감각적인 디자인의 찻잔과 함께 나온다. 주인장의 센스가 돋보인다. 하이엔드 스피커에서 흘러나오는 재즈를 감상하며 창밖의 파도가 일렁이는 바다만 바라봐도 좋은 카페다.

- 📍 제주시 구좌읍 해맞이해안로 997 2층
- 📞 064-782-4217
- 🕙 10:00~18:00 ※주문 마감 17:30
- Ⓦ 당근주스 8,500원, 땅콩크림라테 7,500원
- 📷 @slowseasonlover

베케

외국어처럼 느껴지는 카페 이름 '베케'는 쟁기로 농사짓던 시절, 밭을 일구다 나온 돌을 쌓아 놓은 돌무더기를 뜻하는 제주어다. 카페는 내부가 독특하다. 입구에서 계단을 내려가면 햇살이 스미는 커다란 통창 앞 테이블이 지면과 연결된다. 낮은 눈높이로 정원을 감상할 수 있다. 야외로 나가면 제멋대로 자란 듯한 식물이 무심해 보이는데 조경사였던 사장님이 정성으로 가꾼 정원이다. 돌담, 이끼, 고사리, 갈대, 야자수, 비자나무, 핑크뮬리 같은 제주 식물들을 자연 그대로 옮겨 놓은 모습에 반하지 않을 수 없다. 메타세쿼이아 길로 꾸며 놓은 곳은 사진 포인트다. 이곳은 '풍경 맛집'만이 아니다. 쿠키와 말차를 올린 돌담슈페너와 에스프레소에 우유를 넣고 흑임자 크림을 올린 흑임자라테도 맛있다.

- 서귀포시 효돈로 54
- 064-732-3828
- 10:00~18:00(화요일 휴무)
- 돌담슈페너 8,000원, 흑임자라테 7,000원

☕ 카페모알보알 제주점

제주 동쪽 김녕에서 월정리 방향으로 해안도로를 달리다 만나게 되는 바닷가 앞 넓은 정원이 있는 카페다. '모알보알'은 '거북이 알'이라는 필리핀어로 세부섬의 한 지명이기도 하다. 제주 동쪽 푸른 바다를 바로 앞에 두고 보헤미안, 모로칸, 사이키델릭 분위기로 실내를 꾸며 외국 휴양지 느낌이 난다. 잔디가 깔린 마당에는 카펫, 푸프, 빈백 등을 놓아 바다를 바라보며 한가롭게 쉴 수 있다. 바다를 배경으로 놓인 피아노, 욕조, 침대 등 독특한 포토존도 있다. 노키즈존이며 반려견 동반은 가능하다.

- 📍 제주시 구좌읍 구좌해안로 141
- 📞 010-5039-3506
- 🕐 10:00~20:00 ※주문 마감 19:30
- Ⓦ 아메리카노 7,000원, 카페라테 7,500원
- ⓘ @moalboal.jeju

☕ 휴일로

카페 내부와 테라스에서 푸른 바다가 내다보이는 풍경이 아름다운 카페다. 야자수가 쭉 뻗은 카페 앞마당은 하와이 해변처럼 이국적이다. 카페 옆 정원에는 돌담을 쌓아 만든 포토존이 있다. 산방산과 해안을 따라 쭉 펼쳐진 신비로운 절벽 박수기정이 돌담 프레임 너머로 보인다. 진한 콜드브루 위에 크림이 흘러내릴 듯한 아인슈페너, 제주 말차 파우더와 신선한 우유를 블렌딩해 크림을 올린 설록라테가 인기 있다. 베이커리와 케이크도 다양하다. 2층 루프톱에 올라가면 사방이 확 트여 시원하다. 반려동물은 동반할 수 있지만 목줄 착용 후 야외만 가능하다. 루프톱은 노키즈·노펫존이다.

- 📍 서귀포시 안덕면 난드르로 49-65
- 📞 010-7577-4965
- 🕐 10:00~20:00 ※주문 마감 19:30
- Ⓦ 휴라테 8,500원 ⓘ @hueilot

커피와 디저트가 맛있는 카페 ②

제주에는 풍미 가득한 커피 한 잔, 달콤한 케이크 한 조각으로 여행자의 입맛과 감성을 사로잡은 카페가 많다. 좋은 원두를 골라 직접 로스팅해 커피를 내리거나 신선한 재료에 특별한 비법을 담아 비주얼까지 아름다운 디저트를 만들어 낸다. 바리스타 경연장을 방불케 하는 카페 성지를 소개한다.

☕ 볕이드는곳벤디

한라수목원에 있는 디저트 카페다. 조용하고 쾌적한 숲세권을 자랑한다. '벤디'라는 카페 이름은 '볕이 잘 드는 곳'이라는 제주어다. 흐리면 흐린 대로, 비가 내리면 비가 내리는 대로 카페에 앉아 나무 가득한 숲을 보고 있으면 마음이 절로 편안해진다. 여러 가지 색의 돌하르방과 에펠탑 등 다양한 포토존이 있다. 볕이드는곳벤디는 디저트가 특히 맛있다. 타르트, 크루아상, 마들렌 등 종류도 다양하다. 반려견도 동반 입장할 수 있다.

📍 제주시 은수길 65
📞 064-746-1541
🕐 10:00~22:00 ※주문 마감 21:50
💰 아메리카노 4,500원, 바닐라라테 5,500원
📷 @seoli.j

 제레미

애월리 한적한 골목에 있는 제레미는 1인이 운영하는 작은 카페다. 매장은 좁고 의자도 불편하다. 인테리어라고는 스테인드글라스 유리창이 전부다. 그 흔한 포토존도, 화려한 디저트도 없다. 제레미는 오직 커피로 감동을 주는 곳이다. 커피 내리는 우아한 손길과 잔잔하게 퍼지는 향으로 커피가 완성된다. 따뜻한 조명 아래 낮게 깔리는 음악을 들으며 커피 한잔을 마시고 있노라면 이곳이 애월 최고의 커피 맛집인 이유를 저절로 알게 된다. 베이스 커피가 맛있으니 라테도 풍미가 깊다.

- 제주시 애월읍 애월로 106-1
- 070-7717-6857
- 09:00~17:30(일·월요일 휴무)
  ※주문 마감 17:15
- 핸드드립 6,000원, 제레미커피 6,000원

카페단단

붉은 벽돌 외관이 돋보이는 카페다. 아담한 공간에 아치 모양으로 난 통창이 멋스럽다. 무엇보다 카페단단은 커피에 진심을 담았다. 스페셜티 등급의 에티오피아 모모라 G1, 아다도 G1 원두를 블렌딩한 커피는 적당한 산미와 고급스러운 단맛이 난다. 좋은 원두를 쓰지만 가격은 합리적이다. 메뉴 '그거'는 일종의 오늘의 커피다. 그날그날 상태 좋은 원두를 선별해 내려 준다. 친절한 사장님은 커피에 대한 지식도 대단하다. 제주유기농레몬에이드 등 제주의 재료를 십분 살린 음료도 있다.

- 제주시 관덕로4길 1-6 1층
- 0507-1336-2824
- 11:00~18:00(수·목요일 휴무)
- 퐁당라테 6,500원,
  제주유기농레몬에이드 6,500원
- @cafedandan

☕ 애월후식

느긋하게 브런치를 즐기기 좋은 로컬 맛집이다. 내부는 오래된 고택의 느낌이 물씬 풍긴다. 천장에 드러난 서까래와 핑크빛 벽이 언밸런스하면서 오묘한 조화를 이룬다. 시그니처 메뉴인 수플레팬케이크는 주문받은 후 머랭을 치고 반죽하기 때문에 시간이 제법 걸린다. 몽실몽실한 팬케이크와 신선한 과일로 플레이팅한 비주얼도 만족스럽다. 달달하고 부드러운 수플레는 양도 넉넉해서 한 끼 식사로도 충분하다. 커피도 맛있고, 동백꽃 향과 열대과일의 풍미가 있는 블렌드 티도 매력적이다.

- 📍 제주시 애월읍 납읍로 21 📞 0507-1344-8674
- 🕐 11:00~19:00(목요일 및 매월 마지막 주 금요일 휴무) ※주문 마감 18:00
- 💰 수플레팬케이크 15,000~17,000원   @aewolhusik

☕ 브라보

제주의 천연 재료로 젤라토를 만든다. 비건들도 안심하고 먹을 수 있는 식물성 재료를 쓴다. 매장은 스탠딩 테이블 2개가 있는 아담한 공간이다. 젤라토 종류는 모두 12가지. 한 컵에 2가지 종류의 아이스크림을 선택할 수 있다. 소금바질우유 맛이 가장 인기 있다. 바질 향이 입안에서 감돌다 짭조름한 소금이 단맛을 한층 올려 준다. 부드럽지만 쫄깃한 질감이 일품이다. 제주의 식재료를 살린 우도땅콩, 보리개역, 성읍말차 맛도 맛있다.

- 📍 제주시 산지로 19 1층 📞 064-759-0019
- 🕐 12:00~20:00(화요일 및 매월 마지막 주 수요일 휴무)
- 💰 1컵(2가지 맛) 6,000원
- @bravo.gelato

☕ 당근과깻잎

오래된 제주 돌집의 감성이 곳곳에 묻어 있는 당근주스 맛집이다. 건강한 농산물을 생산하는 제주 농부들이 함께 만든 카페다. 농부의 손으로 꾸민 낡았지만 투박한 인테리어가 정감 있다. 건물 뒤에는 넓은 당근밭도 있다. 당근이 맛있기로 유명한 구좌에서 유기농으로 재배한 당근을 착즙기로 바로 내려 신선함은 기본이다. 당근주스 한 잔에 5개의 당근이 들어가 진한 주황빛과 진한 맛을 낸다. 당근을 싫어하는 사람도 달콤한 주스 한 잔에 입맛이 변할지도 모른다.

📍 제주시 구좌읍 평대7길 24-3
📞 064-782-0085
🕙 11:00~18:00
💰 당근주스 7,000원, 감귤주스 6,000원

☕ 모뉴에트

'겉바속촉'의 까눌레가 매력적인 디저트 맛집이다. 공간 한쪽을 차지하는 하이엔드 오디오와 다양한 LP 음반도 눈길을 사로잡는다. '음악을 사랑하는 아빠가 만든 공간'이라는 문구처럼 주인장이 엄선한 감미로운 음악이 잔잔히 흐른다. 인기 메뉴인 모뉴에트라테는 까눌레 모양으로 얼린 에스프레소 큐브에 아몬드 밀크를 부어 달콤한 그래놀라를 섞는 과정이 독특하다. 달지 않고 뒷맛이 깔끔하다. 까눌레는 일반적으로 들어가는 럼주 대신 한라산소주를 넣어 더 담백하다. 준비한 까눌레가 소진되면 조기 마감한다.

📍 제주시 구좌읍 종달동길 23 📞 010-5746-5316
🕙 11:00~19:00(수요일 휴무) ※주문 마감 18:15
💰 모뉴에트라테 7,800원, 한라산까눌레 3,300원
📷 @monuet__

고토커피바

80년대 주택을 개조해 일본풍으로 꾸민 인테리어가 돋보인다. 앤티크한 공간마다 감성이 남다르다. 바 테이블이 있는 공간은 알록달록한 스테인드글라스 창이 빛을 받아 화려하다. 독특한 문양의 바닥 타일이 다양한 빛으로 물드는 특별한 장면을 볼 수 있다. 방을 개조한 공간의 커다란 창으로 열매가 주렁주렁 달린 나무도 보인다. 집안에서 마당을 내다보는 것 같아 편안하고 아늑하다. 원두를 골라 마실 수 있는 필터커피와 진한 초콜릿, 말차, 호지차, 라즈베리를 넣은 테린느가 맛있다. 반려동물은 정원 테이블에서만 함께할 수 있다. 휴무일은 인스타그램을 확인하자.

- 제주시 애월읍 구엄동3길 56
- 0502-1945-9665
- 11:00~19:00(비정기적 휴무)
  ※주문 마감 18:45
- 필터커피 7,000원~, 테린느 6,200원~
- @goto_coffeebar

풍림다방 송당점

송당리 조용한 마을의 옛 주택을 개조한 카페다. 건물에는 초록 곰 로고를 문패처럼 달아 놓았다. 커피로 〈수요미식회〉에 나올 정도이니 그 맛은 인정받은 셈이다. 진한 라테 위에 직접 만든 천연 바닐라빈 크림을 올린 풍림브레붸와 아이스 버전 카페타히티가 인기 있다. 티라미수나 당근케이크도 맛있다. 창가 소반에서 마시는 차 한 잔이 고즈넉하다. 넓은 정원에 펼쳐 놓은 평상은 시골집 마당 같다. 반려동물은 실내와 야외 모두 케이지에서만 가능하다. 2023년 6월 기준 임시 휴무 중이며 방문 전 영업 재개 여부를 확인하자.

- 제주시 구좌읍 중산간동로 2267-4
- 1811-5775 10:30~18:00
- 풍림브레붸 8,000원, 카페타히티 8,500원
- @poonglim_dabang

오하효

얼핏 보면 주택 같지만 단정한 붉은 벽돌집에 우드톤 소품과 새하얀 벽이 조화를 이루는 카페다. 내부는 부부가 직접 디자인했다. 세련된 하이엔드 오디오에서는 고음질 음악이 흘러나온다. 오하효는 드립커피가 맛있기로 소문난 카페다. 원두는 때에 따라 조금씩 달라지며 인스타그램을 통해 확인할 수 있다. 타임, 세이지, 린덴 같은 허브티도 하나하나 제맛이 난다. 소금이 살짝 뿌려져 아이스크림처럼 컵에 담겨 나오는 생초콜릿은 꾸덕꾸덕하고 부드럽다. 고급스러운 초콜릿의 진한 단맛이 난다. 함께 나오는 비스킷에 발라 먹어도 맛있다. 은은한 향이 좋은 인센스 스틱 팔로산토도 판매한다. 얌전하고 귀여운 강아지가 주인과 늘 함께한다.

- 서귀포시 칠십리로 752 2층
- 010-2679-4275
- 11:00~19:00(월요일 휴무)
- 카페오레 6,500원, 생초콜릿 6,000원
- @ohhahyo

테라로사 서귀포점

강릉 테라로사 카페가 유명해지면서 전국에 하나둘 지점이 생겼다. 제주 테라로사는 쇠소깍 근처 해안도로 언덕에 있다. 붉은 벽돌 건물이 멋스럽고 통창이 시원한 카페다. 야자수와 귤나무가 숲을 이룬 야외 테라스도 근사하다. 선반에 줄지어 진열해 놓은 빈티지 커피잔도 눈길을 끈다. 테라로사는 오래전부터 커피 맛집으로 소문난 곳이다. 풍미가 좋은 다양한 원두를 취향대로 골라서 즐기면 된다. 파운드케이크, 까눌레, 크루아상, 쿠키 같은 베이커리 메뉴도 종류가 다양하다. 매장 한쪽에서 원두와 드립백, 커피잔, 향초 등의 굿즈도 판매한다.

- 서귀포시 칠십리로658번길 27-16
- 033-648-2760(본사)
- 09:00~21:00
  ※주문 마감 20:30
- 아메리카노 5,300원

수마

성산포구에서 육지로 말을 실어 나를 때, 말들을 받아들였다는 뜻에서 '받을 수(受)'와 '말 마(馬)'를 써 수마포구라 부른 곳에 카페가 있다. 제주 구옥을 잘 살린 카페는 층고 높은 천장에 샹들리에를 달아 감성적인 공간으로 꾸몄다. 창가 테이블에서 성산일출봉과 섭지코지, 광치기해변이 보인다. 어디에서도 볼 수 없는 비주얼의 브라운헤이즈는 제주 용암수로 추출한 더치 원액에 달콤한 우유를 베이스로 한다. 그 위에 직접 만든 아몬드 크림과 잘게 부서진 초콜릿 스틱을 가득 얹은 예술 같은 커피다.

- 서귀포시 성산읍 일출로 264-6
- 064-784-2902
- 10:00~18:00(수요일 휴무)
  ※주문 마감 17:30
- 브라운헤이즈 7,000원
- @jejusuma

이에르바

스페인어로 '풀, 잔디'라는 뜻의 '이에르바(Hierba)'는 조용하고 한적한 마을에 있다. 감귤 창고를 개조한 돌집 한가운데 난 창으로 시골 풍경이 보인다. 감성적인 창가 테이블은 언제나 인기 있는 명당이다. 커피도 맛있지만 애플티, 한라봉티, 소다 등 상큼한 음료도 맛있다. 이 집이 소문난 이유는 다른 데선 맛볼 수 없는 독특한 디저트 때문이다. 엄마봄쑥전은 쑥개떡을 기름에 구워 꿀, 견과류, 허브로 토핑하고, 그 옆에 나란히 무화과, 토마토, 포도, 키위, 바나나 같은 과일로 그림같이 플레이팅한다. 비주얼만큼 맛도 있다. 디저트지만 쑥떡을 몇 겹으로 올려서 한 끼 식사로도 손색없다. 공간이 넓지 않고, 주인 혼자 운영하고 있어 동반 인원 최대 5인까지 입장할 수 있다. 반려동물은 목줄을 착용해 함께 할 수 있다. 임시 휴무일은 인스타그램을 통해 확인하자.

- 제주시 조천읍 신촌남1길 33-8
- 0507-1313-7741
- 11:00~18:00(금·토요일 휴무) ※주문 마감 17:00
- 엄마봄쑥전 13,000원, 애플티 6,000원
- @cafe_hierba

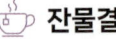 잔물결

금능해수욕장 근처에 있는 제주 돌집을 개조한 카페다. 길가에 있는 카페인데도 입구는 골목 안으로 들어가야 나오는 독특한 구조다. 팜파스가 하늘거리는 고즈넉한 야외 테라스를 지나 가게 안으로 들어가면 작고 소박한 공간이 나온다. 카페 분위기도 좋고 커피가 맛있기로 입소문이 나면서 많은 손님이 찾고 있다. 잔물결블렌드커피가 시그니처로, 밀크초콜릿의 풍미와 볶은 곡물의 고소함, 은은한 산미와 단맛의 밸런스가 좋다. 산오름크림커피는 쫀득한 크림이 일품이다.

◎ 제주시 한림읍 금능길 58-1
☎ 0507-1342-5564 ⓒ 10:00~18:00
₩ 잔물결블렌드커피 6,500원,
   산오름크림커피 6,500원
ⓘ @little_waves.jeju

파스테이스

제주에서 인생 타르트를 맛보고 싶다면 파스테이스로 가 보자. 한림 대로변에 작은 옛집을 개조한 타르트 맛집이다. 세계 최고의 조리 학교 르꼬르동블루 출신 파티시에가 매일 아침 재료를 아끼지 않고 정성을 담아 만든 포르투갈식 정통 타르트다. 빈티지로 꾸민 작은 공간에는 다양한 종류의 타르트를 진열해 놓았다. 테이크아웃만 가능하다. 에그타르트, 콘타르트, 갈릭포테이토타르트, 볼로네제타르트, 치즈타르트가 있다.

- 제주시 한림읍 한림중앙로 82
- 0507-1390-3213
- 10:30~17:00(수요일 휴무)
- 에그타르트 3,800원, 콘타르트 4,000원
- @pasteis_jeju

크래커스 대정점

오래된 감귤 창고를 모던하게 꾸민 멋스러운 카페다. 건물 주변에 팜파스가 가득해 감성을 더한다. 내부의 키 큰 초록 식물들과 천장 가까이 달린 창으로 스미는 자연광이 차가운 돌벽 집을 따뜻한 분위기로 만든다. 크래커스는 무엇보다 커피가 맛있다. 에스프레소플라이트를 주문하면 따뜻한 아메리카노와 라테를 한 번에 맛볼 수 있다. 에스프레소는 iSO100과 더블 캐스트 두 종류의 블렌드에서 선택할 수 있는데, iSO100은 다크 로스트 커피에서 느껴지는 잡미를 줄이고 단맛을 높인 묵직한 블렌드다. 크래커스 커피 로스터스에서 제조한 원두와 드립백, 굿즈도 구매할 수 있다.

- 서귀포시 대정읍 보성구억로126번길 34
- 064-792-8900
- 08:30~17:30 ※주문 마감 17:00
- 에스프레소플라이트 7,000원
- @crackerscoffeeroasters

모노클제주

감귤 농장을 개조한 넓은 정원과 벽돌로 지은 건물에서 유럽 느낌이 물씬 풍긴다. 2020년부터 4년 연속 블루리본서베이에 선정된 디저트 맛집이다. 100% 우유 버터와 우유 생크림을 넣어 스콘, 피낭시에, 컵케이크, 까눌레, 마들렌 등을 직접 굽는다. 베이커리가 나오는 시간은 각각 다르다. 시트러스, 라임, 베리, 밀크초콜릿 향의 싱글 오리진 원두로 내린 핸드드립커피와 플랫화이트도 인기 있다. 제주산 유기농 홍차에 동백 꽃잎을 넣은 동백꽃차도 향긋하다. 재즈 음악이 흐르는 빈티지한 실내 공간도 감성적이고 정원에서 바라보이는 한라산도 아름답다. 반려동물도 함께할 수 있다.

- 서귀포시 남원읍 태위로360번길 30-8
- 0507-1314-0360
- 10:00~17:00 ※주문 마감 16:30
- 버터스콘 4,300원, 동백꽃차 6,800원
- @monocle_jeju

☕ 5L2F

성경에 나오는 '빵 다섯 조각과 물고기 두 마리(5 Loaves 2 Fishes)'로 수많은 군중을 배불리 먹게 한 기적의 이야기를 이름 붙인 5L2F 카페는 제주 중산간 와흘리 조용한 마을에 있다. 황토빛 건물과 아기자기한 야외 정원에서 유럽 시골 마을 감성이 느껴진다. 매장 안의 테이블, 의자, 조명도 앤티크하다. 2층 계단으로 올라가면 다락방처럼 아늑한 공간이 있다. 직접 로스팅한 원두로 내린 커피가 맛있고 군밤 디저트가 독특해 알음알음 사람들이 찾아온다. 달콤하고 쫀득한 라테 153커피와 동물성 생크림으로 만든 크림크레마가 인기 있다. 블랙커피는 디카페인을 포함해 6가지 원두 중에서 선택할 수 있다.

- 📍 제주시 조천읍 와흘상길 30
- 📞 064-752-5020
- 🕙 10:00~18:00
  (일·월요일 휴무)
- Ⓦ 153커피 7,000원,
  크림크레마 7,000원
- ◎ @5l2f_coffee

☕ 우무

제주에서 가장 핫한 디저트 맛집이다. 우무 푸딩은 젤라틴이나 한천을 전혀 사용하지 않고 제주 해녀가 채취한 우뭇가사리로 만든다. 시그니처인 커스터드푸딩은 고소한 계란과 우유를 베이스로 달달한 맛이 난다. 제주 성읍 유기농 말차와 제주 꿀을 넣어 만든 쌉싸름한 말차푸딩, 발로나 초콜릿을 사용한 초코푸딩도 인기 있다. 당도 높은 구좌 당근을 넣은 당근푸딩은 시즌 한정으로 나온다. 귀여운 로고가 그려진 하얀 타일 건물은 그 자체가 포토존이다. 늘 웨이팅이 길다.

- 📍 제주시 한림읍 한림로 542-1
- 📞 0507-1327-0064
- 🕙 09:00~20:00
- Ⓦ 커스터드푸딩 6,800원,
  말차푸딩 6,800원
- ◎ @jeju.umu

제주만의 이색 카페 ③

단순히 커피를 마시는 공간을 넘어 기발한 아이디어로 탄생한 개성 있는 카페는 또 하나의 여행 테마가 된다. 대형 수영장에서 커피와 디저트를 즐기는가 하면, 폐교나 은행 건물이 카페로 변신하기도 했다. 오래된 목욕탕을 개조한 레트로 감성의 카페나 너른 차밭 한가운데 자리한 찻집도 만나 보자.

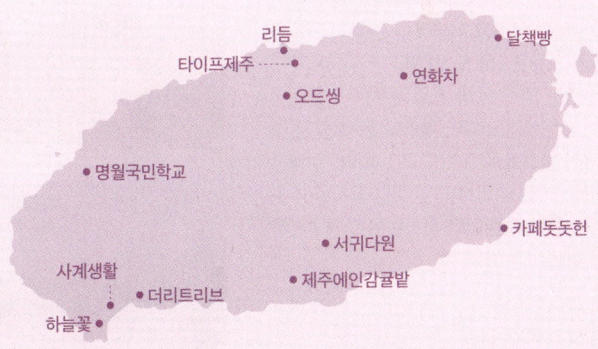

☕ 오드씽

낮에는 브런치 카페, 저녁에는 펍이 된다. 실내 건물은 1, 2층을 개조해 층고가 높고 공간이 넓다. 거대한 통창으로 보이는 수목들도 매력적이다. 야외에 커다란 수영장이 있어 이색적이다. 여름에는 주말마다 풀파티가 열리고 이국적인 분위기가 물씬 풍겨 포토존으로도 인기다. 커피, 에이드, 칵테일, 맥주 등의 음료와 시푸드플레이트, 가든샐러드피자, 파스타 등을 즐길 수 있다. 반려동물 동반도 가능하다. 수영장 이용은 2인 기준 3만 원 이상 음식을 주문해야 한다. 어린이와 청소년은 오후 4시까지 이용할 수 있다.

- 📍 제주시 고다시길 25
- 📞 070-7872-1074
- 🕙 10:00~24:00(펍 16:00부터)
  ※주문 마감 23:00
- 💰 시푸드플레이트 59,000원,
  가든샐러드썬피자 19,000원
- 📷 @oddsing_jeju

 ## 더리트리브

넓은 공간에 창이 멋스럽게 난 카페다. 오후가 되면 카페 창 깊숙이 들어오는 햇살과 바닥에 드리워진 그림자가 인상적이다. 카페의 얼굴마담 골든리트리버가 편하게 쉬고 있다. 공간 안에는 작은 스튜디오도 자리한다. 의상을 대여해 2층 셀프 스튜디오에서 사진을 찍을 수 있다. 아날로그 감성 넘치는 LP로 음악 감상도 가능하다. 여기, 더리트리브에는 감성적인 모든 것이 모두 모여 있다.

- 서귀포시 안덕면 화순로 67
- 0507-1387-8112
- 10:00~19:00(비정기 휴무)
  ※주문 마감 18:15
- 핸드드립 7,000원,
  아몬드크림라테 6,500원
- @theretrieve.crew

 ## 달책빵

카페이면서 독립서점이기도 하다. '책방'으로 잘못 읽을 수 있지만 정확하게 '책빵'이다. 책과 빵을 좋아하는 주인의 취향이 반영된 이름이다. 제주 전통 가옥을 리모델링해 깔끔하면서도 감성은 놓치지 않았다. 스무디볼, 평대 바다를 닮은 에이드 등 다양한 음료와 케이크, 식빵도 있다. 구좌 당근으로 만든 당근주스는 빼놓을 수 없는 법. 달달한 당근주스를 팩으로도 판매한다. 북마커, 엽서 등 소소한 기념품도 판매한다. 서점에서 구매한 책을 읽으며 시간 보내기 좋다. 임시 휴무 시 인스타그램을 통해 공지한다.

- 제주시 구좌읍 대수길 10-12 0507-1305-4867 11:00~18:30(일요일 휴무)
- 생당근주스 8,000원, 시그니처당근케이크 8,000원 @moonbookbread

☕ 리듬

〈효리네 민박〉에 나왔던 쌀다방 카페가 리듬이라는 공간으로 재탄생했다. 원래 오래된 목욕탕이었던 외관은 최대한 살리고 내부는 감각적인 인테리어와 앤티크한 색감을 입혔다. 옛날 목욕탕의 흔적을 찾아보는 재미도 남다르다. 시그니처 음료는 쌀라테. 달지 않고 고소한 맛이 일품이다. 스콘, 피낭시에, 브라우니 등 다양한 디저트도 맛볼 수 있다. 2층에는 액세서리, 캔들, 향수 브랜드들이 입점해 있다. 자그마한 갤러리 공간도 있다.

- 📍 제주시 무근성7길 11
- 📞 070-7785-9160
- 🕙 11:00~20:00(목요일 휴무)
- 🅦 쌀라테 6,000원

☕ 연화차

소꿉놀이하듯 차를 내리고 마시며 즐겼던 부부가 제주에 입도해 운영하는 찻집이다. 연화차는 차에 정통한 스승을 만나 한국 차를 깊이 공부한 아내의 이름을 딴 것이다. 부부는 제주의 자연에서 직접 채취한 야생초를 아홉 번 덖고 아홉 번 말리는 수작업을 통해 최고의 맛과 향을 지닌 차를 만든다. 제주 지하수를 흙으로 만든 옹기에 정화해 찻물로 쓴다. 1시간에 두 팀만 참여할 수 있는 티클래스에서 차에 대한 잔잔한 이야기를 나누며 정성껏 내려 주는 차를 마실 수 있다. 스페셜티 한 종류와 체질에 맞는 두 종류의 차, 3가지의 다식이 차례로 나온다. 차분하고 조용한 공간에서 따뜻한 차 한 잔으로 제주의 자연을 느끼며 느리게 쉬어가 보자. 예약제로 운영되며 네이버를 통해 예약할 수 있다.

- 📍 제주시 조천읍 선교로 46
- 📞 0507-1377-9974
- 🕙 10:00~17:00(수·목요일 휴무)
- 🅦 연화차 20,000원
- @yeonhwa.tea

명월국민학교

초등학교를 국민학교로 부르던 옛 시절의 추억이 그대로 묻어 있는 카페다. 명월국민학교는 1955~1993년까지 40여 년 가까이 명월리 아이들의 배움터이자 놀이터였다. 폐교 후 명월리 청년회와 마을 사람들이 뜻을 모아 70년 된 학교 건물을 갤러리 겸 카페로 변신시켰다. 건물 내부는 교실 그대로다. 복도 끝에 있는 커피반에서는 커피와 차, 디저트를 판매한다. 추억의 문방구 과자가 그 시절의 향수를 불러일으킨다. 소품반과 갤러리반에서는 명월국민학교 풍경이 담긴 그림을 감상하고 소품을 구매할 수 있다. 떡볶이, 어묵, 꼬마돈가스, 튀김, 건빵 등 어린이가 좋아할 만한 음식도 준비돼 있다.

- 제주시 한림읍 명월로 48
- 070-8803-1955
- 11:00~19:00 ※주문 마감 18:30
- 버터크림라테 6,500원, 떡볶이 4,500원
- @_lightmoon.official

서귀다원

제주시에서 서귀포 방향으로 5.16도로를 달리다 보면 길가에 작은 이정표가 있다. 한라산 해발 250m 청정 지역에서 재배한 녹차를 마실 수 있는 곳이다. 감귤밭이었던 자리를 녹차밭으로 변경해 녹차를 재배한다. 한라산을 향해 푸르게 펼쳐진 녹차밭이 그림 같다. 입구에서 다실로 향하는 오솔길에 녹차밭을 경계로 쭉쭉 뻗은 나무들이 줄지어 있어 차밭은 더 운치가 있다. 입장료를 내면 우전차와 황차가 유리병에 나온다. 창밖으로 펼쳐진 녹차밭을 바라보며 차를 한 잔씩 따라 음미하면 저절로 힐링이 된다. 직접 덖은 우전녹차, 세작녹차 등도 판매한다.

📍 서귀포시 516로 717　📞 064-733-0632　🕘 09:00~17:00(화요일 휴무)　₩ 입장료 5,000원

제주에인감귤밭

넓은 감귤밭에서 귤도 따고, 수제청도 만들고, 상큼한 음료도 마실 수 있다. 제주에서만 경험할 수 있는 제주다운 카페다. 귤밭 곳곳에 테이블과 포토존이 마련돼 있고, 카페 이용 시 무료입장이 가능하다. 카페는 야외 자리도 있고 실내 자리도 있다. 인기 메뉴는 라봉퐁당에이드와 프렌치토스트. 음료는 먹기 아까울 정도로 비주얼이 좋고 상큼하다. 프렌치토스트도 생과일을 듬뿍 올렸다. 체험형 카페여서 가족, 연인, 친구들과 즐거운 한나절을 보낼 수 있다.

- 📍 서귀포시 호근서호로 20-14
- 📞 0507-1320-3593
- 🕙 10:00~18:00(일요일 휴무)
  ※주문 마감 17:30
- 💰 라봉퐁당에이드 7,000원,
  프렌치토스트 10,000원
- 📷 @jejue_in_farm

카페돗돗헌

'돗돗'은 제주말로 '따뜻하다'는 뜻이다. 거기에 '바칠 헌(獻)'의 의미를 더해 카페를 방문하는 손님들에게 따뜻함을 선사한다는 마음을 담고 있다. 초가집의 예스러운 자태와 모던한 실내 장식이 잘 어우러진다. 이곳의 시그니처 메뉴는 제주 전통 발효 음료인 쉰다리. 유산균 음료처럼 새콤하면서도 단맛이 난다. 보리로 만든 미숫가루인 유채꿀보리개역도 인기 있다. 유기농 당근만으로 갈아낸 당근주스와 기증떡(술떡)으로 만든 와플에 아이스크림을 곁들인 돗돗기증플은 제주 재료를 살린 독특한 디저트다. 제주민속촌을 방문하고 할인 쿠폰을 제시하면 아메리카노는 50%, 다른 음료는 10% 할인해 준다.

- 📍 서귀포시 표선면 민속해안로 631-34
- 📞 064-787-4502
- 🕙 10:00~18:00 ※주문 마감 17:30
- 💰 유채꿀보리개역 7,000원
- 📷 @dotdot_heon

☕ 하늘꽃

송악산 둘레길로 가는 길에 있는 대형 온실 카페다. 주차장으로 들어가면 야외에 줄지어 서 있는 야자수가 이국적이다. 260평 규모의 건물은 벽과 천장, 사방이 유리로 돼 있어 식물원 같다. 천장에는 꽃과 식물들이 무성하게 늘어져 있고, 창밖으로 산방산이 한눈에 들어온다. 계절마다 다른 꽃이 피는 이색 카페는 드라마 〈우리들의 블루스〉에서 한지민과 김우빈이 데이트하던 장소로 나오기도 했다.

- 📍 서귀포시 대정읍 송악관광로 317
- 📞 064-792-9111
- 🕐 10:00~19:00
- ₩ 아메리카노 7,000원

☕ 사계생활

안덕면 사계리의 오래된 농협 건물을 개조해서 만든 콘텐츠 라운지다. 내부는 농협의 기존 구조와 분위기를 최대한 유지하고 있다. 문을 열고 들어서면 ATM 기계가 눈길을 끈다. 주문 카운터는 농협의 접수·수납 창구를 그대로 활용했다. 음료를 주문하면 농협의 대기번호표를 뽑아 준다. 농협 한편에 송금표 등을 작성하는 테이블도 그대로 살렸는데 송금표 대신 귀여운 엽서들이 가득 차 있다. 창가는 현무암 돌담과 선인장 정원이 꾸며져 있다. 사계생활의 포토존은 사계금고다. 금고 안에는 현금 대신 각종 그림이 전시돼 있다. 엽서, 향초, 의류, 포스터 등 다양한 소품들도 판매한다. 커피에 우유와 얼음을 넣고 시나몬 가루를 마치 돌담처럼 두른 돌담크림모카가 인기 있다.

- 📍 서귀포시 안덕면 산방로 380
- 📞 064-792-3803
- 🕐 10:00~18:00
  ※주문 마감 17:30
- ₩ 드립커피 6,000원
- @sagyelife

타이프제주

이곳은 카페인가 소품숍인가! 타이프제주는 커피와 소품을 파는 복합 편집숍이다. 구두, 액세서리, 인센스, 텀블러, 목걸이, 프라이탁 가방 등 감각적인 소품들이 가지런히 진열돼 있다. 서울에 있는 타이프 카페의 콘셉트를 그대로 가져왔다. 몸집이 큰 보더콜리가 매장 안을 누비고 다닌다. 커피는 말린 과일, 초콜릿의 풍미와 균형감이 좋은 다크 블렌드와 사과, 캐러멜 체리의 복합적인 향미가 일품인 라이트 블렌드 중 선택할 수 있다. 크리미한 맛의 아이스크림도 인기 있다. 그렇게 달지 않으면서도 진한 우유 맛이 입안을 가득 채운다.

- 제주시 서광로 32길 9
- 0507-1394-4464
- 12:00~22:00
- 크레미아아이스크림 8,000원, 필터커피 6,500원
- @isle.jeju

Special Curation

사장님은 연예인

제주가 좋아 제주에 정착한 인기 연예인들이 제주에서 제2의 전성기를 누리고 있다. 웃음을 선사하던 개그맨은 피자를 만들고, 음악을 사랑하는 뮤지션은 스페셜티 커피를 선보인다.

윤스타피자앤파스타

낙지라는 별명으로 알려진 개그맨 윤석주가 직접 만드는 화덕피자 맛집이다. 동쪽 조용한 마을 하도리에 있다. 300℃ 뜨거운 화덕에서 빠르게 구워 낸 도우는 겉은 바삭하고 속은 쫄깃하다. 100% 자연산 치즈, 올리브오일, 신선한 채소 등을 사용한다. 싱싱한 토마토와 루꼴라를 듬뿍 올리고 달콤한 소스를 곁들인 윤스타피자와 페퍼로니가 인기 있다. 제주 고사리로 만든 오일 파스타 고사리파스타도 독특하다. 사진을 좋아하는 사장님 윤스타가 사진작가로 활동하며 여행자들의 스냅 사진도 찍어 준다.

- 제주시 구좌읍 문주란로1길 74-20
- 0507-1350-7986 11:30~20:00
- 윤스타피자 25,000원, 고사리파스타 18,000원
- @gagsukju

롱플레이

이효리, 이상순 부부가 카페를 개업했다는 소식에 많은 인파가 몰려 말도 많았지만, 그 화려한 명성에 비하면 아주 작은 음악 카페다. 한적한 바닷가 마을 동복리에 있다. 음악에 진심인 사장님 이상순이 매일 플레이리스트를 선정하고 좋은 로스터들의 스페셜티 커피를 소개한다. 내부는 단출하다. 바 테이블과 창 아래 테이블 몇 개가 전부다. 한쪽에는 디제잉 부스를 갖추고, 깔끔하고 밸런스 좋은 하이파이 스피커를 달았다. 층고도 낮고, 창도 작고, 벽 재질도 매트해 음악의 울림이 없다. 대화나 커피 감상에 방해받지 않는 음악을 들려주기 위해 신경 쓴 부분이라고 한다. 롱플레이의 오리지널 블렌드인 질베르토 블렌드와 브루잉인 프릳츠, 로우키, 센터커피가 인기 있다. 롱플레이 로고가 박힌 티셔츠나 머그 등도 판매한다. 예약제이며 캐치테이블로만 예약할 수 있다.

📍 제주시 구좌읍 동복로 44
📞 070-4489-4004
🕘 09:00~17:00 (이용 시간 1시간, 수요일 휴무)
ⓦ 아메리카노 5,500원, 카페라테 6,500원
📷 @longplay_jeju

노바운더리 제주

코요태의 멤버 빽가가 운영하는 카페다. 2개의 큰 건물은 독립된 것처럼 보이지만 하나의 건물이며 중앙이 연결돼 있다. 건물 자체가 하나의 건축 예술품 같다. 오른쪽 건물은 커피와 브런치를 즐길 수 있는 카페 공간이고, 왼쪽 건물은 와인숍이다. 시음해 보고 취향에 맞는 와인을 고를 수 있다. 노출 콘크리트로 마감한 북유럽풍의 미니멀한 공간에는 백자 항아리와 간격을 벌려 놓은 테이블 외에 별다른 장식이 없다. 원두가 좋아서 커피도 맛있다. 균형 잡힌 보디감, 산미와 단맛이 조화롭다.
2층은 카페 주인이자 사진작가인 빽가를 비롯해 작가들의 사진전이 열리는 공간이다. 카페 안에서 바라보는 바깥 풍경도 아름답다. 영주산을 시작으로 따라비오름, 백약이오름, 다랑쉬오름 등 멋진 오름을 조망할 수 있다.

📍 서귀포시 표선면 번영로 2610　📞 0507-1493-8810
🕙 10:00~19:00 ※주문 마감 18:15(식사), 18:30(음료)
💰 아메리카노 7,000원, 오징어먹물리소토 23,000원

책방무사

성산일출봉 근처 수산리에 가수, 작곡가, 작가로 활동하는 요조가 낸 독립서점이다. '홍대여신'으로 불리며 인디밴드 보컬로 활동하면서 서울과 제주에 책방을 열었다. 제주의 책방은 제주점과 모두의 무사한 하루를 진심으로 바라는 마음으로 '책방무사'라 이름 짓고, 자신의 색깔과 감성을 담았다. 예전 한아름상회가 있던 제주 옛집을 개조해 독립출판 서적이나 독특한 주제를 다룬 책과 소품 등을 판매한다. 책방 옆에는 뮤지션의 공간 '무사레코드'가 있다. 음향기기와 음반, 음악 관련 서적, 필름 사진으로 꾸민 공간에서 음악이 흘러나온다. 마당에서는 작가들의 북토크나 뮤지션들의 공연이 열리기도 한다.

- 서귀포시 성산읍 수시로10번길 3
- 010-6584-6571
- 12:00~18:00(화·수요일 휴무)
- @musabooks

벨진밧

제주로 이주한 배우 박한별이 직접 운영하는 카페로 알려지면서 핫플레이스로 떠올랐다. 대정읍 영어마을 근처에 있다. 구옥을 개조한 카페 건물은 아늑하고 제주 정취가 물씬 난다. 잘 가꾼 정원과 야자수가 이국적인 분위기를 풍긴다. 카페 곳곳에는 박한별의 애정이 묻어난다. 마당에 깔린 박석에 손도장을 찍어 놓거나 손님들을 위한 안내문을 친절하게 손글씨로 써 놓았다. '별이 떨어진 밭'이라는 제주어 벨진밧의 벨을 상징하는 벨라테가 시그니처다. 정원에 일렬로 쭉 걸린 그네 의자와 유리로 마감해 하늘이 뻥 뚫린 화장실 천장도 독특하다. 반려동물도 함께 갈 수 있다.

- 서귀포시 대정읍 보성구억로 220-1
- 064-794-0121
- 10:00~18:30 ※주문 마감 18:10
- 벨라테 7,000원
- @beljinvat

자쿠지가 있는 숙소

(4)

제주의 풍경에 눈이 호강했다면 조용하고 아늑한 공간에서 몸의 호사를 누려 보면 어떨까. 정겨운 제주 옛집에 마련된 자쿠지에서 따뜻한 물에 몸을 담가 피로를 풀고 가족이나 연인, 친구와 오롯이 머물며 특별한 시간을 보낼 수 있는 숙소들을 소개한다.

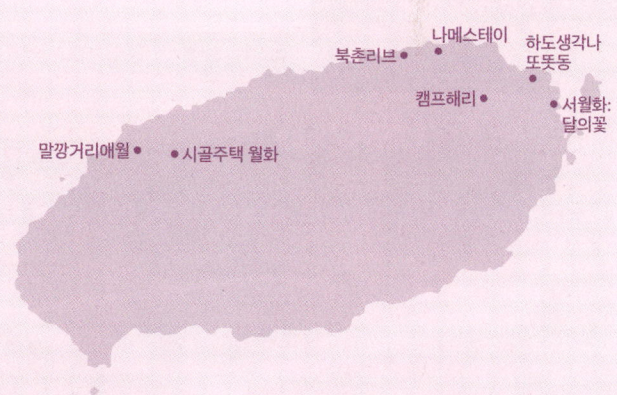

☕ 시골주택 월화

넓은 마당에 초록 잔디가 깔린 시골주택이다. 깔끔하고 감각적인 인테리어가 돋보인다. 오래된 가구들이 곳곳에 놓여 감성을 더한다. 주인장이 주방 도구, 식기 하나하나까지도 섬세하게 신경 쓴 티가 난다. 다이닝 룸은 앤티크한 공간으로 꾸몄다. 다실도 있다. 주방 천장으로 난 창에서는 햇살이 쏟아진다. 이곳의 가장 큰 매력은 야외 자쿠지다. 노을 지는 하늘과 반짝이는 별을 보며 따뜻한 물에 몸을 담그면 힐링 여행의 정점을 찍는다. 캠핑 의자와 바비큐 시설도 있어 낭만적인 캠핑의 밤도 즐길 수 있다.

- 제주시 애월읍 소길1길 23
- 010-4691-1210
- 입실 16:00, 퇴실 11:00
- 에어비앤비 및 문자 예약
- @stay_walhwa

☕ 북촌리브

제주시 조천읍 조용한 마을에 있는 독채 숙소로 전통 가옥의 모습을 그대로 살렸다. 안거리와 밖거리에 각각 잔디 마당도 있다. 정겨운 돌담집 내부는 서까래 기둥을 살려 전통적이면서도 모던하고 깔끔하다. 욕실에는 천장에 창이 나 있고 자쿠지가 있어 하늘을 바라보며 여유로운 시간을 보낼 수 있다. 마당에서 바비큐를 즐길 수도 있고, 바닷가 어촌 마을에 있어 집 밖을 산책하며 바다를 만날 수 있다.

- 제주시 조천읍 북촌11길 11
- 0507-1400-9912
- 입실 16:00, 퇴실 11:00
- 에어비앤비 및 인스타그램 DM 예약
- blog.naver.com/vkfks9909
- @jeju_bukchon_live_

☕ 말깡거리애월

'말깡거리'는 '깨끗한'을 뜻하는 제주어다. 제주 애월읍의 천연기념물인 금산공원 아래 시골 마을에 있는 돌집으로 안거리, 밖거리가 있고 창고를 자쿠지로 만들었다. 외관은 제주의 옛 감성을, 내부는 현대적 시설을 갖춘 힐링 하우스다. 공간이 넓어도 아늑한 맛이 난다. 잔디 마당은 운치 있다. 편백나무 향이 퍼지는 온실 같은 자쿠지에서 피로를 풀어도 좋다. 마당에서 바비큐 파티도 할 수 있어 숙소 안에서만 시간을 보내도 힐링이 되는 곳이다.

- 제주시 애월읍 납읍로 4길 23
- 입실 15:00, 퇴실 11:00
- 에어비앤비 예약

☕ 캠프해리

비자림 근처에 있는 캠프해리는 입구에서부터 감귤나무, 야자수, 돌담까지 볼 수 있는 제주의 원시적인 모든 것이 담긴 숙소다. 탁 트인 통창 너머로 다랑쉬오름도 보이고, 야외 자쿠지에서 멋진 숲도 볼 수 있다. 집 안 가득 자연의 아름다움을 품었다.

- 📍 제주시 구좌읍 세송로 623-1
- 📞 010-5418-4194
- 🕐 입실 16:00, 퇴실 11:00
- 💻 네이버 및 홈페이지 예약
- 🏠 campharry.modoo.at

☕ 나메스테이

조용한 바닷가 마을 김녕 돌담길 사이에 있는 작은 독채 민박이다. 제주 구옥을 개조했다. 안채에는 침실이 있고, 영화를 감상하고 다도를 즐길 수 있는 방도 따로 마련돼 있다. 소품 하나하나에 감성을 담은 따뜻하고 포근한 공간이다. 욕실에 갖춰진 고급 브랜드의 어메니티까지 세심한 서비스도 좋다. 별채는 피로를 풀며 휴식할 수 있는 자쿠지로 꾸며 놓았다. 마당에서 바비큐 파티를 할 수 있고, 생각을 잠시 내려놓고 '불멍'도 즐길 수 있다. 웰컴 와인 1병도 준비돼 있다. 자쿠지와 바비큐 1회 이용 시 각각 3만 원, 불멍은 1회 2만 원의 요금이 추가된다.

- 📍 제주시 구좌읍 김녕로3길 12
- 📞 010-5877-2177
- 🕐 입실 16:00, 퇴실 11:00
- 💻 에어비앤비 및 문자 예약
- 📷 @namae_stay_jeju

하도생각나 또똣동

구좌읍 하도리 바닷가 마을에 자리한다. 아기자기하면서도 깔끔한 공간이다. 각 동마다 개별 노천탕과 정원이 있다. 집 안 곳곳이 포토존일 만큼 예쁘다. 감성 충만한 뒤뜰도 있다. 여행으로 쌓인 피로는 창밖으로 시골 풍경이 보이는 자쿠지에서 모두 풀어 보자.

- 제주시 구좌읍 하도서길 22-6　　010-3225-3741
- 입실 15:00, 퇴실 10:00
- 에어비앤비 및 문자 또는 인스타그램 링크 예약
- blog.naver.com/remember_hado
- @remember_hado

서월화: 달의꽃

레트로 감성이 물씬 풍기는 2인 전용 숙소로 유럽 시골 마을의 아늑한 집 같다. 통통 튀는 민트색 장식용 문이 이채롭고, 곳곳에 빈티지 소품들이 무심하게 놓여 있다. 패브릭 패턴도 사랑스럽다. 연인이나 가족끼리 낭만적인 시간을 보내 보자. 프로젝터를 통해 영화를 볼 수 있는 시네마 룸이 있다. 마당이 보이는 창가에는 다도 공간이 마련돼 있다. 지미봉의 온전한 자태 앞에 놓인 야외 자쿠지는 서월화의 핵심이다.

- 제주시 구좌읍 종달논길 12　　0507-1344-2408
- 입실 16:00, 퇴실 10:30
- 네이버 및 에어비앤비 또는 인스타그램 DM 예약
- @seowolhwa_2nd

시골 풍경이 담긴 숙소

⑤

시곗바늘이 느리게 흘러가는 한적한 시골 마을. 담장 돌 틈을 비집고 풍겨 오는 바다 내음과 창 한가득 펼쳐지는 풍경화가 정감 있는 숙소들이 섬 구석구석 자리를 잡았다. 제주의 바람과 햇살이 온전히 스며드는 집 안에서 한가로운 시간을 보내고 마당 밖 동네 돌담길을 걷다 보면 마치 원주민이 된 듯하다.

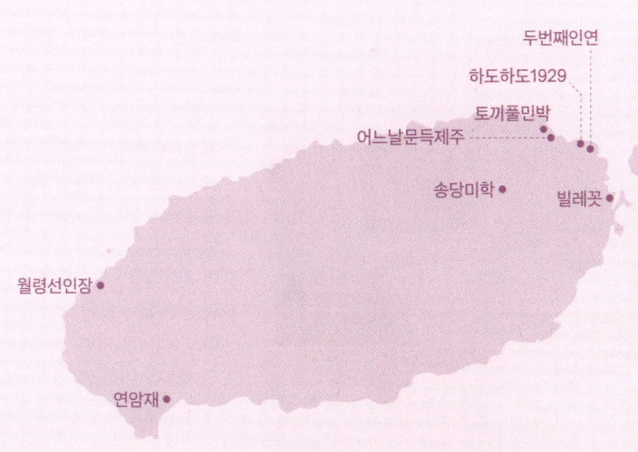

월령선인장

월령리 해안가에 무더기로 피어 있는 선인장을 콘셉트로 만든 숙소다. 내부는 키가 큰 선인장으로 장식하고 돌담 안에 자쿠지를 설치했다. 나선형 계단을 따라 옥상으로 올라가면 바다와 마을 풍경이 한눈에 들어온다. 2개의 침실 사이에 경계를 둬 서로 색다르게 꾸민 것도 이색적이다. 거실 한쪽 뱅앤올룹슨 A9 스피커에서 흘러나오는 음질 좋은 음악을 들으며 휴식할 수 있다. 유리 천장이 있는 다이닝 룸의 큰 테이블에서 만찬을 열어도 좋을 듯하다. 홈페이지 예약 시 스테이폴리오 사이트로 연결된다.

- 제주시 한림읍 월령1길 10
- 0504-0904-2049
- 입실 16:00, 퇴실 11:00
- 홈페이지 예약
- www.suninjang.co.kr
- @wollyeong_suninjang

토끼풀민박

한동리 조용한 마을 돌담을 두른 시골집들 사이에 있다. 하얀색 건물의 깔끔하고 모던한 분위기로, 감성적인 소품으로 포인트를 줬다. 방과 거실 통창으로 마당의 작은 정원과 파란 하늘, 시골 마을 풍경이 들어온다. 책, 라디오, 빔프로젝터가 있어 시골 동네에서 오붓한 시간을 보낼 수 있다. 마당 한쪽에는 발을 담그고 쉴 수 있는 족욕탕이 있다. 간식, 티, 커피, 맥주 등을 준비해 놓은 주인장의 세심한 마음 씀씀이가 좋다.

- 제주시 구좌읍 한동북1길 42
- 010-6440-7629
- 입실 16:00, 퇴실 11:00
- 네이버 및 문자 예약
- blog.naver.com/tokkipul_minbak

두번째인연

100년 넘은 제주 돌집을 개조한 숙소다. 안거리와 밖거리 건물 2동이 있다. 세월의 더께가 묻어 있는 서까래가 인상적인 고택은 모던한 가구, 소품과 조화를 이룬다. 숙소에 머물면서 집과 어울리는 콘셉트 사진을 찍을 수 있도록 복고풍 의상도 갖춰 놓았다. 정원에는 바비큐 시설도 있다. 나무 테이블에서 여유롭게 커피나 와인을 즐겨도 좋다.

⊙ 제주시 구좌읍 문주란로 3길 14-1
📞 0507-1475-1983
🕐 입실 16:00, 퇴실 11:00
💬 전화 예약

연암재

산방산 자락에 있는 연암재는 '좋은 인연이 있는 곳'이라는 의미를 담은 숙소다. 오랜 시간 국내외 특급 호텔에서 객실 매니저로 일했던 주인장의 경험을 바탕으로 편안하고 따뜻하게 머물다 갈 수 있는 숙소를 세심하게 꾸리고 있다. 연암재 건물은 모두 2동이다. 화가 윈저 조 이니스의 작품과 방문의 흔적이 남아 있는 윈저하우스는 유리 천장으로 하늘이 보이는 자쿠지가 마련돼 있다.

⊙ 서귀포시 안덕면 사계북로 76   📞 010-9662-3030   🕐 입실 15:00, 퇴실 11:00
💬 네이버 및 전화 또는 문자 예약   📷 @yeonamje

어느날문득제주

넓은 잔디 마당과 2층 다락방이 있는 독채 숙소다. 숙소 문을 열고 들어서면 다락방 진공관 앰프에서 음악이 흘러나온다. 앤티크 무드의 소파가 있는 거실 창에서 정원이 시원하게 내다보인다. 조명, 소품, 주방용품도 감성적이다. 책장에는 만화『원피스』전권이 꽂혀 있어 다락방에서 뒹굴뒹굴 만화를 보며 휴식을 취해도 좋다. 다락방과 연결된 테라스에서 바다가 보이고, 걸어서 5분이면 바다에 닿는다.

- 제주시 구좌읍 계룡길 25-10
- 010-6417-4110
- 입실 16:00, 퇴실 10:30
- 네이버 및 전화 또는 문자 예약
- blog.naver.com/a-moon
- @a.moon_jeju

송당미학

'오름의 정원'이라 불리는 구좌읍 송당리에 있는 숙소로 거실의 커다란 통창으로 보이는 풍경이 아름다운 곳이다. 삼각 지붕의 높은 천장 덕에 쾌적하고 시원한 공간감을 느낄 수 있다. 통창을 열고 나가면 툇마루에서 오름의 능선과 먼바다가 내다보인다. 흔들의자에 앉아 새소리를 듣고 시원한 바람을 맞으며 온전한 휴식을 누릴 수 있다.

- 제주시 구좌읍 송당서길 47-1
- 010-5643-1221
- 입실 16:00, 퇴실 11:00
- 문자 예약
- blog.naver.com/songdangmihak
- @songdangmihak

☕ 빌레꼿

성산의 아름다운 풍경과 어우러진 한 폭의 그림 같은 펜션이다. 건물 밖은 제주의 감성을 담은 돌담이 두르고 있다. 둥근 곡선과 아치가 예술적인 건물 내부에서는 나선형 계단으로 이동할 수 있어 마치 유럽의 성에 와 있는 듯한 느낌을 준다. 가구와 조명은 고풍스럽고 물품 하나하나에도 세심함이 묻어 있다. 거실 통창 한가득 펼쳐진 성산일출봉에서 떠오르는 아침 해를 바라볼 수 있는 풍경 맛집이다.

- 📍 서귀포시 성산읍 오조로 132
- 📞 010-2334-4962
- 🕐 입실 16:00, 퇴실 11:00
- 💬 네이버 및 문자 예약
- 🏠 villecot.modoo.at
- 📷 @ville.cot

☕ 하도하도1929

조용한 바닷가 마을 하도리에 있는 돌담이 정겨운 숙소다. 제주 전통 가옥에 모던한 분위기를 덧댔다. 서까래 기둥이 있는 거실과 현무암으로 포인트를 준 벽이 제주의 감성을 한껏 살린다. 침실은 2개가 있다. 욕조가 있는 공간 천장에 하늘이 열려 있어 노천탕에 앉아 있는 기분이 든다. 대문 밖에서 하도 앞바다까지 걸어서 5분도 채 걸리지 않는다.

- 📍 제주시 구좌읍 하도서문길 2   📞 010-5325-8297
- 🕐 입실 16:00, 퇴실 11:00   💬 네이버 및 홈페이지 예약
- 🏠 www.hadohado.co.kr

바다가 기다리는 숙소

아침에 눈을 떠 창밖을 바라보니 눈앞에 푸른 바다가 펼쳐져 있다면? 이 얼마나 설레는 일인가. 이른 새벽 바다에서 떠오르는 아름다운 일출과 어스름한 저녁 황홀하게 내려앉는 노을까지 온전히 바다를 누릴 수 있는 숙소에 머물러 보자. 이보다 더 좋을 순 없다.

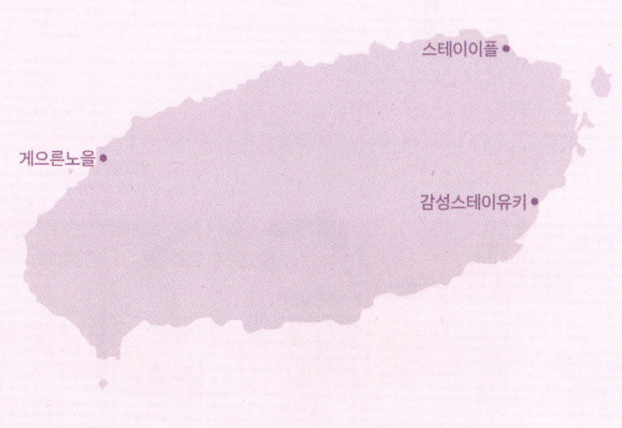

☕ 게으른노을

제주시 한림읍 바다 앞에 있는 이곳은 제주 전통 건축 방식으로 만든 돌집이다. 넓은 거실과 7m에 달하는 높은 층고가 개방감을 준다. 옛날 해녀가 목욕하던 용천수가 나는 자리에 세워진 숙소에는 실내 온수 풀도 마련돼 있다. 테라스에 앉아 노을 지는 바다를 바라보면 모든 근심이 사라질 것 같은 힐링을 위한 숙소다. 최대 6인까지 묵을 수 있다.

📍 제주시 한림읍 한림해안로 281　📞 010-3774-9111
🕒 입실 16:00, 퇴실 11:00　💬 에어비앤비 및 전화 또는 문자 예약　📷 @1st_noul

감성스테이유키

서귀포시 성산읍에 자리한 이곳은 신산리 바다를 품고 있다. 깔끔한 화이트톤 인테리어와 은은한 조명이 비치는 공간에서 파란 바다와 빨간 등대까지 한눈에 감상할 수 있다. 이른 아침 돌담으로 둘러싸인 잔디 정원에서 일출을 맞이하는 것은 신선한 경험이다. 스튜디오처럼 꾸민 내부도 인상적이다. 거실, 책을 읽을 수 있는 서재, 테라스에서 보이는 바다, 타일마저도 세련된 야외 자쿠지까지 이름처럼 곳곳에서 감성을 느낄 수 있는 숙소다.

- 서귀포시 성산읍 환해장성로 117
- 010-3425-2333
- 입실 16:00, 퇴실 11:00
- 네이버 및 에어비앤비 또는 문자 예약
- blog.naver.com/unbalance8_8
- @jeju_yuki08

스테이이플

제주 동쪽 구좌읍 한동리 작은 바닷가 마을에 있는 곳으로 소박하고 아담한 독채 숙소다. 바닷가 바로 앞에 있는 낮은 돌집과 마당을 주인장이 정성 들여 가꾸었다고. 침실 창으로 아침볕이 가득 든다. 초록 잔디 마당을 두른 돌담 너머로 보이는 바다에서 아침에는 눈부신 일출을, 저녁에는 고즈넉한 일몰을 감상할 수 있다.

- 제주시 구좌읍 한동북1길 57
- 010-7449-1361
- 입실 16:00, 퇴실 11:00
- 네이버 및 문자 예약
- stayeple.modoo.at @stay_eple

놀멍쉬멍 복합 리조트 ⑦

고급스럽고, 세련된 감각의 숙소를 원한다면 복합 리조트를 추천한다. 글로벌한 규모의 리조트에는 대형 풀과 테마파크, 쇼핑몰까지 갖추고 있어 한 공간에서 온전히 하루를 즐길 수 있다. 세계 일류 셰프들이 선보이는 요리를 맛보고, 전망 좋은 스카이라운지 바에 앉아 가볍게 술잔을 기울이며 호캉스를 제대로 즐겨 보자.

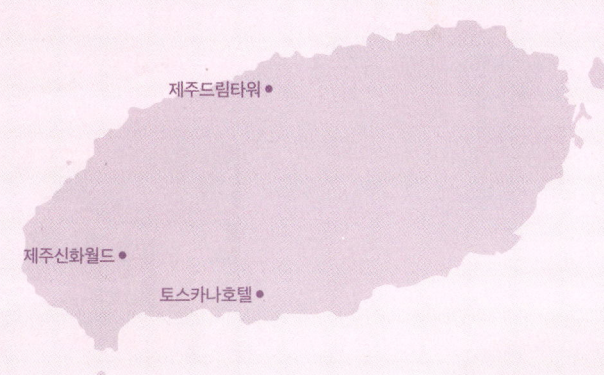

☕ 제주드림타워

제주를 방문하는 MZ세대는 물론 유명 셀럽도 자주 찾는 핫플레이스 제주드림타워는 롯데시티호텔(89m)의 2배 높이에, 면적은 여의도 63빌딩의 1.8배에 달하는 리조트다. 그랜드하얏트가 운영하고 객실 전체가 스위트급이다. 일반 5성급 호텔보다 큰 규모의 스탠더드 객실은 슈퍼 킹사이즈 침대와 4인용 소파 세트, 다이닝 테이블 등을 갖췄다. 프리미어와 슈퍼 프리미어 객실도 있다. 제주 도심이 한눈에 보이는 전망도 일품이다. 8층부터 38층까지 있는 1,600개 객실은 어디서든 한라산과 바다, 도심 풍경을 2.7m 높이의 통유리를 통해 감상할 수 있다. 차이나하우스, 유메야마, 녹나무, 그랜드키친, 스테이크하우스 등 직영으로 운영하는 14개 레스토랑과 바에선 세계 일류 셰프의 요리를 맛볼 수 있다. 드림타워 38층에는 관광객들이 즐겨 찾는 스카이 바 '라운지 38'과 호텔식 포장마차 '포차' 등이 있다. 제주드림타워의 시그니처인 사계절 온수풀 '야외 풀데크'는 제주 최대 규모를 자랑한다.

📍 제주시 노연로 12
📞 1533-1234
🕒 체크인 15:00, 체크아웃 11:00
🏠 www.jejudreamtower.com
📷 @jejudreamtower

휴식 _ 제주에 (쉼)

제주신화월드

국내 최대 규모의 복합 리조트 제주신화월드는 4개의 5성급 호텔과 콘도 브랜드에 2,000개 이상의 객실을 보유하고 있다. 테마파크, 워터파크를 포함한 놀이 시설까지 갖춘 '올인원 호텔'이자 제주의 관광 명소다. 이곳은 메리어트관, 신화관, 서머셋, 랜딩관 등 4가지 종류의 숙박 시설을 갖추고 있어 취향에 맞게 호텔을 고를 수 있다.

최고급 숙소에서 조용하게 휴식을 취하고 싶다면 메리어트관이 제격이다. 거실 내부가 고급스럽고 비즈니스 환경을 제대로 갖추고 있다. 신화관은 야외 스카이 풀이 서귀포의 명물 중 하나로 꼽힌다. 객실에서는 멀리 제주 남서쪽 바다까지 볼 수 있다. 랜딩관은 가성비가 좋은 호텔이다.

- 서귀포시 안덕면 신화역사로 304번길 38 ☎ 1670-8800
- 체크인 15:00, 체크아웃 12:00(서머셋 11:00) www.shinhwaworld.com @jejushinhwaworld

토스카나호텔

토스카나호텔은 '삶을 풍요롭게 하다'라는 비전 아래 프리미엄 서비스를 제공하는 이탈리안 감성 호텔이다. 태양을 닮은 주황색 테라코타 지붕과 밝은색 벽돌 건물은 마치 이탈리아 토스카나의 들판 한가운데 있는 주택 같다. 사계절 운영하는 야외 온수 풀 덕분에 가을, 겨울에도 따뜻하게 물놀이를 즐길 수 있다. 신관 키즈 룸에는 실제 움직이는 자동차처럼 엔진 소리와 조명이 작동되는 자동차 침대가 있어 아이들과 동반하기 좋다.

- 서귀포시 용흥로66번길 158-7
- 064-735-7000
- 체크인 15:00, 체크아웃 11:00
- thesiena.co.kr/content/toscana
- @hotel_toscana_jeju

제주 입도 정보

1 항공편

신비의 섬 제주로 입도할 때 가장 빨리 가는 방법이다. 제주 여행을 계획했다면 먼저 항공권부터 예약하자. 비용을 절약해 항공권을 구입하려면 항공권 가격 비교 사이트를 활용하는 게 좋다. 자체 검색 엔진이 최저가 순으로 가격을 알려준다. 각 항공사에서 진행하는 할인 이벤트 정보도 놓치지 말자.

항공권 가격 비교 사이트

네이버 항공권
국내 최대 포털 서비스에 연동된 항공권 검색 기능이라 자료가 방대하다. 모든 항공사의 제주 관련 실시간 항공권을 검색할 수 있다.
🏠 flight.naver.com

웹투어
여행사에서 운영하는 항공권 비교 사이트다. 항공권뿐만 아니라 선박 여행은 물론 렌터카, 숙소까지 한자리에서 비교 검색할 수 있다.
🏠 www.webtour.com

제주닷컴
제주로 가는 실시간 항공권을 비교 검색할 수 있다. 출발이 빠른 순, 가격이 낮은 순으로도 검색할 수 있다.
🏠 www.jeju.com

스카이스캐너
여행 출발이 임박했다면 스카이스캐너의 임박 상품·땡처리 항공권을 구매하는 것도 저렴하게 예약하는 방법이다.
🏠 www.skyscanner.co.kr

> **Tip 한 번 더 체크!**
> 가장 저렴한 항공권을 검색했다면 해당 항공사 공식 홈페이지에서 같은 시간대의 항공권을 찾아보자. 수수료를 받는 구매 대행 사이트보다 항공권 가격이 저렴한 경우가 많다. 항공을 자주 이용하는 경우, 항공사 한 곳을 꾸준히 이용하면 회원 등급에 따라 마일리지는 물론 우선 탑승, 수하물 우선 처리, 수하물 무게 업그레이드 등의 혜택을 받을 수 있다.

2 배편

제주 한 달 살기가 유행하면서 장기 체류를 위해 많은 짐을 배에 싣고 제주로 입도하는 사람들이 늘고 있다. 수도권 출발 기준, 배를 이용하면 항공보다 시간은 많이 걸리지만 비용면에서 훨씬 경제적이다. 선박에 자동차나 자전거를 싣고 갈 수 있어, 렌트 비용도 절약된다.
제주항 여객선 항로는 목포, 우수영, 진도, 완도, 여수, 고흥(녹동), 부산, 사천(삼천포), 인천이 있으며 지역별로 소요시간과 운항시간 등이 다르다.
요금은 고흥-제주 간 3등 객실 기준 26,000원(주말 28,000원)이며, 가장 먼 인천 32인 마루형이 54,000원(주말 59,400원)이다. 배편 요금은 매해 바뀌니 선사 홈페이지나 전화로 확인해 보자. 차량 선적비는 차종마다 차이가 있고 수입차는 가격이 높다.

항로	선명	소요시간	예약문의	홈페이지
목포-제주	퀸제누비아	4시간 30분	씨월드고속훼리 064-758-4234	www.seaferry.co.kr
	퀸메리2	4시간 30분		
우수영-제주	퀸스타2	3시간 (추자 경유)		
진도-제주	산타모니카	1시간 30분		
완도-제주	실버클라우드	2시간 40분	한일고속 1688-2100	temp.hanilexpress.co.kr
	블루펄	2시간 40분		
여수-제주	골드스텔라	5시간 30분		
고흥(녹동)-제주	아리온제주	3시간 40분	남해고속 064-723-9700	www.namhaegosok.co.kr
부산-제주	뉴스타	11시간	엠에스페리 064-805-9118	msferry.haewoon.co.kr
사천(삼천포)-제주	오션비스타제주	6시간 30분	현성MCT 064-759-8486	www.oceanvista.co.kr
인천-제주	비욘드트러스트	14시간 30분	하이덱스스토리지 064-753-4002	ihydex.com

Tip 신분증 소지 체크!

항공 및 여객선 탑승 시에는 신분증이 필요하다. 공항이나 연안여객터미널 내에 무인민원발급기가 설치돼 있으나 기기 결함 등에 대비하여 미리 준비해 가자. 성인이라면 주민등록증, 운전면허증, 여권, 모바일 신분증 등을 준비하고 미성년자의 경우 여권, 학생증과 청소년증, 가족관계증명서, 등본, 건강보험증 등이 신분증으로 인정된다.

- 여객선사와 해상기상 상황에 따라 운항 여부 및 터미널 위치가 변동될 수 있으니 사전에 여객선사로 확인하는 것이 좋다.
- **전국여객선운항안내**
  - 1544-1114
- **제주항여객터미널**
  - 064-720-8520~5
  - jeju.ferry.or.kr
- **가보고 싶은 섬** (예매)
  - island.haewoon.co.kr

제주 교통 정보

1 렌터카로 여행하기

제주 여행 교통의 대세는 렌터카다. 항공을 이용해 입도한 여행자 대부분이 렌터카를 찾는 만큼 제주에는 수많은 렌터카 업체가 있다. 렌터카를 이용하려면 다양한 정보를 활용해 사전 예약하는 게 좋다. 제주공항 1층 5번 게이트로 나가면 길 건너편에 렌터카 대여소로 가는 셔틀버스 주차장이 있다. 예약한 렌터카를 인수하려면 이곳에서 각 업체가 운영하는 셔틀버스를 타면 된다.

제주 렌터카를 제대로 활용하기 위한 7가지 팁

시기별로 렌터카 요금이 다르다

성수기에 렌터카를 미리미리 예약하지 않으면 원하는 차량을 빌리기 어렵다. 게다가 가격도 비싸다. 비수기와 비교해 3~4배까지 가격이 오르는 경우도 있다. 반대로 비수기에는 아주 싼 가격으로 차량을 빌릴 수 있다. 빠른 예약으로 싸고 좋은 차량을 선택하자. 제주 여행의 반은 드라이브다.

가성비를 고려하라

제주도 렌터카는 업체마다 이벤트나 추가 할인 조건을 내세운다. 이에 따라 가격이 천차만별이어서 업체 홈페이지를 방문해 대여 요금을 직접 비교해 보는 것이 좋다.

가격은 렌트비와 보험료를 합해 비교해야 한다. 렌트비는 싸게, 보험료는 비싸게 받는 업체도 있기 때문이다. '카모아(carmore.kr)' 같은 렌터카 가격 비교 사이트도 있으니 참조해 보자.

혼자나 둘이 여행할 때 연료비를 아끼려 LPG 차량을 선택할 때도 있다. LPG는 의외로 연비가 낮고 충전소도 많지 않아 연료가 부족해지면 낭패 보기 십상이다. 가성비를 고려한다면 경차나 소형 휘발유 차량을 선택하는 게 낫다. 제주는 규정 속도 30~50km 구간이 많아 과속하지 않는다면 안전에 큰 문제가 없다. 가족 여행이나 소규모 단체 여행이라면 카니발, 스타리아 같은 대형 SUV가 경제적이다.

전기 차를 이용하자

제주도는 전기 차를 이용하기 좋은 환경을 갖추고 있다. 전국 어느 지역보다 전기 차 충전소가 많고 렌터카 업체도 전기 차량을 충분히 보유하고 있다. LPG, 휘발유, 경유 차량에 비해 충전 요금이 절반 이하다. 경제적인 면에서는 가장 좋은 차량이다. 단 충전 시간이 길게 소요되는 단점이 있다.

렌터카 인수 시 반드시 체크하자

렌터카를 인수하면 출발 전 꼭 체크할 것이 있다.
- 차량 전체 외관의 스크래치나 파손 부분을 꼼꼼히 확인하고 사진이나 영상으로 남겨 놓자.
- 브레이크 페달, 와이퍼, 비상등, 차선 변경 깜빡이의 작동 여부는 안전에 관련된 부분으로 반드시 체크하자.
- 렌터카 대부분이 연료가 가득 차 있지 않다. 주유 게이지에 연료가 얼마나 있는지 미리 체크하자. 차량을 반납할 때 출발 시 남아 있던 연료만큼 주유해 주어야 한다.
- 겨울철에는 타이어 공기압을 반드시 체크하자.

 ### 가벼운 사고 시 이렇게 행동하자

접촉 사고 같은 가벼운 사고라도 곧바로 렌터카 인수 업체에 연락해야 한다. 미리 알리지 않고 반납할 때 얘기하면 보험 적용을 못 받게 되는 경우가 많으니 주의해야 한다.

 ### 보험 관련 규약을 꼼꼼히 따져 보자

렌터카 보험은 보통 일반보험, 완전자차, 슈퍼자차가 있다. 보험 종류마다 면책 규정과 보상 한도가 다르기 때문에 나에게 맞는 보험 유형을 따져 보고 골라야 한다. 슈퍼자차는 보험료가 가장 비싸지만 사고 발생 시 지불해야 할 비용이 거의 없거나 소액이다. 스크래치나 단순 파손이 생겨도 추가 비용을 부담하지 않는다. 단독사고나 우도 같은 섬에서 사고가 나면 보험 적용이 되지 않는 점은 인지해야 한다.

 ### 겨울철 운전은 특히 조심해야

제주는 겨울에 눈이 많이 내린다. 강설과 한파로 아스팔트에 구멍이 파이는 '포트홀'이 생길 수 있다. 도로에 눈이 쌓였다면 무조건 서행 운전하자.
눈길에서는 브레이크를 한 번에 깊게 밟으면 미끄러지기 쉽다. 페달을 가볍게 여러 번 밟아야 한다. 1100도로처럼 한라산을 넘는 중산간 도로는 눈이 많이 오면 통제된다. 교통 현황도 미리 잘 파악해 두자.

2 버스 타고 여행하기

천천히 즐겨야 제대로 보이는 제주에서 버스를 이용하면 느린 여행의 묘미를 느낄 수 있다. 작은 마을 정류장에서 버스를 기다리며 갖는 여유, 버스 창가에 펼쳐지는 아름다운 풍경들, 정류장마다 잠시 정차하며 쉬어 가는 시간 모두 버스 여행에서 느낄 수 있는 매력이다. 노선망이 정비돼 이용하기 편해진 버스를 타고 제주를 여행해 보자.

제주 버스 노선 번호 체계

버스로 제주를 여행하고 싶다면 공항에서 출발하는 급행버스와 제주시외버스터미널에서 출발하는 일반간선버스를 이용하면 된다. 제주섬 동쪽 둘레와 서쪽 둘레를 모두 둘러볼 수 있다.

- **급행버스** 100번대
- **공항 리무진버스** 600번, 800번, 800-1번
- **일반간선버스** 200번대
- **심야버스** 3001번, 3003번, 3004번, 3008번
- **제주시간선버스** 300번대
- **관광지 순환버스** 810-1번, 810-2번, 820-1번, 820-2번, 820-3번(임시 노선)

관광지 순환버스는 제주 시내를 운행하는 시티투어버스와 달리 동·서부 중산간 지역의 주요 관광지와 오름 등을 순환한다. 국내여행안내사 자격증을 보유한 교통관광 도우미가 함께 탑승해 관광지에 대한 설명과 지역의 독특한 문화, 맛집 등 다양한 정보를 제공한다.

Tip 제주시티투어버스

제주시티투어버스를 타면 제주의 주요 관광지를 쉽게 돌아볼 수 있다. 이 층버스 2대가 하루 6~8차례 운행한다. 도심코스와 해안코스가 있다.
도심코스는 제주공항 2번 게이트 앞에 있는 투어버스 정류장에서 출발해 동성마을·시외버스터미널·사라봉·동문시장·용연구름다리·제주시민속오일시장·한라수목원·삼무공원 등 제주 도심을 중심으로 운행한다.
해안코스는 제주국제공항에서 출발해 용담레포츠공원·어영공원·도두봉·이호목마등대 등을 둘러본다.

📞 064-741-8784~5
🔴 **도심코스**
09:30~17:52(막차 17:00),
소요시간 1시간 30분
해안코스
09:00~20:00(막차 19:00),
소요시간 1시간
※매월 첫째·셋째 월요일 휴차
🅦 **1회 이용권** 5,000원
1일 이용권
성인 12,000원,
청소년·어린이 8,000원,
국가유공자·장애인 6,000원
🌐 www.jejucitybus.com

알아두면 편해요

- 시외버스와 시내버스를 탈 때 후불제 교통카드, 티머니를 사용할 수 있다. 환승 할인도 된다.
- 시외버스에서 교통카드를 사용할 때는 먼저 단말기에 접촉하지 않고, 기사에게 종착지를 말한다. 구간 요금이 설정되면 단말기에 접촉한다.
- 시내버스에서 시내버스로 환승 시 승차 후 1시간 이내 2회까지 무료다. 시내버스는 탈 때만 카드를 단말기에 찍는다. 내릴 때 찍지 않아도 다음 버스를 탈 때 자동으로 환승 할인이 된다.
- 관광지 순환버스는 1일 정액권을 환승 정류장 사무실이나 버스에서 구매하면 하루 동안 무제한 탈 수 있다. 요금은 성인 3,000원, 청소년 2,000원, 어린이 1,000원이다.
- 우도와 추자도에서도 교통카드를 쓸 수 있고, 환승 할인 역시 똑같이 적용된다. 우도의 위탁 공영버스인 마을버스에만 적용되고, 개인 사업자의 관광버스들에는 적용되지 않는다. 즉, 우도 관광버스를 탈 때는 매표소에서 별도로 표를 구매해야 한다.
- 구글플레이나 앱스토어에서 제주버스 애플리케이션을 받으면 더 많은 정보를 볼 수 있다. 제주버스정보시스템 (bus.jeju.go.kr)을 통해서도 버스 노선 정보를 얻을 수 있다.

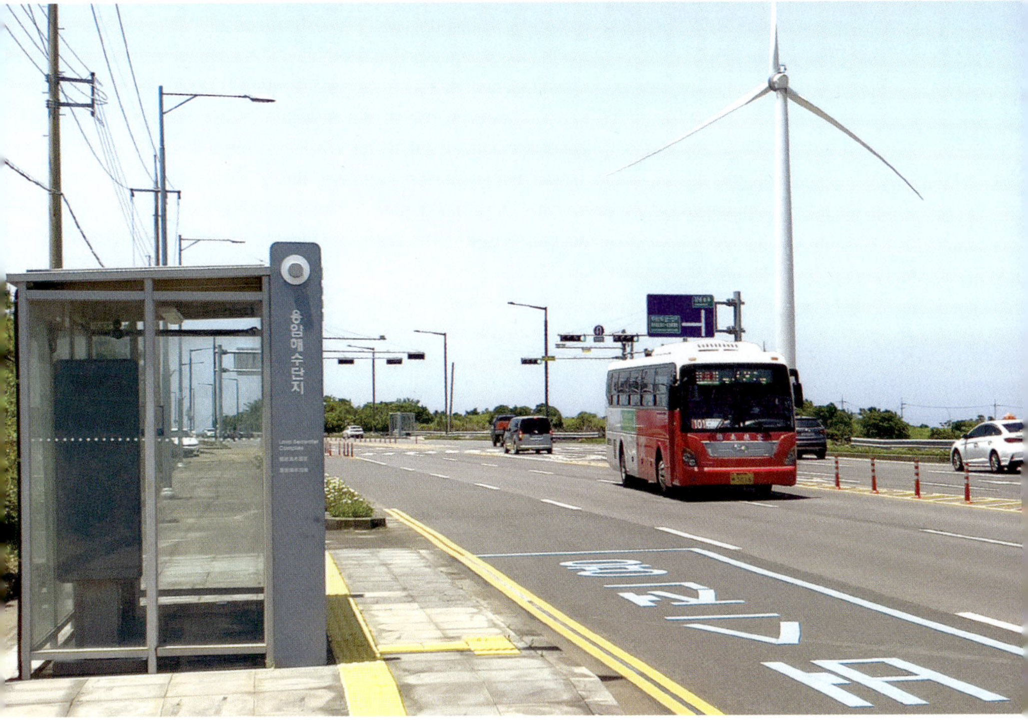

3 자전거로 여행하기

자전거를 타고 제주 바닷길을 달리는 것은 상상만 해도 낭만이 있다. 최근에는 자전거로 제주를 종주하는 사람들도 많아졌다. 제주의 바람을 온몸으로 맞으며 자전거를 타 보자. 자전거 여행은 그 어떤 교통수단을 이용하는 것보다 제주를 오롯이 즐길 수 있는 최고의 선택일지도 모른다. 자전거를 짐에 싣고 제주로 떠나는 것이 쉽지 않기 때문에 믿을 만한 자전거 대여소를 찾는 것도 중요하다.

자전거 대여 시 체크 사항

- ✓ 대여소가 도착지점인 제주공항이나 제주항에서 가까운 곳에 있는가
- ✓ 대여 요금이 저렴한가
- ✓ 중간 반납 또는 추가적인 반납 장소가 있는가
- ✓ 타이어 펑크, 사고, 고장 시 긴급출동이 가능한가
- ✓ 다양한 자전거 종류를 보유하고 있는가
- ✓ 내비게이션 거치대, 펑크 패치, 랜턴, 열쇠, 가방 거치대 등의 용품을 대여할 수 있는가
- ✓ 연중무휴 및 부가 서비스가 다양한가

자전거 여행 시 준비 사항

- 제주도 날씨는 변화무쌍하다. 가장 먼저 날씨를 검색하고, 비옷(우비) 등을 준비하는 것이 좋다.
- 자전거용품은 대여점에서 무료로 빌릴 수 있지만 본인이 쓰던 것을 가져오는 것이 좋다. 자전거 랜턴, 스마트폰 거치대도 필요하다.
- 자전거 타이어 펑크는 종종 일어난다. 에어 펌프와 펑크 패치도 대여점에서 무료로 제공해 주는지 확인하자.
- 체인에 옷이 말리지 않도록 자전거 라이딩복을 입는 것이 좋다.

대표적인 자전거 대여점

바이크트립

제주공항에서 가장 가깝다(0.7km). 공항 1번 출구에서 걸어서 5분 거리로 대여 요금도 적당하다. 초경량 풀카본 Road/MTB 자전거를 사용한다. Road/MTB 자전거는 대만 프로팀의 팀 자전거로 사용될 만큼 뛰어난 성능을 자랑한다.

🏠 www.biketrip.co.kr

보물섬하이킹

제주공항에서 두 번째로 가깝다(1.9km). 보유 자전거가 많은 대신 요금이 조금 비싸다. 제주도 자전거 여행을 위한 지도를 제공한다.

🏠 bikesori2.cafe24.com

제이바이시클

공항에서 약 3.6km 떨어져 있다. 대여 요금이 가장 좋다. 전화나 카톡, 홈페이지를 통해 예약해야 한다. 전기 자전거도 대여할 수 있다.

🏠 제이바이시클.urr.kr

Tip 전기 자전거

오르막이나 장거리를 여행할 때는 전기 자전거를 빌리는 게 편하다. 전기 자전거는 핸들 스트롤로 속도를 올리는 방식과 모터가 페달을 쉽게 돌리도록 도와주는 PAS 방식이 있다. 1회 충전으로 약 40km를 주행할 수 있고 배터리가 방전돼도 일반 자전거로 이용할 수 있다.

바이크트립

베스비(BESV) LX1 전기 자전거를 대여할 수 있다. 베스비 LX1은 대만산 프리미엄 전기 자전거로 운행이 편하면서도 안전하다는 평가를 받고 있다. 자전거를 대여하면 헬멧, 자물쇠, 펑크 패치 키트, 미니 펌프를 무료로 제공한다. 비성수기는 39,000원, 성수기는 44,000원에 대여할 수 있다. 하루 5시간 이내로 대여하면 1.5배의 요금이 붙는다.

타발로하이킹

타발로하이킹에서는 스트롤 전기 자전거를 대여해 준다. 알톤 브랜드의 자전거로 요금은 1일 30,000원. 중간 반납이 가능하지만 추가 요금이 붙는다. 지도, 자물쇠, 짐받이 끈, 텐트, 코펠, 버너, 돗자리, 우의, 가방 덮개, 쿠션 안장, 관광지 할인권, 완주증, 헬멧, 장갑, 스마트폰 거치대를 무료로 제공한다. 3일 이상 예약 시 무료로 픽업 서비스를 해 준다.

🏠 mtabalro1.dgweb.kr

올레 코스 지도

인덱스

제주 시내

ABC에이팩토리베커리카페	263
검은모래해변	030
관덕정	032
관음사	089
넥슨컴퓨터박물관	191
노형수퍼마켙	190
니모메빈티지라운지	284
도두봉	094
도토리키친 본점	216
돌하르방식당	206
동문재래시장	196
리듬	306
말고기연구소	216
맥파이브루어리	170
모통이옷장	175
미친부엌	272
벝이드는곳벤디	290
브라보	292
사라봉공원	099
삼대국수회관 신제주점	205
삼사석지	030
삼성혈	051
삼양동유적지	030
상춘재	239
수목원길 야시장	197
순옥이네명가	232
숨비소리횟집	242
아베베베이커리	265
엄마손횟집	242
에브리바디빈티지	179
오드씽	304
오현단	032
용마횟집	243
우수미회센타	243
우진해장국	254
이호테우등대	095
자매국수	206
절물자연휴양림	044
제주 전농로 벚꽃거리	051
제주김만복 본점	258
제주대학교 아라캠퍼스	052
제주드림타워	334
제주목관아	032
제주시민속오일시장	197
제주시새우리	258
진미네식당	235
참베지근	255
카페단단	291
타이프제주	311
한라생태숲 (숫모르편백숲길)	046

제주시 구좌읍

가는곳세화	262
곰막식당	208
근자C가게	178
금백조로	109
김녕오조해안도로	107
김녕-월정 지질트레일	135
김녕해수욕장	128
나메스테이	320
다랑쉬오름	083
달책빵	305
당근과깻잎	293
당근과해녀	273
도민상회 보리짚불구이	
월정리 함덕	248
돈사돈 제주월정리점	249
두번째인연	325
런던베이글뮤지엄 제주점	267
롱플레이	313
마이피기팬트리	166
만월당	213
명리동식당 구좌직영점	250
명진전복	208
모뉴에트	293
별방진	053
블루보틀 제주	282
비밀의숲	042
비수기애호가	285
비자림	043
비자림로	108
서월화: 달의꽃	321
선셋봉지	175
세화민속오일시장	198
소금바치순이네	205
소심한책방	161
송당미학	326
송당의아침	264
스누피가든	192
스테이이플	331
아끈다랑쉬오름	070

아부오름	085
안도르	283
안돌오름	082
어느날문득제주	326
언니옷장	178
언제라도북스	161
용눈이오름	071
월정리해수욕장	129
월정타코마씸	225
월정해녀식당	
구좌김녕세화본점	230
윤스타피자앤파스타	312
제주레일바이크	182
제주살롱	162
제주풀무질	160
제주한잔세화	167
종달리 수국길	064
종달블랑	167
종달아구찜	254
청굴물	097
카페모알보알 제주점	287
카페책자국	159
캠프해리	320
토끼풀민박	324
파앤이스트	176
풍림다방 송당점	295
하도리 철새도래지	121
하도생각나 또똣동	321
하도카약	186
하도하도1929	327
하도해수욕장	129
해녀의부엌	276

제주시 조천읍

5L2F	301
거문오름	086
고집돌우럭 함덕점	232
너븐숭이4·3기념관	034
너븐숭이애기무덤	034
닭머르해안길	099
동백동산	077
루인홈	179
만춘서점	157
북촌리브	319
사려니숲길	040
산굼부리	069
삼다수숲길	041
선흘방주할머니식당	277
순이삼촌문학비	034
엉클프레즐하우스	265
연북정	034
연화차	306
와흘본향당	027
용천수 탐방길	034
우동카덴	237
이에르바	297
전이수갤러리	
'걸어가는늑대들'	143
제주교래자연휴양림	041
제주그리미	217
제주라프	185
조천연대	034
창꼼바위	090
친밀제주	237
타무라	226
파파빌레	124
피크닉앤와인 함덕	169
한고집	231
함덕 서우봉 일대	050
해녀김밥 본점	259

제주시 애월읍

36.5도여름 남쪽점	283
갤러리책방 섬타임즈	162
고토커피바	294
곽지해수욕장	131
금산공원	045
더럭초등학교	102
마틸다	270
말깡거리애월	319
몬스터살롱	215
봉성식당	251
부아르와인상점	168
브루클린제주	271
삐꼴라상점	168
새별오름	068
소길별하	174
송훈파크	238
수산봉 그네	096
스시애월	219
시골주택 월화	318
신의한모	226
아르떼뮤지엄 제주	188
애월리순메밀막국수	218
애월해안도로	107
애월후식	292
우미노식탁	272
윈드스톤	158

이춘옥원조고등어쌈밥			파스테이스	299	**서귀포 시내**		
제주애월본점		235	팽나무마을길	028			
인디언키친		227	한림공원	060	1100고지 습지		123
제레미		291	한림칼국수 제주본점	209	88버거		212
타베니		227	협재칼국수	218	대왕수천예래생태공원		055
한담해안산책로		052			베케		286
항파두리항몽유적지					보일식당 보목본점		204
나홀로나무		097	**제주시 한경면**		사우스바운더		171
호탕		223			새연교		088
			금자매식당	233	서귀다원		308
			반딧불이마을	029	서귀포 치유의숲		044
제주시 한림읍			별돈별 정원본점	251	서귀포매일올레시장		199
			수월봉 지질트레일	137	서귀포칠십리시공원		101
게으른노을		330	신창풍차해안도로	106	소천지		100
귀덕공소 옛터		033	아일랜드오아시스	234	숙성도 중문점		248
금능샌드		215	제주현대미술관	143	숨도		184
금오름		081	책방 소리소문	156	엉덩물계곡		056
다람쥐식탁		222	판포포구	103	오전열한시		233
도르르김밥		259			오하효		295
명월국민학교		307			윈드1947테마파크		186
비양도		116	**제주시 우도면**		은희네해장국 서귀포점		255
서쪽가게		177			이중섭미술관		144
성이시돌목장		033	밤수지맨드라미		제주에인감귤밭		309
수풀		176	북스토어	158	테라로사 서귀포점		296
싱싱잇		271	우도	112	토스카나호텔		337
옥만이네			우도등대공원	065	하논분화구		101
제주금능협재점		219	훈데르트바서파크	146	한라산 영실코스		120
우무		301			허니문하우스		091
월령선인장		324					
잔물결		298	**제주시 추자면**				
제주도립김창열미술관		142			**서귀포시 대정읍**		
제주맥주		171	추자도	117			
탐나라공화국		124			가파도		115
테쉬폰		033			노을해안로		090

대정현성	035
덕승식당	209
마라도	114
미쁜제과	266
미영이네	245
벨진밧	315
송악산	084
스모크하우스인구억	224
인스밀	284
추사관	035
크래커스 대정점	299
하늘꽃	310

서귀포시 안덕면

BISTRO낭	212
군산오름	085
더리트리브	305
루나폴	189
마노르블랑	061
방주교회	150
본태박물관	152
사계생활	310
산방산·용머리 일대	057
산방산·용머리해안 지질트레일	134
산방산탄산온천	191
소규모식탁	213
수풍석뮤지엄	151
연암재	325
오설록티뮤지엄	183
제주신화월드	336
창고천생태공원	123

카멜리아힐	075
페를로	225
핀크스포도호텔	152
형제해안로	109
화순곶자왈	
생태탐방숲길	122
휴일로	287

서귀포시 남원읍

5.16도로숲터널	108
공천포식당	207
동백포레스트	076
라바북스	157
머체왓숲길	047
모노클제주	300
물영아리오름	087
사라오름	081
위미리 수국길	062
이승이오름	054
제주동백수목원	074
초이당	236

서귀포시 표선면

가스름식당	231
가시식당	207
금데기횟집	244
노바운더리 제주	314
녹산로유채꽃도로	054
따라비오름	069
백약이오름	070

보롬왓	098
북살롱이마고	163
붉은오름자연휴양림	125
오늘은녹차한잔	193
카페돗돗헌	309
표선해수욕장	130
하트나무	095
한라산아래첫마을	
제주민속촌점	214

서귀포시 성산읍

감성스테이유키	331
김영갑갤러리두모악	145
남양수산	245
맛나식당	230
벽화마을	029
빌레꽃	327
빛의벙커	182
섭지코지 해녀밥상	204
성산 유채꽃재배단지	053
성산-오조 지질트레일	136
성산일출봉	080
수마	296
아쿠아플라넷 제주	187
월라	223
유민미술관	153
책방무사	315
혼인지	063

제주 여행 큐레이션

초판 1쇄   2023년 7월 1일

지은이   이솔, 선장

발행인   유철상
책임편집   홍은선
편집   정유진, 김정민
디자인   노세희, 주인지
마케팅   조종삼, 김소희
콘텐츠   강한나

펴낸곳   상상출판
출판등록   2009년 9월 22일(제305-2010-02호)
주소   서울특별시 성동구 뚝섬로17가길 48, 성수에이원센터 1205호(성수동2가)
전화   02-963-9891(편집), 070-7727-6853(마케팅)
팩스   02-963-9892
전자우편   sangsang9892@gmail.com
홈페이지   www.esangsang.co.kr
블로그   blog.naver.com/sangsang_pub
인쇄   다라니
종이   ㈜월드페이퍼

ISBN 979-11-6782-145-4 (13980)
©2023 이솔·선장

※ 가격은 뒤표지에 있습니다.
※ 이 책은 상상출판이 저작권자와의 계약에 따라 발행한 것이므로
    본사의 서면 허락 없이는 어떠한 형태나 수단으로도 이용하지 못합니다.
※ 잘못된 책은 구입하신 곳에서 바꿔 드립니다.